卓越会计人才培养实践
——中南财经政法大学会计学院本科生优秀科研成果汇编（2018）

张敦力　主　编
王　华　副主编

中国财经出版传媒集团
中国财政经济出版社

图书在版编目（CIP）数据

卓越会计人才培养实践：中南财经政法大学会计学院本科生优秀科研成果汇编（2018）／张敦力主编．—北京：中国财政经济出版社，2018.12

ISBN 978-7-5095-8655-6

Ⅰ.①卓… Ⅱ.①张… Ⅲ.①会计学-文集 Ⅳ.①F230-53

中国版本图书馆 CIP 数据核字（2018）第 263755 号

责任编辑：王 丽等　　　　　　责任校对：张 凡

中国财政经济出版社 出版

URL：http://ckfz.cfeph.cn
E-mail：cfeph@cfeph.cn

（版权所有　翻印必究）

社址：北京市海淀区阜成路甲 28 号　邮政编码：100142
营销中心电话：010-88191537
天猫网店：中国财政经济出版社旗舰店
网址：https://zgczjjcbs.tmall.com
北京财经印刷厂印刷　各地新华书店经销
787×1092 毫米　16 开　16 印张　363 000 字
2018 年 12 月第 1 版　2018 年 12 月北京第 1 次印刷
定价：80.00 元
ISBN 978-7-5095-8655-6
（图书出现印装问题，本社负责调换）
本社质量投诉电话：010-88190744
打击盗版举报热线：010-88191661　QQ：2242791300

卓越会计人才培养实践
——中南财经政法大学会计学院本科生优秀科研成果汇编（2018）

主　　编：张敦力
副主编：王　华

编委会学术顾问：邹进文，中南财经政法大学副校长、教授
编委会主任：张敦力，中南财经政法大学会计学院院长、教授
编委会副主任：李志生，中南财经政法大学教务部部长、教授
　　　　　　　　肖翠祥，中南财经政法大学会计学院党委书记、研究员
编委会成员（按照拼音排序）：
　　　　戴国华，中铁大桥局财务部副部长、教授级高级会计师
　　　　胡浩志，《中南财经政法大学学报》编审
　　　　王　华，中南财经政法大学会计学院副院长、教授
　　　　王良圣，中南财经政法大学教务部副部长、副研究员
　　　　尹祚田，湖北省注册会计师协会秘书处处长
　　　　张敦力，中南财经政法大学会计学院院长、教授
　　　　张　瑾，《财会月刊》杂志社副主编
　　　　张均平，湖北省财政厅会计处处长
　　　　张　琦，中南财经政法大学政府会计研究所所长、教授
　　　　周慧玲，ACCA（特许会计师公会）高级教育及学院发展经理

主办单位：
　　　中南财经政法大学会计学院

协办单位（按照拼音排序）：
　　　《财会月刊》杂志社
　　　《中南财经政法大学学报》杂志社
　　　ACCA（特许会计师公会）
　　　湖北省注册会计师协会

序

国以才立，业以才兴。习近平总书记指出，党和国家事业发展对高等教育的需要比以往任何时候都更加迫切，对科学知识和卓越人才的渴求比以往任何时候都更加强烈。教育部党组书记、部长陈宝生指出，本科教育居于人才培养的核心地位、教育教学的重要地位。聚焦人才培养、全面振兴本科教育，已经形成了广泛共识，汇聚了强大合力，呈现出良好开局。

本科生是高素质专门人才培养的最大群体。2018年10月12日，我校传达全国教育大会暨教育部"双一流"建设现场推进会的精神，清醒认识到我校正处于双一流学科建设道路的重要历史时刻，要坚持特色发展，打造学科特色，通过深化改革去强化、凝练学科发展特色。我校双一流学科建设时刻牢记"人才培养是本，本科教育是根"，时刻鼓励本科生通过高起点、深层次、多领域、最前沿的学术交流平台，时刻保障本科生快速成长为一流人才。

本科阶段是学生世界观、人生观、价值观形成的关键阶段。我校鼓励大学生积极开展社会实践，认真投入科学研究，这是对大学精神的一种践行，也是对学问本质的一种品味，更是对大学使命的一种承诺。为培养一流人才、建设一流本科教育，我校鼓励大学生积极投身学术实践活动，理解学术研究的精神，并把这种精神贯穿于大学学习实践的各个方面，将其视作个人成长的航标和通向"国民表率、社会栋梁"目标的必经之路。我校历来鼓励大学生静心读书，因为"读书破万卷，下笔如有神"；始终要求大学生勤于实践，因为"纸上得来终觉浅，绝知此事要躬行"；全面培养大学生醉心研讨，因为"没有正确的调查就没有发言权"。

可喜的是我校会计学院能够率先创新本科教学方法，加强科研育人、实践育人，创新培养高素质本科人才，进行卓越会计人才培养实践。一是"明日之星"本科学术论坛定位于本科生最高水平的年度学术盛会，倾力搭建本科学生实践创新与学术交流合作的平台，进一步加强研究型学习制度体系建设，推动落实本科人才培养路线图，吸引了来自6个学院约300位作者，127篇投稿，现场宣读论文14篇。作者们从课题背景、研究思路、研究方法，研究结论等方面做了阐述，论文答辩翔实而精彩。14篇论文既紧扣时事热点，又充分结合生活实际，呈现出很强的专业素养和较强的创新意识，赢得了评审专家一致好评。"明日之星"本科学术论坛的成功举办，充分鼓励了大学生开展社会实践，参加科学研究，积极参与一流本科生的培养，"本科学子共话学术热点，助力一流本科教育"。十九大报告提出建设"人才强国"，作为本科生最高水平的年度学术盛会，"明日之星"本科学术论坛能够以识才的慧眼、爱才的诚意、聚才的良方，集聚一流人才到"财会人才高地""人才强国"的建设中来。二是构建院校本科生科研系列活动，这已成为财会学子提升自我、相互交流的人才平台，全面提高学生执行力、充分锻炼学生组织力、全力培养学生思考力、深入激发学生创造力，全面形成用学术理论和创新思维解决现实经济问题的综合能力，加速成长为学术研究及实践创新的潜在引领者。

"以本科为本，论学术之志，求科研之明"，会计"明日之星"本科生科研平台，旨在进一步在全院学生中营造浓厚的学术氛围，提高学生的专业素养，必将引领同学在研究中发现，在发现中思考，在思考中求知，在求知中快乐，充分展示了一流本科生的风采，全面分享了精彩绝伦的知识盛宴。

中南财经政法大学副校长、教授　邹进文
2018年10月17日

附：

2018年"明日之星"本科生学术论坛获奖名单

序号	论文名	第一作者	第二作者及其他	获得奖项
1	企业内部薪酬差距与企业创新	王沛哲	无	特等奖
2	绿色委员会与企业环境行为	李咏红	无	一等奖
3	炒作还是发展：兜底式增持动机及效果评价	赵葆颖	无	一等奖
4	战略差异度的危与机——基于中国上市公司的实证研究	王梦婷	余文秀、涂可灏	一等奖
5	企业社会责任信息披露与股价崩盘风险	郭欣	无	二等奖
6	"新消费"下智能便利店盈利模式研究——基于缤果盒子与盒马鲜生的对比	朱秀莉	岳小圣、陈颖春、毛忆萌	二等奖
7	"智慧税务"背景下，网络主播虚拟货币收入涉税问题研究——以斗鱼TV为例	陆甜美	杨萌、杨晨芸、贾新苗	二等奖
8	不同契合程度的内容营销对品牌资产的影响——以百雀羚为例	贾云蕾	智瑞欣、刘辉、莫茜茜、谢祥慧	二等奖
9	绿色产品研发的经济后果——基于格力光伏空调的案例研究	张寅	无	二等奖
10	财务视角下数字家庭医生企业盈利模式研究——以平安好医生为例	王宇飞	周思敏、廖素菲	三等奖
11	降杠杆背景下国企市场化债转股实施效果研究——以中国铝业为例	许霞萱	李青、李雅雯	三等奖
12	中部地区基金小镇监管风险研究——以咸宁贺胜桥基金小镇为例	吴佳琪	李咏红、林纤纤、黄梓晨、张思睿	三等奖
13	技术创新水平与企业绩效的关系探究	王军彦	无	三等奖
14	体育比赛赞助对企业绩效影响探究	凌子曦	无	三等奖

目录

第一部分 "明日之星"本科学术论坛获奖论文

企业内部薪酬差距与企业创新…………………………………………………（3）
绿色委员会与企业环境行为——基于华润电力的案例研究…………………（18）
炒作还是发展：兜底式增持动机及效果评价…………………………………（32）
战略差异度的危与机——基于中国上市公司的实证研究……………………（41）
企业社会责任信息披露与股价崩盘风险………………………………………（55）
"新消费"下智能便利店盈利模式研究——基于缤果盒子与盒马鲜生的分析……（67）
"智慧税务"背景下，网络主播虚拟货币收入涉税问题研究
　　——以斗鱼TV为例……………………………………………………（80）
不同契合程度的内容营销对品牌资产的影响——以百雀羚为例……………（93）
绿色产品研发的经济后果——基于格力光伏空调的案例研究………………（113）
财务视角下数字家庭医生企业盈利模式研究——以平安好医生为例………（127）
降杠杆背景下国企市场化债转股实施效果研究——以中国铝业为例………（141）
中部地区基金小镇监管风险研究——以咸宁贺胜桥基金小镇为例…………（158）
技术创新水平与企业绩效的关系探究——基于创业板公司的实证研究……（169）
体育比赛赞助对于企业绩效影响分析…………………………………………（181）

第二部分 中南财经政法大学会计学院2017年大学生创新训练项目成果介绍

共享经济下知识付费平台盈利模式探究及风险管控——以喜马拉雅FM为例……（193）
PPP模式应用于我国养老机构：现状、问题与对策——以上海金山颐和苑养
　　老院项目为例……………………………………………………………（195）
供给侧改革背景下轻养老模式的现状分析与前景探究——以四川攀枝花市、
　　西昌市为例………………………………………………………………（197）
校园快递最后一公里营利模式探究及优化——基于对武汉地区部分高校的调研
　　…………………………………………………………………………（199）
我国电力行业低碳绩效审计评价指标体系的探究与构建——基于AHP—DRS
　　方法………………………………………………………………………（201）

为何基金投资者亏损惨重，基金公司价值却节节攀升？——基于"中邮基金"
　　的案例研究 …………………………………………………………………… （203）
中部地区基金小镇监管风险研究——以咸宁市贺胜桥基金小镇为例 ………… （205）
转型·发展·淘汰——共享汽车冲击下传统租车行的生存策略探究 ………… （207）
"互联网＋"背景下公益组织的商业模式探究——以阿拉善 SEE 生态协会
　　"蚂蚁森林"为例 ………………………………………………………… （209）
绿色金融背景下我国绿色债券发行问题与对策分析——基于国内外发行
　　绿色债券的对比分析 ……………………………………………………… （211）
电影产业促进法对网络大电影热度的影响研究——基于断点回归设计
　　（RDD）的分析 …………………………………………………………… （213）
微信赞赏税务处理分析 ……………………………………………………………… （215）
Airbnb 在中国的发展困境及出路——基于市场调研和 PESTLE 模型的实证研究
　　……………………………………………………………………………… （217）
共享单车 PPP 模式下合作方式探究——以武汉市为例 ………………………… （219）
大数据下农村智慧物流助力精准扶贫的策略研究——以康华智慧物流园为例
　　……………………………………………………………………………… （221）
知识零售变现模式的现状和发展前景研究——以分答为例 …………………… （223）
农业供给侧改革背景下"蚂蚁金服"发展农产品供应链金融新模式的前景研究
　　……………………………………………………………………………… （225）
ASP 模式下财务与会计外包服务的市场分析及其行业优化 …………………… （227）
后会计从业资格时代的会计从业人员素质保障体系研究 ……………………… （229）
养老金并轨下高校教师养老保险的帕累托改进研究——以华中地区高校为例
　　……………………………………………………………………………… （231）
国企混改背景下股权结构调整对股权代理成本影响分析——以联通混改为例
　　……………………………………………………………………………… （233）
共享经济模式下押金池运作模式风险分析及收益探究——以摩拜单车为例 … （234）
在萨德入韩背景下，大学生消费心理的转变及国产化妆品市场的开发
　　——以武汉地区为例 ……………………………………………………… （236）
有关 PPP 项目资产证券化的定价问题探究——以江苏省南京溧水产业新城项
　　目为例 ……………………………………………………………………… （238）
消费者视角下消费型农业众筹模式的风险研究——基于 AHP－FCE 综合评价
　　模型 ………………………………………………………………………… （240）
B2C 背景下共享单车押金池管理研究 …………………………………………… （242）
PPP 模式下大学生公益创业融资模式的优化路径研究——以武汉市小动物
　　保护协会为例 ……………………………………………………………… （244）

第一部分
"明日之星"本科学术论坛获奖论文

企业内部薪酬差距与企业创新

王沛哲

会计学院会计学专业 1502 班　指导老师：李四海

> **摘　要**：随着市场竞争的加剧，创新作为打造企业核心竞争力的重要方式之一在近些年被多方重视。高管与员工直接或间接地影响了企业的创新行为，因此两者的激励效果值得关注。企业现有的激励方式主要为货币薪酬，本文以 2007～2016 年沪深两市 A 股上市公司作为研究样本，采用实证研究的方法分析了高管薪酬差距、高管与员工薪酬差距对企业创新的影响。研究发现，企业内部薪酬差距对企业创新有负面影响。其中企业内部高管薪酬差距对高新技术企业创新行为的抑制更显著；高管与员工薪酬差距对非高新技术企业创新行为的抑制更显著，这一效应只体现在非东部地区。本文通过验证企业内部薪酬差距对企业创新的影响，为企业各层级薪酬的设定、创新的激励及政府政策的设定提供了参考。
>
> **关键词**：薪酬差距；企业创新；高新技术

一、引言

中国经济自改革开放以来快速增长，近些年市场竞争加剧，使形成核心竞争力成为中国企业亟待解决的问题。创新作为企业打造核心竞争力、维持长久发展的重要途径尤为关键。国家为推动产业优化升级并且不断形成新的经济增长点，也已将建设创新型国家作为国家的重大发展战略。

一方面，企业是创新活动的载体，对企业创新行为的研究与国家创新性的发展战略密切相关；另一方面，企业为获得市场竞争优势也需重视企业创新。虽然已有研究表明，企业的创新活动可以提高企业绩效水平、提升市场竞争力（朱乃平，2014；冉秋红、刘萍芬，2015；王伟光，2015），但由于创新活动有周期长、风险高、收益不确定等特点，企业创新活动的开展仍面临着诸多不确定性，因此企业创新行为受到学术界的广泛关注。在创新活动中，人力资源是推动其发展的重要因素，管理者是企业经营活动的决策者，其意志往往在创新活动中起主导作用，而员工作为创新活动的直接参与者影响着最终成果的形成。管理者与员工共同推动了企业的创新，但究竟何种形式可以有效激励高管与员工的创新行为需要进一步探讨与研究。

企业现有的激励方式主要集中于薪酬激励，但随着"天价薪酬""零薪酬"等问题的曝光，高管薪酬的公平性、有效性受到大众关注，政府"限薪令"的出台也说明了国家对此异常情况的重视。与此同时，对于高管的过度关注导致员工的能动性被企业及社会忽视，高管与员工薪酬差距过大、员工激励不足的现象普遍存在。现有研究对于高管薪酬差距与企业创新仍存在诸多争议并缺少对于员工薪酬的关注。基于此，本文将研究企业内部存在的薪酬差距与企业创新的关联。

本文基于"社会比较理论"证明了企业内部薪酬差距对企业创新有负面影响，且企业内部高管薪酬差距对高新技术企业创新行为的抑制更显著；高管与员工薪酬差距对非高新技术企业创新行为的抑制更显著，这一效应只体现在非东部地区。本文可能的贡献在于：（1）从企业内部薪酬差距出发，在继续关注学者研究重点高管薪酬差距的基础上，也关注了高管与员工薪酬差距对企业创新的影响，补充了员工激励的研究；（2）在探究企业内部薪酬差距与企业创新的基础上区分企业类别，即东部、非东部地区，将薪酬差距对创新的影响进一步细化，有助于高新技术与非高新技术、东部与非东部企业的薪酬设计。

二、文献回顾与研究假设

（一）文献回顾

1. 薪酬差距的研究理论

目前关于薪酬差距的研究主要以"锦标赛"与"社会比较"两类理论为基础。"锦标赛理论"认为薪酬差距体现为对高职位员工的一种奖励，并可以作为未获得晋升的员工的努力目标起到激励作用，薪酬差距越大激励效应越高。而"社会比较理论"认为企业中的个体倾向于利用与他人的比较进行自我评价，较大的薪酬差距会使其产生不公平感，从而影响个人态度而影响整个团队的协作能力。

大多研究从"锦标赛理论"出发进行分析，结果主要分为三类：第一类支持"锦标赛理论"，企业内部薪酬差距会对企业业绩带来正向作用（卢锐，2007；刘春和孙亮，2010；黎文靖，2014），并且作用效果与企业性质及所处行业相关；另有研究证实了内部薪酬差距可以提升公司价值（张丽平，2013）。第二类支持"社会比较理论"，发现薪酬差距的增大抑制企业绩效（张正堂，2007；张玮倩，2015），并对公司成长性有负面影响（夏宁和董艳，2014）。第三类认为两种理论存在互补关系，即在一定差距内随着薪酬差距的增加，对高管和员工的激励效果越好，"锦标赛理论"得以体现；但当其超过某一临界值时"社会比较理论"主导，对高管和员工行为带来负面影响（石榴红，2013；吕峻，2014）。

除企业业绩外，张志宏和朱晓琳（2018）发现薪酬差距影响了高管的风险偏好性从而改变了企业的风险承受能力；于富生和张颖（2013）发现薪酬差距短期内可以起到激励作用，但从长期来看会诱发企业的盈余管理行为。同时也有研究探究薪酬差距形成的原因及具体激励效果。对于薪酬差距对企业创新影响的研究逐渐丰富，但多方观点并未达成一致且缺少对于员工薪酬的关注，仍需进一步研究。

2. 企业创新驱动因素

企业创新的驱动因素是企业创新的关键。现有研究发现影响企业创新的因素主要有三个层面：宏观、行业及公司层面。宏观层面与行业层面的影响因素为外部驱动因素，公司层面的影响因素为内部驱动因素，内部驱动因素作用于企业创新的效果最强（陈洪玮，2017），因此对公司层面影响因素的分析尤为重要。

企业的管理者与员工作为企业的主体和知识持有者、共享者直接或间接地影响了企业创新行为。关于创新的研究逐渐关注高管行为与企业创新的关系，由于高管的权力和权益存在不对等现象，出于自身效益的考虑，激励不足时高管倾向于承担较小的风险从而抑制企业的创新行为。卢锐（2014）发现高水平的薪酬激励企业创新；谷丰（2018）通过对创业板上市公司的分析支持了这一观点，并且发现激励作用可以通过货币薪酬、股票期权和在职消费实现。大多研究重点关注高管的激励而忽视员工对企业创新的积极作用，但事实上很多创新成果来源于一线员工，Chant（2015）从员工视角出发发现了员工激励有助于企业创新。对于影响员工创新的因素大多分析了工作氛围、组织模式等，较少有研究直接激励员工的因素进行分析，如货币薪酬、股票薪酬等方式。

我国企业中股票期权激励适用范围较小，主要的激励仍为货币薪酬。同时薪酬对于高管及员工激励作用不仅取决于其绝对数额，也取决于相同或不同级别高管及员工的薪酬相对数，并受到外部同行业薪酬设定的影响。员工与管理者企业对创新有着不可忽视的作用，因此本文选取企业内部薪酬差距对企业创新活动的影响进行探究。

（二）研究假设

在"锦标赛理论"下，高管团队中薪酬较高且更具有决策权的高管对自身情况更加满意，风险承担水平较高，不易因短期利益有悖长期发展，因此会加大企业创新的投入；薪酬较低的高管受到薪酬差距带来的激励后为争取晋升和薪酬增加会更加努力。对于员工而言，与高管的薪酬差距可以激励其通过努力获得更高的薪酬与职位，从而推动企业创新。在"社会比较理论"下，高管内部的薪酬差距影响高管团队合作（张正堂，2007），从而影响最终的创新投资决策。薪酬差距会带来极大的不公平感，受此影响的管理者和员工会根据这一认知调整工作的努力程度，降低工作积极性甚至会产生离职现象，导致企业团队凝聚力的下降，最终减少企业的创新成果。

我国市场化程度虽逐步提高，但相较于西方市场仍保留着"集体主义""平均主义"的思想，影响了市场中企业内部高管及员工的经济行为。基于我国市场受传统文化影响较深这一特点，本文支持"社会比较理论"提出如下假设：

假设1：企业内部薪酬差距抑制了企业的创新行为。

不同类型的企业对创新的要求不尽相同，对于高新技术企业，创新活动不关乎企业短期的经营，更影响长期战略，初期的规划及决策对整个创新活动发挥重要作用。高管团队往往拥有创新活动的决策权，而决策会影响最终创新成果的形成。并且由于创新活动周期长、设计业务流程多，更需要知识的整合与团队的协作，因此高管团队内部的合作对高新技术企业的创新尤为重要。高管团队的薪酬差距会放大团队中的既有矛盾冲突、影响团队的合作氛围，不利于企业整个创新活动的设计与实施。非高新技术企业与高新技术企业相比，对于参与创新活动员工的激励形式往往缺乏灵活性与丰富性，因此员工对薪酬差距的敏感度更高。薪酬差距的扩大会影响员工工作的满意度，从而影响其工作态度及效率、损害创新成果。本文区分企业类型后提出如下假设：

假设2：对于高新技术企业与非高新技术企业，高管薪酬差距对高新技术企业创新行为的抑制更显著，高管与员工薪酬差距对非高新技术企业创新行为的抑制更显著。

三、研究设计

（一）研究样本与数据来源

本文研究样本的选取2007~2016年沪深两市A股上市公司，并结合惯例处理样本：（1）基于部分行业的会计处理要求具有特殊性，剔除金融、保险业的企业；（2）由于会计处理的特别规定，剔除ST、*ST上市企业；（3）剔除样本中财务数据及企业治理数据缺失的企业。最终样本共包括15 783个观测值。样本数据源于CSMAR数据库，考虑到极端值的影响，对量进行了上下1%分位的缩尾处理。数据的处理与分析使用Stata12.0。

（二）变量定义

1. 企业创新

根据以往研究，企业创新可以通过研发支出与资产总额、主营业务收入的比值来衡量。考虑到专利数量是资源投入和使用效率的最终体现，与专利获取量相比，专利申请量不易受到外界因素影响，可以更好地反映企业真实的创新能力，本文参考黎文靖、郑曼妮（2016）与孔东民（2017）等的研究，以企业专利申请量作为衡量企业创新的变量。基于专利申请数据右偏的问题，本文将其加1后取自然对数，得到最终变量Apply。

2. 企业内部薪酬差距

企业内部薪酬差距一方面体现在高管之间的薪酬差距，另一方面体现在高管与员工之间的薪酬差距，本文将从高管与高管、高管与员工的薪酬差距对企业创新的影响展开论证。

（1）高管薪酬差距

本文参考张正堂（2007）、陈辉（2017）对高管团队薪酬差距的衡量方式，设定高管薪酬差距（SG1）如下：

高管薪酬差距SG1=（前三名高管薪酬总额/3）/[（董事、监事及高管薪酬总额－前三名董事、监事及高管薪酬总额）/（领薪人数－3）]

其中领薪人数为董事、监事及高管总人数减去未领取薪酬的董事、监事及高管人数。

（2）高管与员工薪酬差距

本文参考刘春、孙亮（2010）与孔东民（2017）对高管与员工薪酬差距的衡量，设定高管与员工薪酬差距（SG2）如下：

高管与员工薪酬差距SG2=高管平均薪酬/员工平均薪酬

其中，高管平均薪酬＝前三名高管薪酬总额/3，员工平均薪酬用现金流量表中"支付给职工以及为职工所支付的现金"项目减去支付给董事、监事以及高管薪酬总额与员工人数减去董事、监事以及高管人数的比值得到。

3. 其他控制变量

表1　　　　　　　　　　　　　控制变量定义

符号	名称	定　义
Size	企业规模	企业年末总资产的自然对数
Lev	资产负债率	资本结构，年末总负债与年末总资产的比值
ROA	资产收益率	企业盈利水平，净利润与总资产的比值
Growth	企业成长性	主营业务收入增长率
Age	企业年龄	企业成立年限，即Ln（当年+1-成立年份）
Indepen	董事会独立性	独立董事人数/董事会人数
Top1	股权集中度	第一大股东持股比例
SOE	产权性质	根据企业最终控制人性质进行判断，如果企业的最终控制人为国有企业，取值为1，否则为0
Dual	董事长总经理兼任	两职合一取值为1，否则为0
High-tech	高新技术企业	高新技术企业取值为1，否则为0

与现有文献一致，在研究企业内部薪酬差距对企业创新的影响时，还应控制企业规模（Size）、资本结构（Lev）、企业盈利水平（ROA）、主营业务增长率（Growth）、企业年龄（Age）、董事会独立性（Indepen）、股权集中度（Top1）、企业产权性质（SOE）、两职合一情况（Dual）、是否为高新技术企业（High-tech）等企业特征的影响。控制变量的具体定义如表1所示。

四、实证结果分析

（一）描述性统计

首先通过描述性统计确保数据的合理性，统计结果如表2所示。样本中衡量企业创新水平的指标（Apply）平均值为2.351，最大值为6.640，最小值为0，存在较大差异；平均而言，高管薪酬差距（SG1）约为3.3倍，高管与员工薪酬差距在约为1.3倍，企业间内部薪酬差距的两个变量中均有超过总样本50%的样本数超过该变量的平均值，说明不同企业的薪酬差距相差较大。各控制变量的统计结果参见表2，其中高新技术企业约占企业总数的39%。

（二）主要变量相关性分析

进一步采用Pearson系数检验进行变量的相关性分析，主要变量的分析结果如表3所示。可以看出，对于企业内部薪酬差距与企业创新均存在负相关关系，并在1%的水平上

表2   变量的描述性统计

variable	mean	sd	min	p25	p50	p75	max
Apply	2.351	1.655	0	1.099	2.398	3.497	6.640
SG1	3.280	1.602	1.346	2.278	2.854	3.760	11.130
SG2	1.291	0.514	-1.261	1.120	1.209	1.357	4.050
Size	21.940	1.264	19.550	21.040	21.750	22.630	25.930
Lev	0.440	0.212	0.050	0.273	0.435	0.601	0.957
ROA	0.044	0.058	-0.164	0.014	0.039	0.072	0.232
Growth	0.375	1.051	-0.676	-0.042	0.129	0.412	7.748
Age	2.679	0.376	1.386	2.485	2.708	2.944	3.367
Indepen	0.371	0.053	0.300	0.333	0.333	0.400	0.571
Top1	0.353	0.150	0.086	0.233	0.336	0.456	0.748
SOE	0.422	0.494	0	0	0	1	1
Dual	0.241	0.427	0	0	0	0	1
High-tech	0.390	0.488	0	0	0	1	1

显著，这初步证实了前文中提出的假设1，表示企业内部薪酬差距在一定程度上抑制了企业的创新活动，但具体结果仍需要通过进一步回归进行检验。同时，解释变量与其余主要控制变量的相关系数最大值为0.433，表明回归模型不存在多重共线性问题。

表3   主要变量相关性分析

指标	Apply	SG1	SG2	Size	Lev	ROA	Growth	Age	High-tech
Apply	1								
SG1	-0.064***	1							
SG2	-0.056***	-0.099***	1						
Size	0.298***	-0.132***	-0.073***	1					
Lev	-0.007	-0.063***	-0.009	0.433***	1				
ROA	0.114***	0.062***	-0.087***	0.009	-0.374***	1			
Growth	-0.082***	-0.002	0.053***	0.004	0.057***	0.038***	1		
Age	-0.055***	0.024***	-0.019**	0.166***	0.178***	-0.099***	0.067***	1	
High-tech	0.113***	0.012	-0.006	-0.215***	-0.235***	0.093***	-0.037***	-0.063***	1

注：***、**、*分别表示在1%、5%、10%水平上显著。

（三）多元回归分析

为了检验高管薪酬差距、高管-员工薪酬差距对企业创新的影响，本文构建回归模型（1）如下：

$$Apply = \alpha + \beta SalaryGap + \gamma Controls + \sum Year + \sum In \tag{1}$$

其中，Apply 为企业创新指标，SalaryGap 表示企业内部薪酬差距，即高管薪酬差距（SG1）、高管－员工薪酬差距（SG2）。Controls 为控制变量，即企业相关特征，具体解释如表 1 所示。此外，本文还控制了年度和行业的固定效应。

表 4 为回归模型（1）下企业内部薪酬与企业创新的分析结果。从回归分析中可以看出，在 OLS 模型回归下，高管薪酬差距（SG1）与企业创新在 1% 的显著性水平上呈现负相关；高管－员工薪酬差距（SG2）与企业创新在 5% 的显著性水平上呈现负相关，假设 1 得到验证，支持了"社会比较理论"，认为企业内部的薪酬差距对企业创新产生了消极影响。

表 4　　企业内部薪酬差距与企业创新

自变量	因变量：Apply	
SG1	－0.017***	
	（－2.63）	
SG2		－0.051**
		（－2.55）
Size	0.588***	0.587***
	（54.47）	（54.24）
Lev	－0.195***	－0.200***
	（－3.05）	（－3.13）
ROA	2.669***	2.612***
	（13.23）	（12.94）
Growth	－0.045***	－0.043***
	（－4.31）	（－4.18）
Age	－0.228***	－0.235***
	（－7.29）	（－7.57）
Indepen	0.169	0.169
	（0.87）	（0.87）
Top1	－0.163**	－0.156**
	（－2.21）	（－2.11）
SOE	0.019	0.030
	（0.74）	（1.19）
Dual	0.100***	0.089***
	（3.99）	（3.59）
High－tech	1.324***	1.323***
	（9.75）	（9.74）
Year	YES	YES

续表

自变量	因变量：Apply	
Industry	YES	YES
Constant	-11.680***	-11.628***
	(-42.87)	(-42.19)
Observations	15,783	15,783
R-squared	0.433	0.433
F	133.3	133.3

注：括号内数值为t值，***、**、*分别表示在1%、5%、10%水平上显著。

接着，本文考虑到不同类型的企业对创新有不同要求，尤其是对于高新技术企业而言，创新是其获得核心竞争力、应对激烈市场竞争的关键，表4中高新技术企业变量的回归系数显著为正说明了高新技术企业创新水平更高。本文参照国家文件公布的重点支持的八大高新技术领域及行业分类指引将我国上市公司划分为高新技术企业、非高新技术企业组，对高管薪酬差距与高管与员工薪酬差距对企业创新的影响进行进一步的对比分析，结果如表5所示。

由表5的结果可以看出，高新技术企业中高管薪酬差距与企业创新在1%的显著水平上呈现负相关关系，而非高新技术企业中高管与员工薪酬差距在10%的显著水平上呈现负相关关系，假设2得到验证。

表5　　　　　不同企业类型下内部薪酬差距对企业创新的影响

自变量	因变量：Apply			
	高新技术企业		非高新技术企业	
SG1	-0.036***		-0.011	
	(-3.46)		(-1.38)	
SG2		-0.053		-0.047*
		(-1.49)		(-1.96)
Size	0.692***	0.690***	0.542***	0.541***
	(38.18)	(37.88)	(40.12)	(39.99)
Lev	-0.041	-0.041	-0.355***	-0.360***
	(-0.42)	(-0.42)	(-4.21)	(-4.27)
ROA	3.131***	3.064***	2.221***	2.171***
	(10.91)	(10.64)	(7.97)	(7.79)
Growth	-0.052***	-0.052***	-0.042***	-0.041***
	(-2.63)	(-2.61)	(-3.46)	(-3.33)
Age	-0.152***	-0.169***	-0.312***	-0.318***
	(-3.30)	(-3.69)	(-7.42)	(-7.57)

续表

自变量	因变量：Apply			
	高新技术企业		非高新技术企业	
Indepen	0.392	0.367	0.143	0.147
	(1.31)	(1.22)	(0.56)	(0.58)
Top1	-0.359***	-0.351***	-0.009	-0.003
	(-3.09)	(-3.02)	(-0.10)	(-0.03)
SOE	0.129***	0.142***	-0.048	-0.037
	(3.34)	(3.70)	(-1.44)	(-1.13)
Dual	0.101***	0.082**	0.110***	0.102***
	(2.86)	(2.33)	(3.19)	(2.97)
Year	YES	YES	YES	YES
Industry	YES	YES	YES	YES
Constant	-13.290***	-13.264***	-10.425***	-10.366***
	(-33.42)	(-32.62)	(-31.40)	(-30.96)
Observations	6,154	6,154	9,629	9,629
R-squared	0.424	0.423	0.436	0.436
F	166.8	166.1	90.98	91.02

注：括号内为 t 值，***、**、* 分别表示在 1%、5%、10% 水平上显著。

（四）稳健性检验

1. Tobit 检验

由于企业创新数据呈现为以 0 为最小值的左断尾分步，所以本文同时采用 Tobit 回归模型进行估计以保证统计结果的稳健性。Tobit 检验的结果如表 6 所示。在采用 Tobit 回归后，(1) 列支持假设 1 的结果，与表 4 保持一致。(2) 列为企业分组为高新技术企业的回归结果，其中高管薪酬差距与企业创新在 1% 的显著性水平上呈现负相关，高管与员工薪酬差距与企业创新的回归结果不显著；(3) 列为企业分组为非高新技术企业的回归结果，其中高管与员工薪酬差距与企业创新在 10% 的显著性水平上呈现负相关，高管薪酬差距与企业创新的回归结果不显著，与表 5 保持一致。以上证明了假设结果均有具有稳健性。

表 6　　　　企业内部薪酬差距与企业创新（Tobit 检验）

自变量	因变量：Apply		
	(1)	(2)	(3)
SG1	-0.024***	-0.047***	-0.015
	(-3.05)	(-4.04)	(-1.40)

续表

自变量	因变量：Apply					
	(1)		(2)		(3)	
SG2		-0.060**		-0.065		-0.054*
		(-2.45)		(-1.63)		(-1.72)
Size	0.683***	0.682***	0.748***	0.746***	0.657***	0.656***
	(51.95)	(51.74)	(36.60)	(36.28)	(37.99)	(37.89)
Lev	-0.330***	-0.335***	-0.161	-0.159	-0.503***	-0.508***
	(-4.22)	(-4.28)	(-1.46)	(-1.44)	(-4.63)	(-4.68)
ROA	3.098***	3.030***	3.513***	3.426***	2.691***	2.636***
	(12.60)	(12.31)	(10.80)	(10.50)	(7.51)	(7.36)
Growth	-0.080***	-0.079***	-0.070***	-0.069***	-0.086***	-0.083***
	(-6.02)	(-5.87)	(-3.11)	(-3.06)	(-5.07)	(-4.94)
Age	-0.293***	-0.303***	-0.187***	-0.210***	-0.397***	-0.404***
	(-7.86)	(-8.18)	(-3.64)	(-4.09)	(-7.57)	(-7.72)
Indepen	0.092	0.091	0.481	0.448	-0.085	-0.082
	(0.40)	(0.39)	(1.44)	(1.34)	(-0.27)	(-0.26)
Top1	-0.157*	-0.149*	-0.360***	-0.352***	-0.013	-0.005
	(-1.77)	(-1.68)	(-2.78)	(-2.71)	(-0.11)	(-0.05)
SOE	0.022	0.037	0.148***	0.165***	-0.060	-0.047
	(0.74)	(1.23)	(3.42)	(3.83)	(-1.41)	(-1.11)
Dual	0.113***	0.099***	0.108***	0.083**	0.131***	0.121***
	(3.79)	(3.33)	(2.73)	(2.11)	(3.02)	(2.80)
High-tech	1.727***	1.729***	—	—	—	—
	(9.93)	(9.94)				
Year	YES	YES	YES	YES	YES	YES
Industry	YES	YES	YES	YES	YES	YES
Constant	14.113***	14.067***	14.622***	14.585***	13.221***	13.164***
	(-41.96)	(-41.36)	(-32.66)	(-31.85)	(-30.90)	(-30.53)
Observations	15 783	15 783	6 154	6 154	9 629	9 629

注：括号内数值为 t 值，***、**、* 分别表示在1%、5%、10%水平上显著。

2. 内生性处理：工具变量法

虽然在多元回归分析中高管薪酬差距与高管-员工薪酬差距均具有显著的负相关关系，但企业薪酬差距影响企业创新的同时也会反向受到其影响，或存在相关变量的选取不全面存在遗漏现象，引发内生性问题。为控制内生性，本文选取按行业、省份分类后企业内部薪酬差距的最小值作为工具变量进行2SLS回归，检验结果如表7所示。同时本文采用 Cragg – Donald Wald 的 F 统计量检验来检验此工具是否为弱工具变量，得到的 F 值分别为 772.83、144.90 均远大于 10，说明这一工具变量的选取有效。从回归结果中可以发现，企业内部薪酬差距与企业创新均在 1% 的显著性水平上负相关，与表 4 基准回归的结果保持一致，证明了这一结果具有良好的稳健性。

表 7　　　　　　　　　企业薪酬差距与企业创新（采用 2SLS 回归）

自变量	因变量：Apply	
SG1	-0.466*** (-11.84)	
SG2		-0.745*** (-2.88)
Size	0.463*** (33.53)	0.502*** (32.14)
Lev	-0.558*** (-7.00)	-0.818*** (-10.72)
ROA	2.414*** (9.12)	0.927*** (2.84)
Growth	-0.125*** (-9.87)	-0.096*** (-6.80)
Age	-0.198*** (-5.09)	-0.360*** (-10.19)
Indepen	0.926*** (3.65)	0.934*** (3.83)
Top1	-0.402*** (-4.24)	-0.334*** (-3.22)
SOE	-0.513*** (-15.11)	-0.296*** (-8.95)
Dual	0.419*** (10.92)	0.151*** (4.69)
Year	YES	YES
Industry	YES	YES
Constant	-5.653*** (-16.50)	-6.516*** (-10.76)
Observations	15,783	15,783

注：括号内数值为 z 值，***、**、* 分别表示在 1%、5%、10% 水平上显著。

3. 主要变量替换

除此之外，对于高管与员工薪酬差距，本文参考刘春、孙亮（2010）与孔东民（2017）等的研究，剔除企业为职工支付的社会保障金的影响，在原有基础上对"支付给职工以及为职工所支付的现金"项目进行调整,即员工总薪酬=支付给职工以及为职工所支付的现金/1.56—董事、监事以及高管薪酬总额,形成新的衡量高管与员工薪酬差距的变量,结果与表4保持一致。

(五) 进一步研究

由于各地区受政府政策影响不同、经济发展水平与市场环境存在差异,宏观环境与市场对企业内部薪酬及企业创新存在一定影响。经济发展水平较高的地区市场竞争较为激烈,企业为获取核心竞争力对创新的重视程度就越高。为了研究地区发展差异对企业内部薪酬差距与企业创新关系的影响,本文根据国家统计局分地区的标准将高新技术企业、非高新基础企业进一步划分为东部与非东部两组进行回归,高新技术企业分地区的回归结果如表8所示,非高新技术企业如表9所示。

分析得出,高管薪酬差距与高新技术企业的创新成果在东部、非东部地区均呈现负相关关系,分别在1%、5%水平上显著。高管与员工薪酬差距仅与非东部地区的非高新技术企业的创新成果呈现负相关关系,在1%水平上显著。这一结果出现的原因可能是不论经济发展水平与市场竞争状况如何,高新技术企业内的创新决策对企业发展均起到重要作用,薪酬差距的扩大会使高管团队的协同效果受到影响,因此抑制了收益不确定性较高的创新活动。而非高新技术企业产生创新成果的关键在于员工对创新投入的转化,一方面非高新技术企业对于员工创新的激励形式有限,导致员工对薪酬激励变化的反应较大,另一方面由于非东部地区高管与员工薪酬差距相较于东部地区较小,当对高管与员工薪酬差距扩大时,员工更易产生不公平感,即员工对薪酬差距的敏感度较高,从而对创新活动的负面影响较大。这一结果进一步支持了假设2的论述。

表8   不同地区高新技术企业内部薪酬差距对企业创新的影响

自变量	因变量:Apply			
	东部		非东部	
SG1	-0.039 *** (-3.25)		-0.046 ** (-2.16)	
SG2		-0.053 (-1.24)		-0.018 (-0.28)
Size	0.740 *** (33.91)	0.739 *** (33.69)	0.598 *** (18.34)	0.604 *** (18.37)
Lev	-0.110 (-0.96)	-0.110 (-0.96)	0.135 (0.73)	0.125 (0.68)
ROA	3.003 *** (8.81)	2.945 *** (8.61)	3.048 *** (5.74)	2.980 *** (5.57)
Growth	-0.061 ** (-2.57)	-0.061 ** (-2.57)	-0.026 (-0.75)	-0.025 (-0.71)

续表

自变量	因变量：Apply			
	东部		非东部	
Age	-0.044	-0.061	-0.434***	-0.462***
	(-0.83)	(-1.15)	(-4.59)	(-4.92)
Indepen	0.271	0.248	0.549	0.482
	(0.77)	(0.70)	(0.95)	(0.84)
Top1	-0.257*	-0.249*	-0.771***	-0.779***
	(-1.82)	(-1.76)	(-3.68)	(-3.69)
SOE	0.057	0.066	0.243***	0.267***
	(1.19)	(1.38)	(3.64)	(4.05)
Dual	0.096**	0.078*	0.121*	0.088
	(2.35)	(1.92)	(1.71)	(1.28)
Year	YES	YES	YES	YES
Industry	YES	YES	YES	YES
Constant	-14.316***	-14.308***	-10.926***	-11.054***
	(-29.68)	(-29.16)	(-15.47)	(-15.17)
Observations	4 285	4 285	1 869	1 869
R-squared	0.428	0.427	0.418	0.416
F	118.0	117.4	48.89	48.60

注：括号内数值为t值，***、**、*分别表示在1%、5%、10%水平上显著。

表9　不同地区非高新技术企业内部薪酬差距对企业创新的影响

自变量	因变量：Apply			
	东部		非东部	
SG1	-0.009		-0.012	
	(-0.92)		(-0.80)	
SG2		0.010		-0.118***
		(0.35)		(-2.98)
Size	0.526***	0.528***	0.545***	0.539***
	(30.48)	(30.58)	(23.64)	(23.40)
Lev	0.060	0.056	-0.781***	-0.783***
	(0.54)	(0.50)	(-5.75)	(-5.77)
ROA	3.084***	3.079***	0.751*	0.643
	(8.63)	(8.61)	(1.69)	(1.45)
Growth	-0.053***	-0.053***	-0.023	-0.021
	(-3.30)	(-3.30)	(-1.20)	(-1.09)
Age	-0.333***	-0.334***	-0.200**	-0.216***
	(-6.79)	(-6.80)	(-2.42)	(-2.64)

续表

自变量	因变量：Apply			
	东部		非东部	
Indepen	0.772 ** (2.34)	0.773 ** (2.35)	-0.146 (-0.36)	-0.084 (-0.21)
Top1	-0.343 *** (-2.92)	-0.344 *** (-2.92)	0.422 *** (2.58)	0.447 *** (2.73)
SOE	0.002 (0.05)	0.005 (0.12)	-0.094 * (-1.79)	-0.072 (-1.40)
Dual	0.114 *** (2.73)	0.109 *** (2.64)	0.077 (1.22)	0.063 (1.02)
Year	YES	YES	YES	YES
Industry	YES	YES	YES	YES
Constant	-10.048 *** (-19.91)	-10.126 *** (-19.88)	-10.731 *** (-20.25)	-10.467 *** (-19.61)
Observations	5 977	5 977	3 652	3 652
R-squared	0.472	0.472	0.412	0.414
F	67.52	67.50	33.03	33.21

注：括号内数值为 t 值，***、**、* 分别表示在 1%、5%、10% 水平上显著。

五、结论与建议

本文以 2007~2016 年我国沪深两市 A 股上市公司作为研究样本分析了企业内部薪酬差距对企业创新的影响。经实证研究发现：（1）无论是高管薪酬差距还是高管与员工薪酬差距均不利于企业创新，即企业内部薪酬差距抑制了企业的创新行为，支持了"社会比较理论"。（2）将总样本分为高新技术企业与非高新技术企业后发现，高新技术企业内部高管薪酬差距对企业创新行为的抑制更显著、非高新技术企业内高管与员工薪酬差距对企业创新行为的抑制作用更显著。（3）进一步分为东部地区与非东部地区后发现，高管薪酬差距对于高新技术企业的影响不论在东部还是在非东部地区均呈现显著的负相关关系；高管与员工薪酬差距与企业创新显著的负相关关系只在非东部地区的非高新企业中体现。

基于以上分析，本文提出如下建议：（1）企业内部薪酬设定时一方面应考虑薪酬的绝对数额对高管及员工的影响，另一方面也应重视高管、员工与同一层级或其他层级薪酬相对数的影响。（2）企业内部薪酬的设定应重视公平原则，从而促进合作有利于企业创新的推进。（3）激励形式的多样性影响了高管与员工对薪酬差距的敏感度，在激励形式设计上应重视保持激励多元化。

本文的研究仍存在一些局限性，在日后的研究中可以从以下几方面进一步探究：（1）由于可获取的企业创新数据存在遗漏和缺失，本文只采用企业专利的申请量作为企业创新的衡量指标，未对研发投入与企业内部薪酬差距的关系进行验证，未来将搜集企业研发投入的数据进行进一步探究。（2）本文对薪酬差距的分析仅限于企业内部，高管与员工对于薪酬的感知还会受到行业中的薪酬情况的影响，因此日后研究也应增加对高管与员工外部薪酬差距的关注，建立从外部薪酬差距到内部薪酬差距的关联性。(3) 本文并未区分员工类型，但企业内部不同类型的员工对企业创新的贡献不同，为了更准确的解释高管-员工薪酬差距对企业创新的影响，未来研究应对员工进行更细致的分类。

主要参考文献

[1] 张志宏，朱晓琳. 产权性质、高管外部薪酬差距与企业风险承担 [J]. 中南财经政法大学学报，2018，228（3）：14-22，158.

[2] 杨坚. 薪酬外部公平性与企业研发创新 [J]. 财经问题研究，2017，407（10）：139-145.

[3] 刘春，孙亮. 薪酬差距与企业绩效：来自国企上市公司的经验证据 [J]. 南开管理评论，2010，v.13；71（2）：30-39，51.

[4] 孔东民，徐茗丽，孔高文. 企业内部薪酬差距与创新 [J]. 经济研究，2017，v.52；601（10）：144-157.

[5] 杨婵，贺小刚，朱丽娜，等. 垂直薪酬差距与新创企业的创新精神 [J]. 财经研究，2017，(7)：32-44，69.

[6] 吕巍，张书恺. 高管薪酬差距对企业研发强度的影响——基于锦标赛理论的视角 [J]. 软科学，2015，(1)：1-5，10.

[7] 杨志强，王华. 公司内部薪酬差距、股权集中度与盈余管理行为——基于高管团队内和高管与员工之间薪酬的比较分析 [J]. 会计研究，2014，320（6）：57-65，97.

[8] 侯静茹，黎文靖. 高管团队薪酬差距激励了企业创新吗？——基于产权性质和融资约束的视角 [J]. 财务研究，2017，17（5）：13-21.

[9] 黎文靖，胡玉明. 国企内部薪酬差距激励了谁？[J]. 经济研究，2012，v.47；539（12）：125-136.

[10] 张正堂. 高层管理团队协作需要、薪酬差距和企业绩效：竞赛理论的视角 [J]. 南开管理评论，2007，(2)：4-11.

[11] 陈辉，符蓉，苏美玲. 高管薪酬差距、公司成长性水平与创新投入 [J]. 财会通讯，2017，764（36）：99-103，109，129.

[12] 卢锐. 企业创新投资与高管薪酬业绩敏感性 [J]. 会计研究，2014，(10)：36-42，96.

[13] 江伟，吴静桦，胡玉明. 高管与员工薪酬差距与企业创新——基于中国上市公司的经验研究 [J]. 山西财经大学学报，2018，40（06）：74-88.

[14] 黎文靖，岑永嗣，胡玉明. 外部薪酬差距激励了高管吗——基于中国上市公司经理人市场与产权性质的经验研究 [J]. 南开管理评论，2014，17（04）：24-35.

[15] 张正堂，李欣. 高层管理团队核心成员薪酬差距与企业绩效的关系 [J]. 经济管理，2007（02）：16-25.

绿色委员会与企业环境行为

——基于华润电力的案例研究

李咏红

会计学院会计学专业 1504 班　指导老师：吴德军

摘　要：华润电力是火力发电行业唯一设立董事会绿色委员会的企业，却在 2014 年被评为"漂绿"企业。本文基于前人的理论研究，首先通过事件研究法发现华润电力披露设立绿色委员会当天引起了市场的负面反应，接着利用内容分析法、趋势分析法和 DEA 超概率模型等方法，从环境信息披露、环境战略、环境绩效三个维度探讨绿色委员会对企业环境行为的影响，最终说明华润电力建立董事会绿色委员会行为形式重于实质，丰富了我国董事会绿色委员会的研究，启示我国应警惕企业的"漂绿"行为、完善约束监督机制。

关键词：绿色委员会；环境信息披露；环境战略；环境绩效

一、引言

（一）研究背景与意义

近年来，全国各企业特别是高耗能高污染行业的企业纷纷顺应国家绿色发展的趋势进行环境治理，但是在实践中仍缺乏有效的约束机制控制企业的行为决策。华润电力是火力发电行业唯一设立绿色委员会的企业。华润电力董事会设立绿色委员会无疑表现了股东积极承担环境保护责任的愿景，目的是为了强化绿色治理的机制。但是 2014 年，华润电力旗下企业被国家环保部通报并挂牌督办，2015 年登上中国漂绿榜，2018 年龙山水电站的建设被质疑是"中国整个西南地区近五年来最大规模的毁林行为"。那么，华润电力这种绿色治理机制是有效的吗？绿色委员会究竟是起象征性作用还是实质性作用？能否真正地驱动企业进行环境管理的行为？

现阶段国内关于董事会专门委员会的研究较少，多数从法律的角度去探讨（谢增毅，

2005；陈洋洋，2011；刘婵，2012）。而且学者更多关注设置委员会与否的公司的区别（吴建斌，2005），或设置委员会是否能为公司带来治理溢价（牛建波，2008），针对委员会设置的有效性的研究尚属鲜见。由于我国设置绿色委员会的企业非常罕见，关于绿色委员会的研究还处于空白阶段。基于此，本文考察的主要问题是华润电力设置的绿色委员会是否有效，是否真正驱动了企业实施环境行为，试图弥补现有研究的不足和缺陷。

本文对企业进行绿色治理的理论和实践进行深入的探讨其主要贡献和学术价值在于：（1）以建立董事会绿色委员会的华润电力企业作为研究对象，首次证明我国现阶段企业建立董事会绿色委员会形式重于实质，填补了我国董事会绿色委员会研究领域的空白；（2）揭示了我国企业在企业环境责任承担方面的不足，易出现"漂绿"行为，启示我国政府应加强绿色治理的监督和问责机制，同时也警醒我国投资者警惕企业的"漂绿"行为；（3）研究方法丰富，使用了事件研究法、内容分析法、趋势分析法和DEA超概率模型等方法，多维度多角度地探讨绿色委员会对企业环境行为的影响，克服了现有研究评估环境行为及绩效的方法单一的不足。

（二）文献综述

专门委员会制度的有效性存在观点分歧。一种认为专门委员会对企业有实质性的影响。如从咨询职能来看，Gerety（2001）发现，没有提名委员会的企业的市场反应倾向于消极。另外从监督职能来看，大多学者认为专门委员会的设置与主动披露信息有明显的正相关关系（Mullen，1996；Deli 和 Ctilla，2000；Beasley，2001），但研究主要针对审计委员会的治理效果。反对方认为专门委员会只起到"橡皮图章"作用，如 Conyon（2004）认为薪酬委员会成员会为了保住职位和感谢 CEO，制定有利于 CEO 的薪酬计划。

Ward（1997）认为，除了审计、提名和薪酬委员会，设立执行特殊事务是新世纪董事会结构应当考虑的。但是针对董事会专门委员会的研究较少，针对三大关键委员会以外的董事会绿色委员会的研究更是少之又少，Berrone 和 Gomez-Mejia（2009）以高污染行业为样本，发现环境委员会可能只是象征性的或粉饰作用。Heather（2010）认为董事会环境委员会与企业环境绩效正面相关，但环境委员会的组成与企业环境绩效无关，管理层的可持续高级经理的设置却能加强委员会与环境绩效的关系。

总体而言，对专门委员会的研究较少且其治理有效性尚未得到一致的观点，治理的研究多数从专门委员会的结构和组成层面出发，但董事会的有效性不仅取决于结构和组成的合理性，更多地取决于其运行机制和行为。在履行社会职责的专门委员会研究方面，目前尚不清楚专门委员会的作用及有效性。

二、绿色委员会与企业环境行为的理论分析

（一）建立绿色委员会的市场反应

绿色委员会建立的消息将向市场传递企业积极承担环境保护责任的信号，有环保意识的投资者将更认可企业的投资环保行为。田井一浩（1998）认为仅仅是设立提名委员会或

薪酬委员会这一事件就可增加企业透明度，向市场传递企业改善内部治理的信息。刘想等（2014）认为企业承担社会责任能够向市场传递积极的信息以提高公司价值。基于市场分割理论，Heinkel等（2001）建立理论模型，推导证明在市场均衡状态下，相较于污染环境的企业，具备环保意识的投资者会更倾向于购买保护环境企业的股票，市场价格上升。Cai和He（2014）发现采取环境保护行为的企业能获得超额回报。由此，企业宣布建立绿色委员会则向市场传递了企业积极承担环境保护责任的信号，相较于其他企业将形成自己独特的竞争优势，从而引起积极的市场反应。由此提出假设1：

假设1：建立绿色委员会将引起积极的有效市场反应。

（二）绿色委员会对环境信息披露的影响

环境委员会对环境信息的披露影响类似于审计委员会在财务会计信息披露的影响。信息传递理论认为，环境信息披露是企业战略管理的工具，有效的环境信息披露能帮助企业增强声誉和公信力（Preffer和Salancik，1978）。绿色委员会成员的在环境方面的专业性将有助于更好地控制相关的风险、监督企业违法行为和短期行为，而环境绩效越好，企业就越愿意披露更多的环境信息以获得声誉（李新娥和彭华岗，2010）。类比于审计委员会，审计委员会的设立有助于促进自愿信息披露的水平（Barako，2006；阳静和张彦，2008；毕茜，2012）。绿色委员会的成立表明企业更注重绿色治理，从而更愿意向外界传递积极的信号，将有助于增强环境信息披露水平，由此提出假设2：

假设2：董事会绿色委员会将促进企业提高环境信息披露水平。

（三）绿色委员会对环境绩效的影响

环境绩效是指企业实施影响自然环境的战略活动结果（Walls等，2011）。所以环境治理具有长期的战略意义，且不同于企业其他承担社会责任的行为，具有技术性，需要重大资本投资，从而构建企业特定的能力和资源（Hart，1995；Hart和Ahuja，1996）。环境技术是一种潜在的战略资源，企业通过整合环境技术与企业战略，将有效降低成本、构建可持续的竞争优势（Shrivastava，1995；Chtristmann，2000）。企业自愿建立绿色委员会，属于采用主动型环境战略（Hart，1995；Sharma，2000），若绿色委员会的环境治理是有效的、其环境战略实施强度应比不设立绿色委员会的企业要大。

Heather（2010）认为董事会环境委员会的建立与企业环境绩效正面相关。解决环境问题需要多层次分析及广泛协调（Roome，1992），将企业的影响力扩展到组织边界以外的供应链和利益相关者群体（Merous和Geffen）。绿色委员会将充分考虑环境利益相关者的需求，提高环境绩效（Dion，1997）。如绿色委员会对政府的环境管制更敏感，将更积极地遵守相关的绿色治理的规章制度（Jennings，1995；Darnall，2010）。同时，企业提高环境绩效将降低企业的权益资本成本、提高企业财务业绩（Heinkel等，2001；Margolis等，2009）。绿色委员会的职责将驱动企业更积极地采取积极有效地环境政策，提高环境绩效，以向市场传递积极的信号。由此提出假设3、假设4：

假设3：设立董事会绿色委员会的企业实施环境战略的强度比不设立董事会绿色委员会的企业大。

假设4：董事会绿色委员会将有助于企业提高环境绩效。

三、华润电力及其绿色委员会设立概况

（一）华润电力概况

华润电力控股公司（简称"华润电力"）是以煤电为主的国有发电企业，业务涉及火电、水电等领域，于2003年11月12日在香港联合交易所主板上市，是中国效率最高、效益最好的综合能源公司之一。在环境管理方面，华润电力以成本领先战略为导向，自2006年开始投产风电等清洁能源项目，2016年入选香港恒指公司可持续发展指数首20名企业。

华润电力的母公司华润集团有6家企业在H股上市。本文通过对全国国企前100强的名下超过300家上市公司的手工搜寻可知，只有22家上市公司设有类似社会责任专门委员会的机构，但是华润集团名下6家上市公司有5家设置了相关的董事会专门委员会，超过总量的20%。而在董事会内设专门针对环境的委员会更少，仅有10家上市公司，华润集团名下的"华润电力"和"华润燃气"却是其中之二。由此，华润电力董事会设立绿色委员会有可能只是华润集团的一种"惯性"行为，不能带来实际的绩效。

（二）设立绿色委员会情况

华润电力于2012年3月19日建立可持续发展委员会，以监督企业在对股东和其他利益相关者有影响的环境事宜上的立场和实务，其具体职责为就应对环境的资源及程序的有效性、确保环境方面合规性程序的有效性及表现提供建议①。

1. 绿色委员会的独立性

本文总结出华润电力在2012~2016年的可持续发展委员会的结构特征，如表1所示。其特点有：第一，独立董事比例比较高，占据委员会席位的75%；第二，组成委员会的独立董事同时兼任其他两个委员会席位。从专门委员会设置的独立性来讲，高比例的独立董事设置和专门委员会重叠有助于加强该委员会的监督职能。

表1　　　　　　　　　　　　　绿色委员会构成

董事会角色	委员会职位			
	可持续发展委员会	审计委员会	提名委员会	薪酬委员会
董事会主席	√		主席	
独立董事A	主席	√	√	
独立董事B	√		√	√
独立董事C	√	主席		√
独立董事D		√	√	主席

---

① 转载自华润电力《可持续发展委员会职权范围》。

2. 绿色委员会的专业性

董事会专门委员会成员在职责范围领域内具备的知识、经验和专长将有助于保证委员会对具体事项的评估，实现预期的目标（刘彬，2014）。由表2可知，该可持续委员会自2012年建立以来的委员会成员的教育背景和职业背景都与环境治理不直接相关，在环境治理方面难以起到有效的监督和服务作用。

表2　　　　绿色委员会成员背景

独立董事	任职时间	教育背景	从业背景
Mr. Anthony	2012~2014年	文学学士学位、工商管理硕士学位	曾任摩根大通董事总经理以及贝克德集团公司经理，负责基础设施建设直接投资
马先生	2012~2018年	经济学学士学位	香港会计师工会、香港董事学会以及香港税务学会的资深会员
钱先生	2012~2018年	经济学博士学位	曾任中国政协天津市常务委员会会员、香港特别行政区行政会议成员
苏先生	2014~2018年	经济学博士学位	曾任香港特别行政区政府公职、全国政协委员、香港贸易发展局总裁等

3. 绿色委员会行为

大多数关于董事会治理的实证研究采用召开会议数和出席会议成员比例来探讨董事会治理行为的有效性。华润电力发布的2012~2016年年报均披露了审核、提名和薪酬专门委员会的职责以及重大决策情况，唯独可持续发展委员会仅有出席会议情况的描述，如表3所示。该委员会一年仅召开一次会议，其治理的有效性值得怀疑。而且从出席会议的情况来看，2012~2013年召开的唯一的一次会议出席率为75%，似乎该可持续发展委员会设立初期，会议并没有得到重视。

表3　　　　绿色委员会会议情况

	2012年	2013年	2014年	2015年	2016年
出席会议情况	3/4	3/4	4/4	4/4	4/4

（三）市场反应

本文将采用事件分析法对华润电力发布建立可持续专门委员会公告的市场反应进行实证分析研究，定义事件日为事件公告日2012年3月30日，事件日前后共11个交易日[−5, 5]为事件期，以此来度量华润电力的超额收益（AR）和累积超额收益（CAR）。通过对$CAR_{i,t}$做t检验，检验市场对于企业建立绿色委员会消息的反应显著性，从而评价企业是否向市场传递了积极有效的信号。

实证结果和分析

华润电力窗口期内的AR和CAR的趋势图见图1。在华润电力公告建立绿色委员会当天，AR为2.38%，出现了正向累计，说明设立绿色委员会的消息有一定的正面作用。但接下来的 3 天，即 AR 在 [0,3] 出现了持续的下降。原因可能是随着时间的推移，投资者认为绿色委员会的建立仅仅是一种营销行为，并不能给企业业绩和价值带来实质性的变化，甚至是一种"漂绿"行为，所以投资者通过资本市场做出反应，抛售股票或减少投资，所以股价开始下跌。如表 4 所示，t 检验统计量值没有通过 1% 和 5% 的显著性水平检验，说明设立绿色委员会这一事件对华润电力股价的正向作用不明显，整体上来说市场对华润电力建立绿色委员会没有引起显著的积极市场反应，与假设 1 相悖。

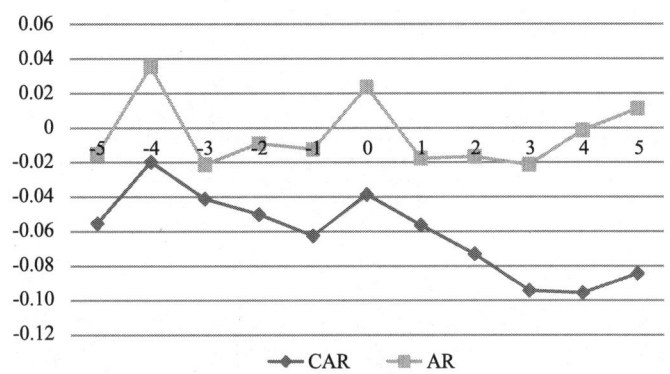

图 1　窗口期的市场反应

表 4　　　　　　　　　　　　　　显著性检验结果

事件日	个股日收益率	恒生指数日收益率	AR	CAR	t 值
t = 0	2.25%	-0.26%	2.38%	-3.87%	-0.67

四、环境信息披露

本文采用内容分析法评价华润电力的环境信息披露水平，数据来自华润电力 2011~2015 年可持续发展报告。以《中国企业社会责任报告编写指南（CASS CSR-3.0）》（以下简称《指南 3.0》）指标体系为基准，借鉴汤亚莉等（2006）、沈洪涛等（2014）方法划分环境信息披露评价条目。对披露质量进行评价时，参考 Darrell（1997）、Patten（2002）、沈洪涛（2014）等的方法，选择量化性、时间性、实质性质量维度进行评价。各项目赋值分别为：量化性 Q：仅文字描述 1 分，非货币化量化 2 分，货币化量化 3 分；时间性 T：现在的信息 1 分，未来信息 2 分，现在与过去信息比较 3 分；实质性 S：一般披露 1 分，详细披露 2 分，分析详细披露的项目或加案例 3 分。

（一）数量特征

从重要性角度来看，华润电力在可持续发展报告中均设置专门章节披露环境信息，在一定程度上能反映企业对环境治理的重视程度。由表 5 可知，华润电力在 2012 年建立绿色委员会前后环境版块总页数变化不大，且 2013 年环境版块页数增加主要是因为插入的图片所占篇幅增加，环境信息披露没有实质性的变化。环境绩效板块占比也无明显变化，约占总篇幅的 10%，说明对环境绩效信息披露的重视程度不变。

表 5　　　　　　　　　华润电力 2011~2015 年可持续发展报告数量特征

撰写报告年份		2011	2012	2013	2014	2015
环境板块篇幅（页）		8	9	12	8	12
报告总篇幅（页）		87	94	104	95	92
环境板块篇幅占比		0.09	0.10	0.12	0.08	0.13
未披露指标数/《指南3.0》环境指标数	环境管理	7/13	7/13	6/13	6/13	6/13
	节能减排	1/19	1/19	1/19	1/19	1/19
	产品把控	3/4	3/4	2/4	1/4	1/4
	生态影响	0/5	0/5	0/5	0/5	0/5
	总计	13/41	13/41	12/41	11/41	10/41

从完整性角度来看，剔除电力企业不适用的《指南 3.0》环境绩效系列指标之后，本文通过逐项比对环境管理等四项内容共 42 个指标，发现华润电力未披露的指标数量无明显变化。华润电力在节能减排和生态影响披露两方面环境信息披露较好，在环境管理和产品把控两方面披露较差、未披露的指标约占 50%，但是在建立绿色委员会后也无明显改善。其新增了两个关于供应商的披露指标，主要是因为从 2013 年起，全球报告倡议组织倡导披露供应链的绿色管理。所以绿色委员会对环境信息披露的数量特征影响不大。

（二）质量特征

为更清晰地比较报告披露质量变化，定义 2012 年当年数据为短期变化数据，2013~2015 年数据均值为长期变化数据。数据处理之后得到表 6。总体来说，环境信息披露质量得分较为理想，以总分 39 分的 60% 即 23.4 分为及格基准，则 2011 年环境信息的三个质量维度得分均不及格，2012 年后均达到及格且长期得分达到 30 分左右，总体来说环境信息的质量得到改善。

表 6　　　　　　　　　环境信息披露质量评价结果汇总表

环境信息披露		2011年	短期	长期	2011年	短期	长期	2011年	短期	长期
质量层次			Q			T			S	
环境管理	环境管理及预警制度	1	1	1.3	1	1	1	1	1	1.3
	环保支出及投资	1	3	3	1	3	3	1	3	2
	绿色办公	1	3	2.3	1	3	3	1	1	2.3
节能减排	不可再生能源消耗	2	3	3	3	3	3	1	3	3
	可再生能源消耗	2	2	2.3	3	3	3	3	3	3
	水资源消耗	1	1	2	1	1	2.3	1	1	2.3
	温室气体排放	2	2	2	3	3	3	3	3	1
	污染物排放	2	2	2	3	3	3	3	3	3
	废渣、废渣排放	3	3	2.7	3	3	3	1	1	1.7

续表

环境信息披露		2011 年	短期	长期	2011 年	短期	长期	2011 年	短期	长期
质量层次			Q			T			S	
产品把控	供应商环境评估	1	1	2	1	1	2.3	1	1	2.7
	绿色产品的研发	1	3	2.3	1	3	2.3	1	1	3
生态影响	保护生物多样性	1	1	1.7	1	1	1.7	3	1	2.3
	治理生态、环保公益	2	3	1.7	1	1	1.3	3	3	1
合计		20	28	28.3	23	28	32	23	25	28.7

披露信息的质量有所改善，主要表现在量化的、前瞻性的或比较性的内容增多、对关键议题的具体措施、成果、规划分析讨论更加深入。这与 2013～2016 年中国科学研究院对华润电力社会责任报告评级的质量等级逐年上升，但改进建议都是"增加行业核心指标的披露"的结论一致。由此说明本文评价体系能较好地衡量企业的环境信息披露质量。

从短期角度来看，建立绿色委员会时环境信息的量化性、时间性、实质性都较 2011 年有了较大改善。从长期角度来看，相较于 2012 年，量化性没有明显的变化；时间性有所增强，主要表现在对产品的把控和生态影响方面信息披露有前后对比；实质性也有所改善，主要表现在绿色办公等方面有了更深入的探讨，结合案例分析进行描述且对关键议题如资源高效应用等进行了详细分析，增添了实质性。原因在于利益相关方逐渐从重视报告数量向重视报告质量转变，更加关注对关键议题的探讨。

五、环境战略

本部分是基于 Chtristmann（2000）能直接影响成本优势的三种最佳手段的研究框架来设置对照组，分别探讨华润电力建立绿色委员会后是否采取污染预防技术、产品创新技术以及环境策略实施的时间领先三种环境治理途经降低企业成本。

数据来源：年度报告、企业社会责任报告。

对照组的选择：两家与华润电力最相近的却没有在董事会设置类似专门委员会的企业。通过文献的梳理，考虑到市场环境、产权性质、业务结构等因素，选择大唐发电和华能国际进行比较。基本情况见表 7。

表 7　　　　　　　　　　企业基本情况

企业名称	香港上市时间	所有权性质	2012 年装机容量/千瓦	是否有类似可持续发展专门委员会的委员会
华润电力	2003 年	国有企业	2527.1	有
华能国际	1998 年	国有企业	5657.3	无
大唐发电	1997 年	国有企业	3914.7	无

（一）污染预防技术

如图 2 所示，2012～2016 年大唐发电清洁能源装机比例的规模比华润电力和华能国际大，且增速比华润电力快。华润电力在清洁能源装机比例方面的增速在 2012 年比华能国际要快，但是在 2013 年华能国际加快投资建设清洁能源装机、与华润电力持平。整体上来说，华能国际与华润电力在清洁能源装机比例大小和增速上整体相近。

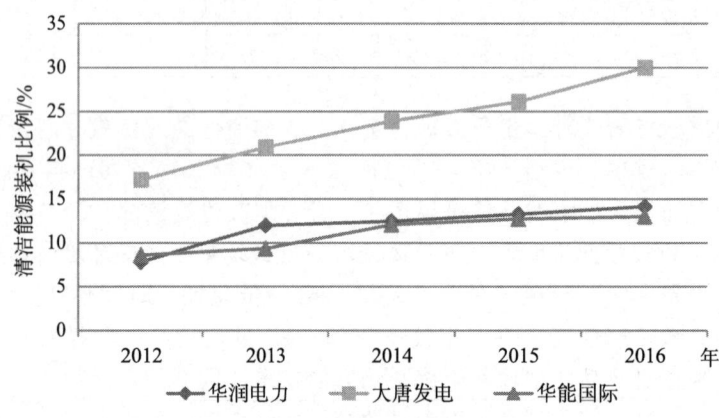

图 2　清洁能源装机比例折线图

（二）产品创新技术

本文从毛利率、研发支出占营业收入比重、新增专利数量三个维度比较产品创新技术，数据见表 8。

1. 毛利率分析

毛利率在很大程度上反映了企业产品的竞争力。通过横向比较，华润电力在 2012～2016 年的毛利率波动比较大，有可能是由于发电的主要原材料电煤价格的波动比较大。通过纵向比较，虽然三家企业的排名均有波动，但华润电力在 2012～2016 年从未同时超越大唐发电和华能国际，说明在生产环节的竞争力层面上，华润电力并不占据优势。

2. 研发费用比重、专利数量分析

研发费用占比和专利数量可代表企业的创新投入和产出。研发投入方面，大唐发电的数据平均值领先华润电力和华能国际，说明大唐发电最重视技术的创新。同时，华润电力和华能国际字研发支出的比重相近。但是华润电力和大唐发电都出现比较极端的数值，研发支出的投入不稳定。创新产出的角度方面，由于华能国际没有披露专利新增数量，仅比较华润电力和大唐发电的专利数，可知华润电力的新增专利数远不及大唐发电，原因是因为研发投入方面不及大唐发电。

（三）实施时机

若企业能够比竞争对手更早地解决环境问题，通过学习曲线效应，该企业的环境保护成本将低于其竞争对手。本文将通过比较企业获得环境管理体系（ISO14000）的时间和企

表 8　　　　　　　　　　　　产品创新技术指标数据一览表

PANAL A 毛利率/%						
年份	2012	2013	2014	2015	2016	平均值
华润电力	16.49	21.26	17.33	27.46	19.39	20.39
大唐发电	17.36	20.37	18.59	26.14	22.98	21.09
华能国际	16.30	23.14	20.90	29.00	21.46	22.16
PANAL B 研发支出占营业收入的比重/%						
年份	2012	2013	2014	2015	2016	平均值
华润电力	—	0.07	0.01	0.05	0.07	0.05
大唐发电	—	0.11	0.18	0.12	0.03	0.11
华能国际	0.03	0.07	0.04	0.02	0.05	0.04
PANAL C 新增专利数量/项						
年份	2012	2013	2014	2015	2016	平均值
华润电力	—	47	6	39	40	33
大唐发电	64	163	144	272	215	171.6

业在年度报告"管理层讨论与分析"中首次谈及有关环境治理例如"环保""污染"等字样的时间作为企业实施环境战略的时间。为保持一致性，本文分析的年报均是 H 股年报。

1. 年报"未来展望"部分分析

表 9　　　　　　　　　　　　企业年报提出环境战略年份

企业	首次提出绿色规划时间	关键词句
华润电力	2014 年	"我们将……积极践行节能减排的社会责任""持续增加对清洁及可再生能源行业的投资，重点是建设风电场"
大唐发电	2014 年	"贯彻新的《环境保护法》，落实国家降低污染物排放新要求""落实……确保供电煤耗等能耗目标期必成"
华能国际	2012 年	"力争公司可控装机规模……，使公司成为……燃煤发电与清洁能源发电并举的公司""公司将……，加强清洁能源投资和布局"

如表 9 所示，华润电力和大唐发电在年度报告中未来展望或发展规划首次提出绿色治理相关字样是在 2014 年，华能国际是 2012 年，说明华能国际产生绿色治理意识、或进行系统性的规划比华润电力和大唐发电要早。而华润电力和大唐发电均在 2014 年提出相关的规划，有可能是因为在 2014 年我国通过了新的《环境保护法》，提高了全国节能环保标准，收紧对能源开发的环境保护约束。华润电力没有体现制定环境战略的时间领先优势。

2. ISO14000 分析

通过查询中国认证认可信息网以及年报，如表 10 所示，华能国际认证 ISO14000 的初始时间最早，与企业年报的发展规划中表现出来的绿色治理意识时间相近，说明在这三家企业中华能国际的确最早进行绿色治理，并且得到了一定的成效。华润电力至今没有进行 ISO14000 认证，其绿色治理的决心和成效不如对照组。

表 10　　　　　　　　　　　　认证 ISO14000 时间

企业	ISO14000 认证起始时间	ISO14000 认证到期时间
华润电力	无	无
大唐发电	2015 - 10 - 09	2018 - 12 - 30
华能国际	2010 - 05 - 28	2018 - 09 - 15

六、环境治理绩效

（一）节能减排水平

根据火电企业的特点以及数据的可获性，设计指标如图 3 所示。由于全国电力企业普遍有节能减排的趋势，本文以 2010 年为基期计算各指标的定基指数，以 2012 年华润电力建立绿色委员会前后相关指标的趋势变化是否显著来评判绿色委员会的作用。其中由于缺乏 2010 年氮氧化物排放率数据，所以氮氧化物排放率取 2009 年的绩效数值为基数。数据来源于华润电力披露的 2009 ~ 2016 年可持续发展报告。

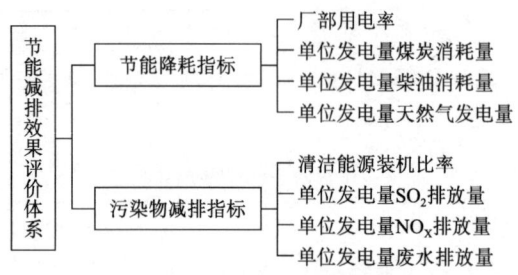

图 3　节能减排效果评价体系图

节能降耗方面，如图 4 所示。在 2012 年前，在 2012 年后厂部用电率和柴油消耗率没有明显变化，天然气消耗率在 2011 ~ 2016 年期间有微小波动，但是整体趋势也无明显变化。煤炭消耗率反而在 2011 ~ 2016 年间也有微小的波动且呈现整体上升的趋势。

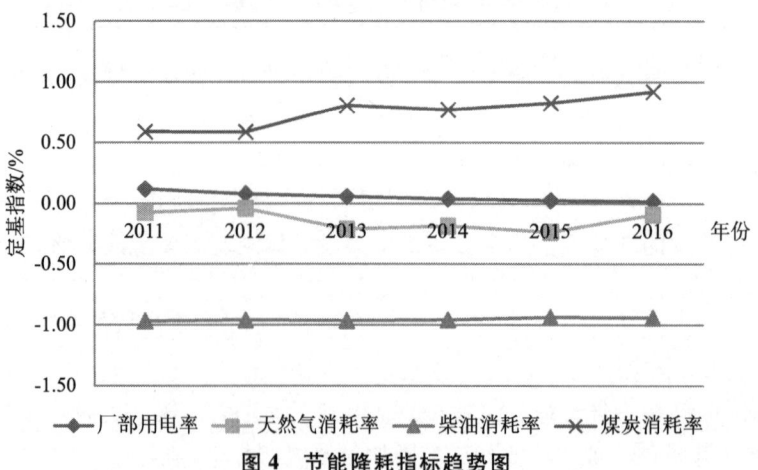

图 4　节能降耗指标趋势图

污染物减排方面，废水排放率无明显变化，SO_2排放率在2012年后与2012年前的变化幅度是一致的，而NO_x排放率变化幅度较大，两者的变化幅度有差异可能源于技术水平。清洁能源装机比率在2013年的趋势变化比较明显，但是2013~2016年的绩效趋势改善幅度减小到接近于2012年前的变化幅度，说明清洁能源比率趋势的改善并不是长期保持的。综上分析华润电力的绿色委员会在节能降耗和污染物减排水平两方面的作用不显著。

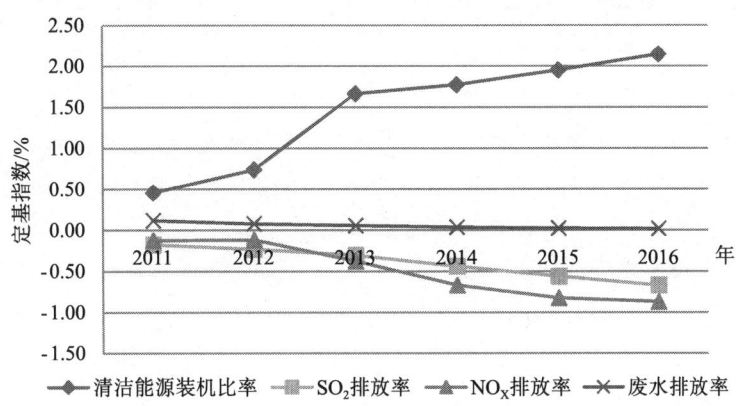

图5　污染物减排指标趋势图

（二）节能减排效率

1. DEA分析方法

本文将采用超效率BCC模型评价华润电力的节能减排效率，不仅契合以最少的投入获取最大的产出的效率概念，还可以解决模型的自由度问题。

2. 指标体系及数据说明

本文参照赵醒等（2015）环境效率评价体系，采用劳动力、节能减排技术改造项目投入、年耗煤量为投入指标，发电量、SO_2、NO_x为产出指标，2011~2016年每一年作为一个决策单位（DMU）。数据来自2011~2016年可持续发展报告和年度报告，各变量的原始数据如表11所示。

表11　投入产出指标原始数据

变量 DMU	投入			产出		
				期望产出	非期望产出	
	员工总数/人	技改投入/亿元	年耗煤量/万吨	发电量/亿千瓦时	SO_2排放量/吨	NO_x排放量/吨
2011	36400.00	2.21	6797.00	1693.93	94860.08	228680.55
2012	38118.00	2.40	6544.00	1696.01	83104.49	230657.36
2013	43990.00	6.69	7299.00	1899.80	81691.40	182380.80
2014	43235.00	7.28	7022.00	1908.66	61077.12	97341.66
2015	39728.00	15.86	7158.00	1961.21	43146.62	52952.67
2016	33604.00	17.76	7476.65	1967.73	25580.49	39354.60

3. 环境效率评价

运用 MyDEA 软件进行数据处理，得到 2011~2016 年华润电力环境绩效，结果见表12。

表12　　　　　　　　　　环境治理效率结果

DMU	2011 年	2012 年	2013 年	2014 年	2015 年	2016 年
θ	1.098	1.259	1.057	1.265	1.047	1.186
排序	4	2	5	1	6	3

从评价结果可以看出，华润电力 2011~2016 年的环境效率都是相对有效的，而且互相之间差距不大。从原始数据来看，2011~2016 年华润电力节能减排技术改造项目投入和耗煤总量成上升趋势，SO_2、NO_x 排放量也稳步减少，即其倒数指标呈现增长趋势，但是环境效率值并没有相应地提高，而是呈现波动状态，说明华润电力的节能减排治理效率不稳定，没有采取持久有效的方式减排。

七、结论

本文得出以下结论：

首先，假设 1 不成立。华润电力发布公告建立绿色委员会当天市场有积极的反应但不显著，随后却出现了连续 3 天的股价下降现象，说明资本市场对绿色委员会的设立持有观望态度，设立委员会的行为本身不能为企业带来资本溢价。

第二，环境信息披露方面，假设 2 成立，华润电力更积极地传递企业的环境信息。建立绿色委员会后披露的环境信息数量特征虽无明显变化，但是质量特征有所增强。

第三，环境战略方面，假设 3 不成立，华润电力绿色委员会没有从长远角度出发充分发挥其职责，利用降低成本的三个最佳环境管理途径将绿色治理整合到企业战略中，从而形成企业的低成本和先行优势。企业整体没有表现出环境战略的系统性计划和实行。

最后，环境绩效方面，假设 4 不成立，华润电力建立绿色委员会后环境治理的改善水平和效率没有明显变化。绿色委员会没有发挥相应的作用，一方面可能源于该委员会的运作没有实质性的作用，另一方面源于没有足够的动力进行绿色治理。

综上分析，华润电力建立绿色委员会形式重于实质。

主要参考文献

[1] 毕茜，彭珏，左永彦. 环境信息披露制度、公司治理和环境信息披露 [J]. 南开管理评论，2014（2）：56-63.

[2] 李元祯，牛晓飞，武立东，程新生. 绿色治理与治理转型 [J]. 南开管理评论，2017（20）：185-192.

[3] 廖小军，史军. 绿色治理：一种新的分析框架 [J]. 管理世界，2017（6）：172-173.

[4] 沈洪涛,黄珍,郭肪汝. 告白还是辩白——企业环境表现与环境信息披露关系研究 [J]. 南开管理评论, 2014 (2): 64-73.

[5] 吴德军,唐国平. 环境会计与企业社会责任研究 [J]. 会计研究, 2012 (1): 93-96.

[6] Christmann, P. Effects of "Best Practices" of Environmental Management on Cost Advantage: The Role of Complementary Assets [J]. Academy of Management Journal, 2000, 43 (4): 663-680.

[7] Harlan P. & Marjorie P. Corporate Board Attributes and Bankruptcy [J]. Journal of Business Research, 2012 (8).

[8] Hart, S. L. A Natural-Resource-Based View of the Firm [J]. Academy of Management Review, 1995, 20 (4): 986-1014.

[9] Shrivastava, P. The Role of Corporations in Achieving Ecological Sustainability [J]. Academy of Management Review, 1995, 20 (4): 936-960.

[10] Wood, D. J. Corporate Social Performance Revisited [J]. Academy of Management Review, 1991, 16 (4): 691-718.

炒作还是发展：兜底式增持动机及效果评价

赵葆颖

会计学院会计学专业 1503 班　　指导老师：王华

> **摘　要**：2015 年以来，多家上市公司发布兜底式增持公告，其直接动机是抑制股价下跌、刺激股价上涨，引发了公众广泛关注。本文运用事件研究法计算了发布兜底式增持公告的上市公司在公告日及前后共 11 天的日平均超额收益率。研究结果表明，兜底式增持具有短期正向市场效应，但是效果较弱且不具有长期性，炒作目的强烈，同时市场更信任低股权质押风险公司发布的公告，尽管这种偏好未必合理。兜底式增持沦为上市公司以炒作方式侵占投资者利益的手段，而不是实现公司长远发展的利器。
>
> **关键词**：兜底式增持；炒作；事件研究法

一、引言

兜底式增持是指公司实际控制人承诺，员工在规定期间内买入本公司股票、连续持有一定期间并且在此期间在职，在股票持有期满时获得的收益归员工所有，出现的亏损由实际控制人予以弥补，因此公众形象地称其为兜底式增持。

2015 年 7 月 9 日，腾邦国际率先发布公告称，"公司实际控制人、董事长钟百胜先生将以个人资金对员工在特定期间内增持股票造成的损失作出托底保证"。公司股价在公告日即涨停，并在此后两周内持续上涨。随后多家公司纷纷效仿，截至 2018 年 4 月共出现四次集中的兜底式增持浪潮，涵盖 68 家上市公司，累计发布兜底式增持公告 74 次。

第一阶段涵盖 2015 年 7 月~2015 年 9 月，共有 13 家上市公司发布兜底式增持公告。这一阶段正值股灾，出现了千股跌停、千股停牌。第二阶段包含 2016 年 1 月~2016 年 2 月，共 6 家上市公司发布兜底式增持公告。这期间股价仍有较大波动，可以看成是 2015 年股灾的"余震"。第三阶段从 2017 年 6 月~2017 年底，累计发布兜底式增持公告 31 次。第四阶段包括 2018 年 2 月~2018 年 4 月，24 家上市公司加入兜底式增持浪潮。后两阶段的股市出现小幅调整，但未出现如前两阶段的巨幅下跌。

本文以发布兜底式增持公告的上市公司为样本，采用事件研究法探究兜底式增持的短期市场效应,分析兜底式增持的效果以及对不同利益主体的影响,进而判断兜底式增持究竟是实际控制人的跟风炒作行为,还是实现公司长远发展的利器,对维护中小投资者利益和促进中国股市健康发展有着重要的现实意义。

二、理论分析与文献回顾

(一) 我国兜底式增持的研究

从信息披露角度看,前两阶段的兜底式增持公告内容极为简单,对于兜底式增持亏损的计算方式、补偿的具体细则、履约保障措施等关键要素均未进行说明。鉴于2017年6月5日~8日四天时间里有19家上市公司发出兜底式增持公告,深交所于6月8日发布《关于加强上市公司控股股东、实际控制人等向公司员工发出增持倡议书的信息披露通知》,极大改善了此后兜底式增持信息披露质量。

从兜底式增持的表现形式来看,各阶段兜底式增持内核相同,但后两个阶段增添了倡议人承诺收益的新特点。骅威文化、信邦制药、首航节能、星星科技、索菱股份的实际控制人分别承诺员工在持有期间收益不足10%、8%、8%、8%和3%的,由倡议人予以补偿。

(二) 兜底式增持的动机分析

1. 信号传递理论

基于信号传递理论,股票回购能传递企业发展良好的信号。Dann(1981)最早提出要约回购的信号传递假设,以122家公司实施的143次要约回购为样本,认为传递股价被低估的信息是股票回购的主要动机。Dittmar(2000)证明回购动机中信号传递假说的解释力最强。

2. 市场择时理论

企业通常会择时回购股票以实现企业价值最大化。Stein(1996)首次提出了市场择时理论,即当股票市场的非理性使得公司股价被高估时,管理者会进行股权融资,反之会选择股票回购。邵浩(2016)提出,一些公司参与定增的股权解禁与兜底式增持公告时间有所重合,两者存在关联。高建玲、穆林娟(2018)认为兜底式增持涉嫌帮助大股东减持。

3. 委托代理理论

从委托代理理论出发,管理层有可能通过股票回购谋求私人利益。王伟(2002)以云天化和申能股份的股票回购为例,认为股票回购是经营业绩欠佳时,管理层虚构财务数据和主观抬高股价的手段,且回购公告的发布存在不规范操作,知情者提前获悉并介入市场,牟取非法收益。李曜和何帅(2010)认为,规避可转换债券回购风险是国内上市公司股票回购的重要原因之一。

(三) 兜底式增持的效果分析

公司释放高管增持、股票回购等消息通常会产生正向的市场反应。Stephens 和 Weisbach（1998）运用事件研究法计算了进行股票回购的上市公司在公告日及前后共三天时间的日平均超额收益率，结果表明股票回购具有短期市场效应。但也有研究表明股票回购不一定预示着股价的上涨。Chow De – Wai 和 J. R. Philip Lin（2003）发现资深分析师并没有因为股票回购公告而大量购买股票。黄幸娟等（2014）的实证研究也表明大股东增持后公司绩效未升反降，持有公司股票的投资者收益也未有显著增加。莫迟（2017）认为，兜底式增持不应成为投资者买入的唯一指标，公司内在价值更为重要。

三、兜底式增持的动机分析

（一）直接动机

实际控制人发出兜底式增持倡议的直接动机是抑制股价下跌趋势、刺激股价上涨。兜底式增持公告中通常包含"公司良好的基本面""对公司管理团队与公司未来持续发展的信心""公司投资价值已经凸显"等表述，借助"兜底"员工损失的方式，表明实际控制人对公司发展充满信心，以期刺激公司股价上涨。由图1可知，兜底式增持的四次爆发均出现在股价下跌或波动期间，进一步证实公司实际控制人是出于稳定股价这一直接目的发出兜底式增持倡议。

图 1　上证指数 2014 年 7 月 ~ 2018 年 6 月 K 线图

（二）根本动机

1. 股票价格偏离，公司实际价值被低估

由于存在诸多影响股价的因素，公司股价可能会偏离公司实际价值，出现非理性下跌。实际控制人基于维护公司形象、提升公司价值的目的，往往通过各种方式对外释放利好消息，以期股价能回归公司实际价值，兜底式增持倡议就是其中一个选择。尤其是在股灾期间，发布兜底式增持倡议的同时配合大股东增持等措施可以稳定投资者情绪，有利于股市的健康发展。基于此种动机发布兜底式增持公告是着眼于公司未来发展，不存在过度炒作风险。

2. 激励内部员工，实现公司长远发展

理论上说，兜底式增持可以激励内部员工，将员工利益与企业利益相结合，形成"利益共同体"，以提升公司价值。全通教育、中珠控股、爱康科技、星星科技四家公司的公告均有从员工角度表述兜底式增持动机。但是与员工持股计划不同，兜底式增持是员工个人行为，且仅有倡议人个人承诺保障，员工很可能出于资金安全考虑不增持公司股票，因此尽管此动机是从增加公司价值出发，却难以实现预期效果。

3. 降低股权质押风险，避免丧失控制权

股权质押是指股东将所持上市公司股权质押给金融机构以获得借款的融资行为。股权质押的最大优势在于股权质押不以转移占有为必要条件，股东的经营决策权在实施股权质押后不会受到限制。不过股权质押也存在风险，如果股东在股价下跌至合同约定的警戒线或者平仓线时，没有及时增加质押股份或者提供足够的保证金，那么质权人可以强行处置被质押股份，控股股东由此丧失控制权。可见高比例质押的实际控制人存在更强烈的动机以炒作的方式实现"自利"，发出兜底式增持倡议无疑是一个较好选择。

4. 掩护大股东减持，完成定向增发融资

在公司发布兜底式增持公告后，部分大股东可能会减持公司股票，兜底式增持沦为大股东侵害中小股东利益的工具，其中的炒作和择时动机不言而喻。另外，有些公司在发布兜底式增持公告前后有重组或定增计划，如宝莱特计划定增不超过1700万股，募集资金净额2.67亿元，股价的下跌可能导致价格倒挂，公司有足够动机借由兜底式增持这一概念进行炒作，以刺激公司股价，成功募集资金。

四、兜底式增持的短期市场效应分析

（一）样本选取与研究设计

剔除数据缺失的样本后，本文选取2015年7月~2018年4月共72次兜底式增持公告为研究对象，采用事件研究法，以公告日前后5个交易日为事件窗口期，以公告日前第120个交易日至公告日前第6个交易日为事件估计期，计算超额收益率与累计超额收益率，公式如下：

$$AR_{it} = R_{it} - \widehat{R}_{it} \quad \text{（公式1）}$$

$$AAR_t = \frac{1}{N}\sum_{i=1}^{N} AR_{it} \quad \text{（公式2）}$$

$$CAR_i(t_1, t_2) = \sum_{t=t_1}^{t_2} AR_{it} \quad \text{（公式3）}$$

$$CAAR(t_1, t_2) = \sum_{t=t_1}^{t_2} AAR_t \quad \text{（公式4）}$$

有关兜底式增持公告信息来源于巨潮资讯网，股票收益率和市场收益率等交易数据来自CSMAR数据库。

（二）描述性统计

表1列示了[-5, 5]窗口期内变量AAR、CAAR的均值、中值等描述统计值。其中AAR的最大值为2.99%，说明兜底式增持公告有刺激股价上涨效应；AAR和CAAR均值分别为-0.25%和-2.48%，表明兜底式增持公告对股价的刺激作用较弱，样本公司在股

票市场上表现不佳。

表 1   [-5,5] 窗口期内平均超额收益率和累计平均超额收益率的描述统计

变量名称	符号	最大值	最小值	均值	中值	标准差
平均超额收益率	AAR	2.99%	-1.58%	-0.25%	-0.51%	0.0124
累计平均超额收益率	CAAR	-0.98%	-4.71%	-2.48%	-2.66%	0.0112

（三）实证分析

1. 全部样本的实证分析

图 2 展示了 [-5,5] 窗口期内的超额收益、累计超额收益走势，可见在发布兜底式增持公告之前，AAR 始终为负，CAAR 呈现明显的下降趋势，表明兜底式增持公告通常在公司股价大幅下跌时发布。兜底式增持的短期效应主要集中在 [0,1] 窗口期内，即公告日和公告日后一天，AAR 分别为 2.99% 和 0.11%，公告日当天的市场反应尤为强烈，并且在 1% 的显著性水平上通过了 T 检验，说明在公告日市场表现出正向反馈。在第 2~5 天，CAAR 先下降后表现平稳，说明兜底式增持公告对股价的刺激作用小且不具有持续性，不能对公司股价造成长期影响。

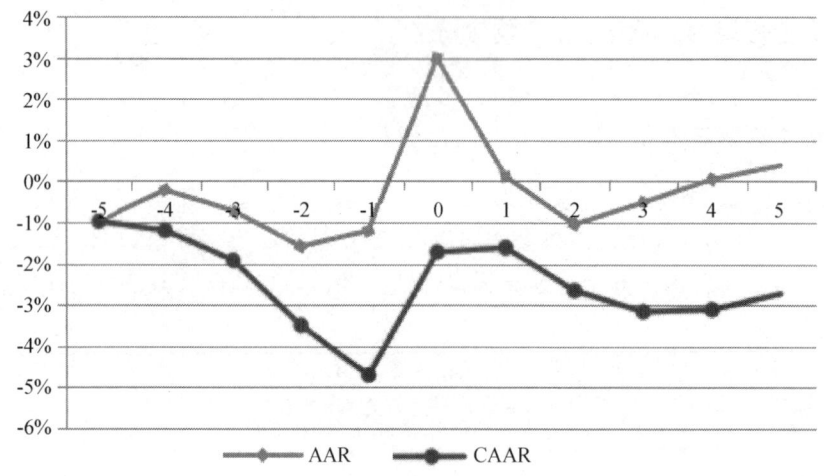

图 2   [-5,5] 窗口期内超额收益与累计超额收益趋势图

2. 不同股权质押水平下的实证分析

鉴于不同股权质押水平下，实际控制人发出兜底式增持倡议的动机有所不同，市场反应可能会出现差异，因此本文按照公司实际控制人累计质押股权数占其持有公司股份总数的比率，将样本公司分为高股权质押组和低股权质押组，如表 2 所示。

表 2   样本公司实际控制人股权质押情况

	公司数	质押率最大值	质押率最小值	质押率均值
高股权质押组	40	100%	73.11%	89.76%
低股权质押组	30	69.88%	13.15%	46.69%

图 3 展示了两组样本下兜底式增持的短期市场效应。可见，高股权质押组的 AAR 在公告日前第 3 天达到最大值 2.75%，表明消息出现提前泄露，可能存在操作的不规范；低股权质押组的 AAR 在公告日达到最大值 6.28%，说明实际控制人股权质押率低的公司发布的公告对股价刺激作用更为显著，即股民更偏好低股权质押风险的公司。因此，实际控制人在股权质押率较高的情况下预期通过发布兜底式增持倡议来降低风险的行为难以得到股民的支持。

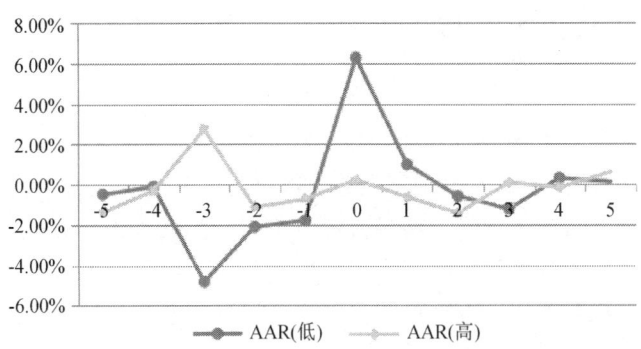

图 3 [-5,5] 窗口期内两组样本的平均超额收益趋势图

尽管高股权质押率意味着高风险，但并不必然表明此类公司不具有投资价值，股民对低股权质押风险的偏好并不绝对明智。表 3 列示了两组样本公司在发布兜底式增持公告后最近季度的财务指标。无论是高股权质押组还是低股权质押组，公司的托宾 Q 都显著大于 1，说明公司价值未被严重低估，且低股权质押组的托宾 Q 明显高于高股权质押组，即股民对于低股权质押的公司有更高的评价。但从总资产收益率、净资产收益率和净利润增长率来看，高股权质押组的公司表现更好，这可能是由于高股权质押风险下的实际控制人有更强烈的动机进行盈余管理，也可能是较大的股权质押风险会约束实际控制人行为，促使其加强对公司的治理。因此，尽管高股权质押组的实际控制人有更强烈的动机通过发布兜底式增持倡议缓解股权质押风险，但这类公司的财务指标表现良好，投资者不应将实际控制人股权质押率的高低作为投资决策的唯一标准。

表 3　　　　　　　　不同股权质押风险下公司的财务指标对比

	托宾 Q	总资产收益率	净资产收益率	净利润增长率
高股权质押组	2.16	0.02	0.028	2.3376
	(1.9963)**	(5.5931)***	(4.1495)***	(1.5495)
低股权质押组	3.335	0.0186	0.0265	0.2753
	(3.5406)***	(4.815)***	(4.3832)***	(0.5881)

五、兜底式增持与相关利益者分析

（一）倡议人

从短期来看，兜底式增持倡议可以刺激股价上涨，缓解实际控制人股权质押风险。但是问题在于，投资者对于高比例股权质押的实际控制人发出的兜底式增持倡议往往持怀疑态度，股价上涨效果微弱，更有甚者会向股民传递实际控制人出现资金困难的负面信号，加剧公司股价下跌，因此短期来看倡议人未必能从兜底式增持倡议中获益，即基于炒作动机的公告未必能实现控制人的"自利"。

从长期来看，由于倡议人对员工损失"兜底"，其面临未来巨额现金支付风险，但是由于配套措施不完备，员工持股损失难以得到完全补偿，实际控制人面临的未来损失风险较小，这变相鼓励了实际控制人借由兜底式增持进行炒作的行为。

（二）内部员工

鉴于部分数据缺失，本文仅计算了至2017年以来共46家公司员工响应倡议人数占比，其中38家公司的员工响应人数占员工总人数比例低于10%，更有甚者，如长城动漫、长城影视，分别仅有1名和2名员工购买公司股票。即使是对外宣告以调动管理层与核心技术员工积极性为目的的星星科技，其员工响应人数占比也仅为18%。这表明员工普遍对兜底式增持倡议持观望态度，一方面可能是由于公司基本面不佳，一方面说明兜底式增持本身存在缺陷，难以有效保障员工利益。

从兜底式增持的履约情况来看，已到补偿时点的41家公司尚未对员工持股的补偿情况进行公告。本文计算了该41家公司股票持有期间股价的变动幅度，其中股价上涨的公司数为7，股价下跌的公司数为34，平均股价变动率为-20%。可见，公司股价在兜底期间表现不佳，若员工买入股票并持有到到期往往会出现亏损，这进一步验证了实际控制人的炒作动机。

（三）外部投资者

表面上来看，兜底式增持倡议对象为内部员工，但实际控制人的真正意图往往是向外部投资者传达公司股价被低估的信号，吸引其购入股票。但随着投资者的理性化和对重复刺激反应程度的减弱，兜底式增持的短期市场效果愈发不显著。

从短期来看，外部投资者可以在公告日前后买卖公司股票以赚取价差，但是由于公司基本面、兜底式增持动机不同，短线操作也可能面临亏损；从长期来看，外部投资者要避免跟风投入资金，对于高股权质押率的影响应该从正反两个方面分析，不应该忽略高股权质押下的"治理"效应。

（四）媒体

媒体对兜底式增持的态度普遍较为消极和负面，除少数几篇报道肯定了兜底式增持有利于稳定公司股价，大多数报道均从不同角度阐述了兜底式增持可能的消极动机，如为大股东减值套现提供机会或者缓解实际控制人股权质押风险等，提醒二级市场投资者理智投资。

（五）证监会

2015年下半年~2016年初股灾期间的兜底式增持响应了政府号召，有利于缓解投资者的紧张情绪，抑制股价的非理性下跌，因此监管机构未出台法规以规范兜底式增持的信息披露。直到 2017 年 6 月，深交所发布了《关于加强上市公司控股股东、实际控制人等向公司员工发出增持倡议书的信息披露通知》，要求公司披露增持主体、增持期限、兜底条款、补偿员工亏损的具体实施细则和倡议人采取的履约保障措施等信息，说明随着兜底式增持愈演愈烈，公司借由兜底式增持进行炒作的行为已经引起监管机构注意，证监会此后必定会出台更加严格的法律用以规范实际控制人的兜底式增持行为。

六、结论与建议

（一）研究结论

实际控制人发出兜底式增持倡议的直接动机是维稳股价，而其根本动机不尽相同，既有积极方面也有消极方面，但总体上看具有强烈的炒作动机。

兜底式增持具有短期正向市场效应，但是效果较弱且不具有长期性，同时市场更信任低股权质押风险公司发布的公告，尽管这种偏好未必合理。

总之，在缺少相关配套措施的环境下，兜底式增持信息披露不完善，员工增持程度缺乏保障，兜底式增持沦为上市公司以炒作方式侵占投资者利益的手段，而不是实现公司长远发展的利器。

（二）对策建议

1. 监管层面：重实质，轻形式

从资本市场长远发展来看，由于实际控制人地位特殊，监管机构应该对兜底式增持行为做出更加严格的规定。一方面对倡议人的股权质押比率和公告后的减持行为进行严格限定，防范实际控制人利用兜底式增持，损害其他市场主体利益。另一方面，对员工增持比例、金额和期限设置最低标准，避免实际控制人与员工合谋，侵占外部投资者利益。

从信息披露的角度来看，兜底式增持信息披露的完整性、准确性方面的法制建设有待完善。公司发布的兜底式增持公告中应对公司目前经营能力和发展能力进行更为详细的说明，便于外部投资者对公司价值进行准确判断。在兜底期满时，应要求公司及时披露实际控制人对员工持股损失的补偿情况。

2. 公司层面：重发展，轻炒作

由于兜底式增持对股价的短期刺激作用较小且逐渐递减，难以促进公司长远发展，甚至可能会传递负面信息，导致公司股价下跌，因此公司应对运用兜底式增持保持审慎态度，避免盲目跟风炒作。随着监管的加强，发布兜底式增持公告的公司应该全面评估自身经营层面风险、倡议人履约风险、股权质押风险等，加强信息披露和风险控制，以实现公司长远发展。

3. 投资者层面：重业绩，轻表象

无论是公司员工还是外部投资者，都应该在全面解读公司财务状况和经营成果的基础上，进行独立思考，辨别兜底式增持的实质动机，做出理性投资决策，避免出于从众心理，进行盲目投资。同时投资者应更为客观地衡量实际控制人股权质押风险，在结合公司基本面分析的基础上，对公司价值进行判断。

主要参考文献

［1］高建玲，穆林娟．"兜底式增持"原因探析．［J］．冶金管理，2018（2）：45－47．

［2］黄幸娟，严子淳，杨慧．投资者关系管理、大股东增持与公司绩效［J］．现代管理科学，2014（12）：112－114．

［3］李曜，何帅．上市公司公开市场股份回购宣告动因的真与假——基于公司财务与市场识别的研究［J］．经济管理，2010（5）．

［4］莫迟．对"兜底式增持"应区别看待［N］．证券日报，2017－12－14（A3）．

［5］邵好．兜底式增持背后的算盘［N］．上海证券日报，2016－01－27（F7）．

［6］王伟．国有法人股回购的信息内涵及市场识别——"云天化"和"申能股份"公司回购国有法人股份的实证研究［J］．管理世界，2002（6）．

［7］Chow, De－Wai., J. R. PhiliP, Lin., False Signals from Open－Market Stock Repurchase Announcements: Evidence form Earnings Management and Analysts' Forecast Revisions［J］. National Chiao－Tung University－Graduate Institute of Finance, 2003.

［8］Dann, L., Common Stock Repurchases: An Analysis of Returns to Bondholders and Stockholders［J］. Journal of Financial Economics, 1981, 9: 113－138.

［9］Dittmar, A. K., Why Do Firms Repurchase Stock?［J］. Journal of Business, 2000, 73（3）: 331－355.

［10］Stein J. C. Rational Capital Budgeting in an Irrational World［J］. Social Science Electronic Publishing, 1996, 96（4）: 429－455.

［11］Stephen, C. P., Weibach, M. J., Actual Reacquisition in Open－Market Repurchase Program［J］. Journal of Finance, 1998, 53（1）: 313－333.

战略差异度的危与机

——基于中国上市公司的实证研究

王梦婷　余文秀　涂可灏

会计学院 CPAC 专业 1601 班　　指导老师：李四海

摘　要：战略差异度是企业战略偏离行业常规战略的程度。本文以我国 2013～2017 年沪深两市 A 股上市公司为样本，对战略差异是否增加企业风险、战略差异是否有利于提升企业价值等问题进行了实证检验。研究结果显示，当企业战略差异越大，企业风险越高；战略差异越大，企业价值越大。进一步研究发现：在非国有企业，战略差异度对企业风险的影响程度有所增加，战略差异对企业价值的影响更显著。表明产权性质调节了企业战略差异与风险之间、战略差异与企业价值之间的相关关系。本文的研究丰富了战略差异与企业风险领域的相关文献，同时对企业管理层战略决策具有一定的借鉴意义。

关键词：战略差异；企业风险；产权性质；企业价值

一、引言

战略决定企业经营活动与经营目标，不恰当的战略会导致企业经营困难，资金链断裂。以山东永泰为例，从选择深耕本行业到多元化战略，从我国轮胎行业领头羊到破产清算，历时不过两三年时间。曾是东营市轮胎行业龙头的山东永泰，起家以生产轮胎为主，2016 年一度在全球轮胎企业排名第 32 位。但随后的多元化战略使企业涉足光伏电池、金融、矿业、房地产等陌生领域，盲目进行多起海外并购，主业乏力。并购之后企业资金链紧张，于 2018 年 8 月正式宣布破产清算。

对于每个行业，在不断发展的过程中会形成常规战略。选择常规战略，企业的绩效就越具有确定性，处于行业平均水平。面对成熟行业中的激烈竞争，企业为了获得竞争优势，会从战略制定的高度重新筹划企业资源，从而有可能选择偏离行业常规战略，造成战略差异增大。可以说，战略差异是企业为了保持竞争力、提升企业价值的手段和表现形式。既然企业选择战略差异目的是为了提升价值、保持竞争力，那么在这种战略差异能适应企业自身的发展的情况下，企业获得竞争优势、获得内外部相关资源的可能性是否会增加？企业价值是否会因此上升？

战略差异除了可能会影响企业价值之外，是否会对企业风险产生影响呢？当企业选择的战略偏离行业常规战略的程度越大，企业越有可能收获超额利润，或是受到极大的打击，企业绩效的波动性将会显著提升，企业经营风险上升；企业战略差异会导致信息不对称，企业战略偏离常规战略程度越大，相关会计信息的透明度及质量越低，利益相关者缺少衡量公司未来绩效的同行业标准，无疑增加了企业交易成本，这可能会增加企业风险。

利用我国 2013～2017 年沪深两市 A 股非金融类上市公司的观测值样本，本文从战略差异"危"与"机"两方面实证检验了战略差异对企业风险、企业价值的影响。研究结果显示：当企业战略偏离行业常规战略的程度越大，企业风险越高；战略差异越大，企业价值越大。这一点验证了战略差异既给企业增加风险，又有利于增加价值的假设。进一步研究发现：在非国有企业样本组，战略差异度对企业风险及企业价值的影响程度都比国有企业更强，表明非国有企业的产权性质调节了企业战略差异与风险、价值之间的相关关系。

本文的贡献在于：（1）现有研究战略差异的文献，视角主要聚焦于战略差异对绩效不稳定性及信息不对称对利益相关者的影响，对企业风险的影响略作说明，研究战略差异与企业风险的直接关系的文献尚且不足，本文的研究有利于为其他文献陈述相关部分提供经验证据；（2）从战略差异的经济后果角度看，已有的文献多从战略差异度与绩效极端表现的角度出发，战略差异对企业价值的影响仍然值得深入研究；（3）本文的研究结论可以为企业提供一定的借鉴：对企业来说，选择偏离行业常规的战略虽可以优化整合资源，避开激烈竞争，提升企业价值，但同时也带来不利后果，增加企业风险。

二、理论分析与研究假设

近年来，战略差异度受到国内外学者的关注，已有一定研究成果。通过阅读研究及整理大量已有文献，我们发现关于战略差异的研究主要集中在其对企业经济后果及信息不对称性的影响。

相比国内学者，国外对战略及战略差异的研究更早，聚焦于战略环境、战略特点和战略影响：企业战略会对公司经营发展产生重要影响，对于每个行业，在其不断发展的过程中，将会形成常规战略。但选择行业常规战略会导致竞争激烈，因此企业会根据内外部环境特点调整企业战略，从而产生战略差异。据 Miles（1983）研究，公司战略可分为进攻型、分析型、防守型，每种类型风险承担能力、研发投入水平、企业资源配置偏向不同。企业战略差异被认为会引起信息不对称程度增加以及极端绩效：企业战略偏离常规战略程度越大，利益相关者缺少衡量公司未来绩效的同行业标准；当企业选择的战略偏离行业常规战略的程度越大，企业绩效的波动性将会显著提升。

对于国内的研究，我们发现已有研究战略差异的文献，研究角度集中于战略差异导致的企业与利益相关者信息不对称的后果。分析师、审计师、内部管理者以及股东等的行为决策都因战略差异受到影响。首先，战略差异过大引起会计信息透明度低，信息质量与差异度呈负相关关系，从而对分析师关注水平、分析师乐观偏差、分析师盈余预测误差率以及分析师盈利预测的准确度等产生了显著影响；对于审计师，审计收费由审计固有成本、风险溢价以及事务所的正常利润构成，当企业战略差异度增加时，由于相关会计信息质量下降，财务报表发生重大错误的可能性增加，审计师执行审计的过程中将要付出更多的精力与成本，其对审计收费的要求会随之增加；盈余管理的操控与信息不对称程度间有着相关关系，且真实盈余管理比应计盈余管理更隐蔽、不易被外部发现，采用一般常规战略的企业，通过在较为隐蔽的真实盈余管理方面做文章的方式加大与外界信息不对称程度，方便在激烈的竞争中脱颖而出，而采用差异化战略的企业由于与外部利益相关者形成的信息不对称水平已然较大，采用实际盈余管理隐藏"负面消息"的动机减弱，而是多采用会计盈余管理，降低了信息不对称程度；对于权益资本成本，即股东的必要收益率，相关研究表明，企业战略差异会导致信息传递的有效性受到影响，信息的有效来源受限，搜集信息的成本也随之提高，信息质量以及透明度都有所下降，交易成本上升、投资风险也必然增加，要求的必要收益率也因此增加。

通过对相关文献的研究及整理，我们发现虽然已有许多研究战略差异与企业风险的文献，战略差异与企业风险的关系是被默认的、略作说明的，没有实证研究支持；从战略差异的后果角度看，已有的文献多从战略差异度与绩效极端表现的角度出发，战略差异对企业价值的影响没有得到深入研究。

因此本文以"危"与"机"的角度出发，探究战略差异是否增加企业风险的同时研究战略差异对企业价值的影响。

一般来说，当企业使用行业常规战略时，企业绩效有较大确定性。当战略差异较大时，公司经营业绩波动更大。另一方面战略差异会导致利益相关者难以理解和评估企业经营决策模式，从而不能依据经验或常识对企业的经营活动和绩效做出正确的评判。也正是因为这种信息不对称，战略差异会导致银行无法准确判断偏离常规战略的企业的资质，从而银行借款的条件更苛刻。同时，Deephouse（1999）研究发现：若企业采取非常规战略，其合法性往往会受到外部监管者的质疑和挑战。如果不能准确解读企业的非常规战略，出于谨慎的考虑，监管者普遍会采取对企业的资源供应加以限制的措施，甚至是政治干预。

正是由于战略差异所带来的信息不对称性、绩效不确定性等不利后果，可能增加企业风险，由此我们提出假设1：

假设1：战略差异会增加企业风险。

面对激烈的竞争，企业为了获得竞争优势，会从战略制定的高度重新筹划企业资源，从而有可能选择偏离行业常规战略，造成战略差异增大。某种角度上看，如果战略差异的选择和实施得当，是有利于企业经营发展、获得竞争领先地位、凝聚企业价值的。其次，本文推断：能主动选择战略差异度大的企业面对行业变化更积极，偏好迎难而上、主动发起"进攻"。Miles（1978）和 Snow（2003）研究发现："进攻型"企业一直在寻求变化，不断发展，适应行业，将差异和创新作为提升价值的手段，选择创新必然要持续的研究开发。创新能发明新技术、淘汰落后机制，有效提高生产力和企业价值。

由企业选择战略差异的目的、战略差异较大的企业对创新差异的偏好、创新背后研发投入水平较高的情况,我们提出假设2:

假设2:战略差异会增加企业价值。

三、研究设计

(一)样本选取与数据来源

选取2013~2017年在上海、深圳交易所上市交易的A股公司为研究对象,通过OSL回归分析研究企业战略差异对企业风险、企业价值的影响。本文的财务数据及企业数据均来自CSMAR数据库。本文所使用的统计软件为STATA。为满足研究需要,经下列步骤对初始数据筛选得到样本:(1)剔除金融业公司。(2)因ST及ST*公司有时会因巨额亏损使相关指标数据不具有参考性,故剔除ST及*ST公司。(3)剔除含有缺漏或异常情况的数据。(4)为消除极端值影响,在1%和99%分位上进行winsorize处理。上述过程分别针对模型(1)和模型(2)的变量进行,分别得到6609个和5664个样本数据。

(二)变量定义及实证模型

为验证假设1,参考翟胜宝等(2014)研究设计,加入战略差异变量,构建OLS回归模型(1):

$$Risk = \alpha_0 + \alpha_1 Strategy + \alpha_2 Size + \alpha_3 MTB + \alpha_4 Age + \alpha_5 Compensation + \alpha_6 Leverage + \alpha_7 LSHR + \alpha_8 IDR + \Sigma \alpha_i Industry_i + \omega \tag{1}$$

被解释变量Risk是风险。现在研究普遍采用β值、收益波动率和Z指数反映企业风险,在这里我们参考富生(2008)的做法,选用Z指数作为替代变量,其计算公式如下:

Z =(1.20×营运资金)/总资产 +(1.40×留存收益)/总资产 +(3.30×息税前利润)/总资产 +(股票总市值×0.60)/负债账面价值 +(0.999×营业收入)/总资产

解释变量strategy是战略差异度。战略差异度(Strategy)是衡量企业战略相对于行业常规战略的偏离程度。本文参考Tang等和叶康涛等的研究,变量解释及具体计算过程如下:

前文已陈述战略制定是通过资源分配的形式,因此资源分配在一定程度上体现企业战略模式。而资源使用情况反映六个战略维度,如表1所示。

表1　　　　　　　　　战略维度指标

战略维度	具体计算方法
固定资产更新程度	固定资产净值/固定资产原值
广告投入	销售费用/营业收入
研发费用	无形资产净值/营业收入
资本密集度	固定资产净额/员工人数
制造费用效率	管理费用/营业收入
财务杠杆	短期借款+长期借款+应付债券/所有者权益之和

先按行业年份算出各维度的均值标准差，在以此对从属于此行业年份的企业进行标准化，最后将各企业标准化后的 6 个战略指标取绝对值后加总平均，即可得到每个企业战略差异度指标 Strategy。一般认为，strategy 绝对值越大可表示战略差异度越大。

控制变量方面，本文参照罗党论和翟胜宝等的做法，将公司规模 size、公司成长性 MTB、高管薪酬 compensation、资产负债率 leverage、第一大股东的持股比例 LSHR、独立董事在董事会中所占的比例 IDR 作为控制变量。另外，本文加上行业及年度变量来控制不同行业不同年份所导致的企业风险差异。

为检验假设 2，我们参考黄蓉等（2013），选择如下模型（2）：

$$\text{Tobin Q} = \beta_0 + \beta_1 \times \text{Strategy} + \beta_2 \times \text{Strategy} \times \text{RISK} + \beta_3 \times \text{RISK} + \text{Control Variables} + \text{Year Fixed Effects} + \text{Industry Fixed Effects} + \varepsilon \qquad (2)$$

被解释变量 Tobin Q 是企业价值。参考大部分学者做法，本文企业价值用托宾 Q 值衡量。其中托宾 Q =（年末流通股市值 + 总负债 + 非流通股数量 × 每股净资产）/年末总资产。

解释变量 strategy 是战略差异度，上文已解释。我们用解释变量 strategy 和 risk 的交互项来衡量基于战略差异的企业风险如何增量影响企业价值。根据假设 2，战略差异会增加企业价值，我们预期 β_1 显著为正；根据假设 2，基于战略差异而产生的企业风险会降低企业价值，我们预测 β_2 的系数显著为负。

控制变量，我们参考黄蓉（2013）的研究，选择控制股权集中度 LSHR；公司规模 size；资产负债率 leverage；主营业务收入增长率。除此之外，本文还控制了行业及年份，以保证结果有效性。本文所有用到的变量定义，如表 2 所示。

表 2　　变量的定义与度量

变量	符号	变量名称与度量标准
主要关注变量	Risk	企业风险，用 Z 指数代替，计算方法见上文
	Strategy	战略差异度，计算方法见上文
	Tobin Q	（年末流通股市值 + 每股净资产 × 非流通股股数 + 负债账面价值）/总资产账面价值
控制变量	Size	公司规模，公司营业收入的自然对数
	Compensation	高管薪酬，用企业前三名高管薪酬总额的自然对数表示
	MTB	衡量公司的成长性，股票年末总市值除以权益账面价值
	Leverage	资产负债率，年末总负债除以总资产
	LSHR	第一大股东持股比例
	IDR	独立董事占董事会的比例
	Growth	主营业务收入增长率
	Year	年份
	Industry	行业

四、实证分析

（一）描述性统计

表 3 是模型（1）描述性统计结果。分析表 3 可得，企业风险（risk）的均值为 1.54，表明总体上样本企业的风险较大。战略差异（Strategy）的中位数为 0.37，均值为 0.44，标准差为 0.25，与相关文献的数据差别不大。上述数据特征便于我们考察战略差异与企业风险的关系。

表 3　　模型（1）变量描述统计

变量	平均值	标准差	中位数	最小值	最大值
Strategy	0.44	0.25	0.37	0.14	1.88
RISKZ	1.54	1.22	1.34	(0.75)	12.79
Leverage	0.45	0.21	0.44	0.05	0.90
Compensation	14.27	0.63	14.25	12.72	16.25
IDR	0.37	0.05	0.33	0.33	0.57
SIZE	21.52	1.43	21.38	18.17	25.83
MTB	0.37	1.07	0.00	0.00	7.36
LSHR	36.01	14.43	34.29	9.87	76.22

表 4 是模型（2）变量的描述性统计结果。从表中数据可知，而企业价值 Tobin Q 的平均值为 2.68，标准差为 3.17，说明上市公司的企业价值相差较大。战略差异（Strategy）的均值为 0.44，标准差为 0.25，中位数为 0.37，表明同一行业各企业之间的战略差异程度较大。除了主营业务收入增长率标准差过大以外，其他变量数值在正常范围内。

表 4　　模型（2）变量描述统计

变量	平均值	标准差	中位数	最小值	最大值
tobinQ	2.68	3.17	1.92	0.70	122.19
Strategy	0.44	0.25	0.37	0.14	1.88
Strategy × risk	0.64	0.68	0.47	−1.12	12.54
RISKZ	1.50	1.18	1.29	−0.75	12.63
SIZE	21.77	1.39	21.64	18.18	25.83
Leverage	0.47	0.20	0.48	0.05	0.90
Growth	19.10	745.98	0.15	−1.00	3365.51
LSHR	36.68	14.70	35.17	9.96	76.22

表 5 报告模型（1）主要变量之间的 Pearson 相关分析结果。由表可知，Z 指数与战略差异（Strategy）显著负相关，而 Z 指数越小代表企业风险越大，这说明战略差异度能够

增加企业风险;而 Z 指数与 compensation,说明高管薪酬越高,企业风险越小,这验证了高管薪酬能有效处理委托代理问题,降低企业风险;Z 指数与 Leverage、IDR 显著负相关说明资产负债率越高企业风险越高、独董占比越高的公司企业风险水平越高。表 5 的结果初步支持战略差异越大,企业风险越高的假设 1。

表 5　　　　　　　　　　　相关变量的 Pearson 相关分析结果

	Strategy	Leverage	Compensation	IDR	SIZE	MTB	LSHR
Strategy	1						
Leverage	0.076 ***	1					
Compensation	0.031 ***	0.158 ***	1				
IDR	0.030 **	-0.014	-0.012	1			
SIZE	0.012	0.558 ***	0.418 ***	-0.035 ***	1		
MTB	0.046 ***	0.110 ***	0.150 ***	-0.005	0.145 ***	1	
LSHR	0.007	0.083 ***	0.058 ***	0.038 ***	0.210 ***	-0.038 **	1

(二) 回归结果

1. 战略差异与企业风险回归分析

表 6 是模型 (1) 战略差异与企业风险的回归结果,报告了假设 1 的验证结果。表 6 显示,战略差异变量 Strategy 的估计系数在 1% 水平上显著为负,表明战略差异度越大,Z 指数越低,企业风险越高,该结果支持了假设 1。

控制变量的回归结果如下:资产负债率 leverage 的估计系数显著为负,说明负债水平越高,企业的风险水平越高,符合大部分研究结论;高管薪酬 compensation 的估计系数显著为正,验证了高管薪酬激励降低代理问题,使高管倾向稳健性经营,降低企业风险;董事会独立性 IDR 为负,但并不显著;公司规模 SIZE 的估计系数显著为正,说明公司规模越大风险水平越低。

表 6　　　　　　　　　　　战略差异与企业风险回归结果

	估计系数	t 值	P > t
截距项	-3.7185	-14.97	0
Strategy	-0.2273	-5.58	0
Leverage	-2.9537	-49.67	0
Compensation	0.0537	3.20	0.001
IDR	-0.2965	-1.65	0.099
SIZE	0.2647	27.64	0
MTB	0.9094	51.04	0
LSHR	0.0007	1.20	0.23
YEAR	已控制		

续表

	估计系数	t值	P>t
Industry	已控制		
F值	344.6		
Adj R-squared	0.584		
样本量	6609		

2. 模型（2）战略差异与企业价值回归分析

为检验假设2，我们对模型（2）进行回归分析，结果见表7。总样本中strategy系数为0.612，在1%的水平上显著为正，说明战略差异增大会增加企业价值，假设2成立。其余控制变量情况如下：SIZE显著为负，Leverage显著为负，股权集中度显著为正，主营业务收入增长率Growth的相关系数不显著，说明企业规模增加不一定能带来企业价值增加，可能存在企业盲目扩张减少价值的情况；财务杠杆增加，对企业价值影响为负；股权集中度增加，可能有利于企业决策等，企业价值增加。

表7　战略差异与企业价值的回归结果

Tobin Q	总样本
Strategy	0.612***
	(4.690)
Strategy*RISK	-0.00427
	(-0.0613)
RISK	0.342***
	(8.741)
SIZE	-0.502***
	(-26.17)
Leverage	-0.886***
	(-6.154)
Growth	-4.81e-06
	(-0.180)
LSHR	0.00491***
	(3.366)
Constant	12.01***
	(29.89)
样本数	5664
R-squared	0.401

（3）进一步分析：产权性质的调节效应

我国的上市公司根据产权性质可分为国企与非国有企业。而国有企业与非国有企业的风险承担水平差异、经营效率问题一直受到学者们的关注。

首先，国有企业其特殊的产权性质使其承担更多社会责任，起到提供工作岗位、维护社会稳定的作用。相比非国有企业对市场导向的灵活把握，国有企业行为和制度的种种限制常常使其偏离企业利润最大化，经营效率不尽如人意，有损企业价值。

承担更多社会责任的同时，国有企业也因此得到政府在补贴、贷款上的资源倾斜。方军雄（2007）研究发现，国有企业先天所拥有的政治关联使其能获得条件更宽松、成本更低的银行贷款。另外有孙峥（2005）研究发现：政府往往出于"父爱主义"给予不断亏损、面临风险的国企补贴和救济。本文推测，在战略差异一定的情况下，国有企业的企业风险更小，因为政府会倾向于用补贴等方式对国企资源倾斜，从而减少企业风险。相比之下，非国有企业在激烈的市场竞争中无人"庇佑"，更有动机选择差异化战略，但没有资源倾斜等便利条件，所面临的风险也更大。

其次，根据 Djankov 等（2003）的观点：由于国有经济的权利是由国家所选择的代理人来行使，国有企业的管理者虽拥有控制权，但不拥有剩余收益权。由此，国有企业管理者面对的道德风险更高，即管理者虽然参与企业经营但是企业的经营成果与管理者本身相关不大，两者的目标不一致就有可能导致其无法尽到勤勉义务，可能使企业效率不高、偏离价值最大化的目标。另一方面，在信息不对称的情况下，由国有企业管理者道德风险引致的亏损与企业因政策负担而产生的亏损难以识别，管理者产生"纵然自己不发挥管理职能导致企业亏损，也会有政府兜底的"的想法，政府一味的补贴只会加剧管理者道德风险。这种特殊情况下，若没有有效的考核制约制度，国有企业的价值更有可能被损害。从而。因此，本文推测在国有企业中两者的关系比非国有企业更弱。

最后，根据以上分析，本文进一步检验产权性质对战略差异与企业风险之间、战略差异与企业价值之间的调节关系。表 8 和表 9 分别展示了按产权性质分组后两个模型的回归结果。

表 8 报告了模型（1）按企业产权性质分样本进行回归的结果。可以看到，战略差异 Strategy 的估计系数在两类样本中都在 1% 水平上显著为负，但在非国有企业样本中的估计系数为 -0.2366，而国有企业战略差异的估计系数为 -0.1921。说明战略差异与企业风险之间的正向关系都存在于非国有企业和国有企业；非国有企业比国有企业相比，战略差异对企业风险的影响更大。这与我们前文分析的结论一致。

表 8   模型（1）按产权性质分类的回归结果

	（1）非国企 Non SOE		（2）国企 SOE	
	估计系数	t 值	估计系数	t 值
截距项	-3.9244	-11.83	-4.4208	-11.43
Strategy	-0.2366	-4.48	-0.1921	-2.98
Leverage	-3.0519	-39.11	-2.7656	-29.37
Compensation	-0.0319	-1.51	0.1779	6.40
IDR	-0.0130	-0.06	-0.8055	-2.71
SIZE	0.3251	23.75	0.2240	15.62
MTB	0.8650	36.16	0.9602	30.02
LSHR	0.0020	2.36	0.0008	0.73

续表

	（1）非国企 Non SOE		（2）国企 SOE	
	估计系数	t 值	估计系数	t 值
YEAR	已控制		已控制	
Industry	已控制		已控制	
F 值	244.25		125.52	
Adj R – squared	0.6025		0.5551	
样本量	4013		2596	

表9报告了模型（2）按企业产权性质分样本进行回归的结果。可以看出非国企 strategy 的相关系数在1%上显著为正，而国企 strategy 的相关系数仅在10%上显著为正，且非国企 strategy 的系数为0.962远大于国企系数的0.218。这表明，战略差异对企业价值的正向作用在非国有公司中相对较强。整体上看，相比国有企业，非国有企业的战略差异对企业价值的正向作用更强，表明国有企业战略的实际执行效果较差。

表9　　　　　　　　模型（2）按产权性质分类的回归结果

TobinQ	国企	非国企
Strategy	0.218 *	0.962 ***
	(1.750)	(4.272)
Strategy * RISK	– 0.0584	– 0.0154
	(– 0.818)	(– 0.137)
RISKZ	0.253 ***	0.442 ***
	(6.274)	(7.025)
SIZE	– 0.358 ***	– 0.613 ***
	(– 19.62)	(– 17.75)
Leverage	– 0.931 ***	– 0.610 ***
	(– 6.323)	(– 2.598)
Growth	– 4.36e – 07	0.000212
	(– 0.0229)	(0.766)
LSHR	0.000641	0.0108 ***
	(0.426)	(4.555)
Constant	9.517 ***	13.73 ***
	(24.78)	(18.93)
样本量	2657	3007
R – squared	0.405	0.406

五、稳定性检验

(一) 变换战略信息指标

本文参考 Tang 和叶康涛等的做法，将广告投入及研发投入删去，仅使用其余四个维度构建指标重新验证假设。表 10 报告了模型（1）四维度战略差异度的验证结果。结果显示，在采用新指标后回归结果基本不变。战略差异变量 Strategy2 的估计系数在 1% 水平上显著为负，表明战略差异度越大，Z 指数越小，企业风险越高。该结果同样支持了假设 1。

表 10　模型（1）替换变量的回归结果

自变量	RISK
strategy2	-0.179***
	(0.03)
Leverage	-2.990***
	(0.06)
Compensation	0.059***
	(0.02)
IDR	-0.421**
	(0.20)
SIZE	0.271***
	(0.01)
MTB	0.912***
	(0.02)
LSHR	0.001
	(0.00)
Constant	-3.893***
	(0.27)
样本量	5495
R-squared	0.589

(二) 滞后一期回归

整理已有的文献研究发现：研发投入对企业价值影响有滞后性，而企业选择当期投入多少研发投入是当期战略制定和战略差异的体现。考虑到模型（2）可能存在的内生性，本文采用战略差异变量滞后一期（用 Lstrategy 表示）进行稳健性分析。表 11 描述了模型（2）主回归分析战略差异与企业价值之间的关系。在总样本组中，战略差异的相关系数在 5% 的水平上显著为正；在非国企组，战略差异与企业价值之间在 1% 的水平上呈显著正关系，相比之下国企样本组两者关系并不显著。这不仅验证了假设2，也印证了国企的低效率问题。

表11　　　　　　　　　　　模型（2）滞后一期回归结果

变量	总样本 Tobin Q	国企 Tobin Q	非国企 Tobin Q
Lstrategy	0.362**	0.0775	0.700***
	(2.434)	(0.514)	(2.718)
Strategy × Risk	0.0976	0.0266	0.0576
	(1.297)	(0.321)	(0.482)
RISK	0.223***	0.198***	0.291***
	(5.255)	(4.304)	(4.219)
SIZE	-0.511***	-0.392***	-0.613***
	(-21.67)	(-16.73)	(-14.19)
Leverage	-1.052***	-1.036***	-0.852***
	(-5.757)	(-5.314)	(-2.804)
Growth	-6.43e-06	-1.24e-06	0.000170
	(-0.199)	(-0.0502)	(0.511)
LSHR	0.00419**	0.000665	0.0118***
	(2.270)	(0.332)	(3.849)
Constant	12.88***	10.65***	14.50***
	(26.11)	(21.41)	(16.08)
样本量	3545	1743	1802
R-squared	0.406	0.418	0.406

六、结语

利用我国2013~2017年沪深两市A股非金融类上市公司的观测值样本，本文从"危"与"机"两方面实证检验了战略差异度对企业风险、企业价值的影响。研究结果显示：当企业战略差异偏离行业的程度越大，企业风险越高；战略差异度越大，企业价值越大。这一点验证了战略差异既给企业增加风险，又有利于增加价值的假设。进一步研究发现：在非国有企业样本组，战略差异度对企业风险及企业价值的影响程度都比国有企业更强，表明非国有企业的产权性质调节了企业战略差异与风险、价值之间的相关关系。

本文的贡献在于：（1）现有研究战略差异的文献，视角主要聚焦于战略差异对绩效不稳定性及信息不对称对利益相关者的影响，战略差异度对企业风险的影响仅略作说明，本文的研究有利于为其他文献陈述两者关系提供经验证据。（2）从战略差异的经济后果角度看，已有的文献多研究战略差异度与绩效极端的关系，战略差异对企业价值的影响仍然值得深入研究。(3)本文的研究结论可以为企业提供一定的借鉴:对企业来说,选择偏离行业常规的战略虽可以优化整合资源,避开激烈竞争,提升企业价值,但同时会增加企业风险。

主要参考文献

[1] TANG J, CROSSAN M, ROWE W G. Dominant CEO, deviant strategy, and extreme performance: the moderating role of a powerful board. Journal of Management. 2011.

[2] MILES R E, SNOW C C. Organizational strategy, structure, and process [M]. Stanford, CA: Stanford UniversityPress, 2003.

[3] 叶康涛,张姗姗,张艺馨. 企业战略差异与会计信息的价值相关性 [J]. 会计研究, 2014 (05): 44-51+94.

[4] 刘会芹,施先旺. 企业战略差异对分析师行为的影响 [J]. 山西财经大学学报, 2018, 40 (01): 112-123.

[5] 王百强,伍利娜. 审计师对采用差异化战略的客户区别对待了吗?[J]. 审计研究, 2017, 05: 54-61.

[6] 陈婉尹. 基于企业生命周期的战略差异与盈余管理方法选择研究 [D]. 兰州财经大学, 2017.

[7] 叶康涛,董雪雁,崔倚菁. 企业战略定位与会计盈余管理行为选择 [J]. 会计研究, 2015, 10: 23-29+96.

[8] 侯德帅,董曼茹,付彬. 公司战略差异、真实盈余管理与股价崩盘风险 [J]. 财会通讯, 2018, 12: 3-8+129.

[9] 王化成,张修平,侯粲然,李昕宇. 企业战略差异与权益资本成本——基于经营风险和信息不对称的中介效应研究 [J]. 中国软科学, 2017, 09: 99-113.

[10] 李志刚,施先旺. 战略差异、管理层特征与银行借款契约——基于风险承担的视角 [J]. 中南财经政法大学学报, 2016, 02: 68-77+159.

[11] To be different, or to be the same? It's a question (and theory) of strategic balance. Deephouse, David L. Strategic Management Journal. 1999.

[12] 翟胜宝,张胜,谢露,郑洁. 银行关联与企业风险——基于我国上市公司的经验证据 [J]. 管理世界, 2014 (04): 53-59.

[13] 于富生,张敏,姜付秀,任梦杰. 公司治理影响公司财务风险吗?[J]. 会计研究, 2008 (10): 52-59+97.

[14] 罗党论,廖俊平,王珏. 地方官员变更与企业风险——基于中国上市公司的经验证据 [J]. 经济研究, 2016, 51 (05): 130-142.

[15] 黄蓉,易阳,宋顺林. 税率差异、关联交易与企业价值 [J]. 会计研究, 2013 (08): 47-53+97.

[16] 方军雄. 所有制、制度环境与信贷资金配置 [J]. 经济研究, 2007, 12: 82-92.

[17] 孙铮,刘凤委,李增泉. 市场化程度、政府干预与企业债务期限结构——来自我国上市公司的经验证据 [J]. 经济研究,2005 (05):52-63.

[18] Simeon Djankov, Edward Glaeser, Rafael La Porta, Florencio Lopez-de-Silanes, Andrei Shleifer. The new comparative economics [J]. Journal of Comparative Economics, 2003, 314.

[19] 罗婷,朱青,李丹. 解析 R&D 投入和公司价值之间的关系 [J]. 金融研究, 2009 (06):100-110.

企业社会责任信息披露与股价崩盘风险

郭 欣

会计学院国际会计专业　指导老师：李四海

> **摘　要**：本文选取我国沪深 A 股上市企业作为研究对象，实证检验企业社会责任信息披露与股价崩盘风险的关系。首先研究企业披露社会责任信息是否会影响股价崩盘风险，其次探讨披露水平的高低对于股价崩盘风险的具体影响，并进一步探究背后的作用机制。结果表明，在我国，社会责任信息披露会显著降低企业的股价崩盘风险；然而在披露企业当中，社会责任信息披露水平越高，股价崩盘风险越高，且此正向影响关系仅存在于强制披露企业中。这表明我国强制企业披露信息质量堪忧，并未发挥其应有作用，为管理层自利行为的实施提供条件，增加了股价崩盘风险。此外，本文发现机构投资者持股水平是披露水平影响股价崩盘风险的重要中介变量之一。本文从定性和定量两个维度上丰富了股价崩盘风险和企业社会责任信息披露的研究，为中国企业社会责任信息披露的相关政策建立及市场监管做出贡献。
>
> **关键词**：企业社会责任信息披露；股价崩盘风险

一、引言

自 2008 年全球金融危机之后，股票市场的暴涨暴跌现象引起了学者们的广泛关注，我国 A 股市场更是在 2015 年经历了千股跌停的金融异象。资本市场中这种股价大幅度负向下跌的现象被定义为股价崩盘。股价崩盘的发生，不仅使投资者财富蒙受巨大损失，影响了投资者的投资信心，而且不利于金融市场的稳定发展，干扰国民经济的正常发展。因此，研究股价崩盘风险对于促进我国资本市场健康发展显得十分重要。其中，股价崩盘风险的影响因素具有重要研究意义。现有学者从不同角度出发进行研究，发现经济环境、会计政策、外部审计、分析师偏差、公司治理水平等均会对股价崩盘风险产生影响。而其中，企业社会责任信息披露也是对股价崩盘风险的重要影响因素之一。

近年来，随着环境污染，产品安全等社会责任事件频发，公众对于企业履行其社会责任的需求逐渐上升，企业社会责任成为了学术界的热点问题。企业在追求经济利益的同时，有责任为其他利益相关者主体履行其他相关社会义务。单纯的经济数据已无法满足市场监督的需要,因此西方国家及国际组织积极推进企业社会责任披露,企业社会责任报告成为企业社会责任信息披露实践的重要形式之一。受西方世界的影响,我国也逐步建立了关于企业社会责任信息披露的相关制度。2006年9月深交所发布实施《上市公司企业社会责任指引》,鼓励企业建立社会责任制度,并以社会责任报告的形式披露其社会责任制度执行情况,与年度报告同时披露。2008年国有资产监督委员会与上海证券交易所相继发布了对企业披露社会责任报告的指导意见,强制要求部分企业披露社会责任信息。随着越来越多的企业披露社会责任报告,我国企业社会责任信息披露质量评估体系也逐渐完善。目前较为主流的三种方法分别为内容分析法、指数法及润灵环球评级法。其中,由润灵公益事业咨询公司建立的评价体系从一二级指标较为全面地评价了社会责任报告的披露水平,实现了评价方法质的飞跃,是目前最为权威的评级方法。

随着公众对于企业社会责任关注度的逐渐上升,研究企业社会责任披露所产生的相关经济后果也成为了研究领域的热点。现有研究表明,企业披露社会责任信息,对于企业的财务绩效等会产生一定程度的影响。那么,上市公司披露企业社会责任信息的经济后果表现在资本市场上,是否会对股价崩盘风险造成显著影响呢?一方面,从企业角度来讲,企业披露社会责任报告会对公司治理质量有一定程度的影响,从而对上市公司财务绩效产生影响,表现在资本市场上就是股价的波动,从而影响股价崩盘风险;另一方面,从投资者的角度而言,企业披露社会责任报告有利于建立良好的企业声誉和企业形象,对投资者的投资心理产生积极的影响,进而影响投资决策。从以上两个角度,可以看出企业社会责任信息披露有可能通过某种途径影响股价崩盘风险。

因此,本文选取中国沪深A股上市企业,首先对所有上市公司进行股价崩盘风险指标变量构建,检验是否披露社会责任信息对该指标的影响,发现披露企业社会责任信息可以显著降低股价崩盘风险;然后对披露组进行了对披露水平的回归,发现披露水平越高,股价崩盘风险越高,并且这种正向影响关系仅在强制披露组显著。最后,我们通过披露水平与各控制变量交互性回归探究披露水平作用于股价崩盘风险的影响机制,发现投资者持股比例于披露水平影响有着显著的放大作用。

本文的研究贡献主要体现在以下两个方面。第一,企业披露社会责任信息产生的经济后果众多,而本文着重探讨对股价崩盘风险这一重要经济变量的影响,并且从是否披露,以及披露质量两个维度分层次研究,更加深入完整并量化地揭示了其影响。这极大丰富了企业社会责任的相关研究,有利于促进我国上市企业提高其企业社会责任披露水平,以期提高投资者对于披露水平的关注程度。第二,本文探究了企业社会责任对崩盘风险的影响机制,通过交互项的形式探究了披露水平的作用机制,说明了投资者持股在披露水平作用于股价崩盘风险中的重要中介作用,进而投资者通过交叉信息辨别企业披露社会责任信息真实意图提供了重要参考并为第三方中介机构客观全面评价社会责任信息披露水平提供了相关指导。

余文安排如下:第二部分为文献综述、理论推演与假设提出;第三部分为变量与数据;第四部分为实证结果与分析;第五部分为结论与启示。

二、文献综述、理论推演与假设提出

关于股价崩盘风险的成因，学者们在管理层捂盘假说上达成一致。由于投资者与企业之间存在信息不对称现象，管理层出于自利动机隐瞒坏消息。然而公司对负面消息的容纳程度存在一个上限，一旦当负面消息积累到一定程度释放出来时，在资本市场上引起恐慌，对公司股价造成负面影响甚至引发崩盘（Jin 和 Myers，2006；Hutton 等，2009）。

对于企业社会责任信息披露对于股价崩盘风险的影响，按照研究方法，已有文献大致可以分为两类。一类采用 0、1 虚拟变量研究是否披露企业社会责任信息对股价崩盘风险的影响。这一类研究以 Kim 等（2014），陶春华等（2015），宋献中等（2017）为代表。另一类研究进一步量化了企业社会责任披露水平，关注披露水平对股价崩盘风险的影响，这一类以权小峰等（2015），Ming‐Te Lee（2015）为代表。权小峰等（2015）选取润灵环球企业社会评分定义为解释变量，量化了企业社会责任信息披露水平，Ming‐Te Lee（2015）选取台湾上市企业，将台湾核心财富期刊杂志中企业社会责任奖项上榜次数定义解释变量。

按照研究成果划分，现有文献的也可分为两类。一类学者提出企业披露社会责任信息会降低股价崩盘风险。Hsu 等（2013）认为企业披露社会责任信息的动机是提高其在消费者心目中的道德水平感知，企业较好地承担社会责任活动可以一定程度上反映公司管理层较高的社会伦理道德标准。Tucker 和 Melewar（2005）研究表明，从事于企业社会责任活动的企业往往表现出更好的财务绩效及产品盈利能力，进而具有更高的公司价值。Gelb 和 Strawser（2001）研究表明披露社会责任信息的公司往往具有更高的财务透明度及财务信息质量水平，认为企业披露社会责任信息通过信息途径即通过提高了财务透明度降低了股价崩盘风险；Argenti 和 Druckenmiller（2004）首次提出了企业社会责任信息的声誉效应，认为企业披露社会责任信息可以帮助其在公众心中建立良好的形象，从而形成一种声誉资本，当负面消息发生时会减少对公司股价的负面冲击，从而可以对公司价值形成有效保护。另一类学者认为企业社会责任信息披露会增加股价崩盘风险。Hemingway 和 Maclagan（2004）认为企业披露社会责任报告的一个重要动机就是掩盖管理层的失德行为。还有学者依据利益相关者理论从股东角度而言，认为企业从事社会责任活动会引致一系列诸如代理成本、经营成本等额外费用的增加，从而使管理层与股东之间的代理冲突更为严重，从而对企业财务绩效产生负面影响，进而增加股价崩盘风险（Hillman 和 Keim，2001）。Chih 等（2014）从动机出发，认为管理层出于其自利行为，披露社会责任信息的实质目的在于提升管理层个人声誉并掩盖其负面行为，进而增加上市公司盈余管理水平使财务信息透明度降低，进而增加股价崩盘风险。权小峰等（2015）针对我国企业社会责任披露现状提出价值假说和工具假说，实证检验证明了工具假说的成立。表明企业社会责任与股价崩盘风险存在正相关关系，且此正向关系仅在强制披露的企业中存在显著性。

从企业披露社会责任信息的结果来看，披露企业社会责任信息会提升公司声誉，树立良好的企业形象，因此会形成有效的声誉资本，在负面消息来临时形成对股价的保护，因此会降低股价崩盘风险。另一方面，企业社会责任信息产生了额外的代理成本，进而加剧管理成与股东之间的代理冲突，对公司财务绩效造成不利影响，从而会加剧股价崩盘风险。因此，本文提出假设1：

假设1：企业社会责任信息披露会显著降低股价崩盘风险

如果假设1成立，即企业社会责任信息披露会显著降低股价崩盘风险，那么在众多披露企业社会责任信息的公司中，披露水平是否会影响降低股价崩盘风险的程度呢？因此，我们进行关于披露水平影响的进一步探究。一方面，从披露动机并结合我国企业披露社会责任信息现状来看，我国大部分披露社会责任报告企业为强制披露，企业披露动机实质上并非主动承担社会责任而是迫于相关政策要求。因此，其披露水平中存在着较大的"做秀"成分，并不能真实反映其社会责任承担水平，而更多的层面存在着报喜不报忧的行为，为管理层掩盖自利行为提供了实施条件，因此披露水平会正向影响股价崩盘风险。另一方面从市场角度，如果资本市场上投资者对于企业社会责任信息披露关注度较高，那么披露越完整，披露得分越高，则会在投资者心中形成更多的声誉资本，因此对公司价值的保护作用更强，即披露水平越高，股价崩盘风险越低。

假设2：社会责任披露水平会正向影响股价崩盘风险

此外，对于披露水平的影响机制，权小峰等（2015）研究表明非效率投资是企业社会责任与股价崩盘风险间传导的重要中介因子，投资传导路径在我国资本市场中是重要的作用机制。曹峰等（2015）认为机构投资者对管理层的代理行为难以发挥治理作用，其研究表明机构投资者持股显著增加了股价崩盘风险。Kim（2015）认为机构投资者短期投机倾向明显，杨海燕等（2012）研究表明机构投资者比例越高，上市公司财务报告可靠性越低。因此，本文在进行影响机制拓展分析时将重点关注机构投资者持股这一变量。

三、变量与数据

（一）样本选择与数据来源

本文选取2015~2017年度A股上市公司作为研究样本，剔除ST、PT类企业并剔除相关数据缺失的样本企业，共得到1049个观测值，数据来源于wind金融终端，数据处理采用stata14.0软件。

（二）变量定义

1. 股价崩盘风险

借鉴宋献中等（2017），本文通过股票周收益负条件偏态$NCSKEW_{i,t}$及回报上下波动比率$DUVOL_{i,t}$两个度量股价崩盘风险，记为$NCSKEW_{i,t}$。计算方法如下：首先，我们将个股周收益率$R_{i,t}$按股票市场平均周收益率$R_{m,t}$进行回归，以此消除经济周期及其他市场因素对个股周收益的影响，模型如下：

$$R_{i,t} = \beta_0 + \beta_1 R_{m,t-2} + \beta_2 R_{m,t-1} + \beta_3 R_{m,t} + \beta_4 R_{m,t+1} + \beta_5 R_{m,t+2} + \varepsilon_{i,t}$$

$R_{i,t}$表示个股i在第t周的收益率，$R_{m,t}$为第t周所有股票流通市值加权平均收益率，残差$\varepsilon_{i,t}$表示个股收益率不能被市场收益率波动所解释的部分。通过$W_{i,t} = \ln(1+\varepsilon_{i,t})$计算个股 i 特定周利益率。利用 $W_{i,t}$ 计算 $NCSKEW_{i,t}$ 及 $DUVOL_{i,t}$。其中 $NCSKEW_{i,t}$ 为负收益偏态系数，n 为个股 i 每年上市交易的周数。n_u 和 n_d 分别表示个股周收益率低于及高于个股年收益率均值的周数。$NCSKEW_{i,t}$ 及 $DUVOL_{i,t}$ 越大，表明股价崩盘风险越大。

$$NCSKEW_{i,t} = [n(n-1)^{\frac{2}{3}}\sum W_{i,t}^2]/[(n-1)(n-2)]$$

$$DUVOL_{i,t} = \log\{(n_u - 1)\sum_{down} W_{i,t}^2\}$$

2. 企业社会责任信息披露

针对全样本回归，本文定义虚拟变量 $YN_{i,t}$，对于发布企业社会责任报告的企业定义为 0，未披露企业社会责任信息的企业变量定义为 1。针对存在企业社会责任信息披露的企业，定义变量 $SCORE_{i,t}$，选取润灵环球企业社会责任信息评分为其变量测度。

3. 控制变量

本文借鉴权小峰等（2015），选取机构投资者持股比率、公司大股东持股比例、净资产收益率、超额月度换手率、财务杠杆、公司规模、市值账面比、市场收益及市场波动作为控制变量，如表 1 所示。

表 1　变量定义

变量类型	变量名	变量符号	变量定义
被解释变量	周收益负条件偏态	$NCSKEW_{i,t}$	衡量股价负向偏离程度
	收益上下波动比率	$DUVOL_{i,t}$	衡量股票收益上下波动比率
解释变量	是否披露 CSR	$YN_{i,t}$	披露组为 1，非披露组为 0
	CSR 披露水平	$SCORE_{i,t}$	润灵环球得分分数
控制变量	机构投资者持股比例	$IIVS_{i,t}$	机构持股比例合计 = 机构持股合计/流通 A 股 * 100%
	大股东持股比例	$LIVS_{i,t}$	上市公司持股比例排名第一位股东持股数占公司总股本的比例
	净资产收益率	$ROE_{i,t}$	净利润/平均净资产
	超额月度换手率	$DTURN_{i,t}$	$\sum$［单个交易日成交量*100/当日股票流通股总股数］*100%
	财务杠杆	$LEV_{i,t}$	负债合计/归属母公司股东权益
	公司规模	$LNSIZE_{i,t}$	公司总资产取对数
	市值账面比	$MB_{i,t}$	每股账面值/每股现价
	市场收益	$RET_{i,t}$	第 t 年周涨跌平均值
	市场波动	$SIGMA_{i,t}$	第 t 年周涨跌标准差

（三）描述性统计分析

表 2 报告了以是否披露企业社会责任信息为分组的描述性统计结果和差异 t 检验结果。在股价崩盘风险指标中，披露组与非披露组 NCSKEW（DUVOL）的均值分别为 -0.532（-0.343）和 0.401（-0.244），均值差异为 0.131 和 0.099，且均值差异 t 检验结果均至少在 5% 水平上显著。可见，披露组相较于非披露组，NCSKEW 及 DUVOL 均值更小，说明披露组股价崩盘风险平均水平更低，并且差异显著。样本企业平均机构投资者持股比例为 17.9%，平均大股东投资者持股比例为 34.9%，平均超额月度换手率为 56.1%，净资

产收益率均值为 10.6%，资产负债率均值为 39.8%，公司规模均值为 22.135，账面市值比均值为 68.8%；平均市场周回报为 0.174 元，平均市场周波动为 2.03。各控制变量均值与陶春华（2015）及宋献中（2017）基本相符，其中，市场周波动均值及平均超额月度换手率远大于现有研究结果，考虑到 2015 年中国股市大面积崩盘，周收益波动较高，换手较为频繁的结果较为合理。各控制变量均值存在显著组间差异，说明之后的回归检验需要对这些变量进行控制。

表 2　　　　　　　　　　　　描述性统计与差异分析

变量	全样本均值	非披露组均值	披露组均值	是否披露的差异	T 检验结果
$NCSKEW_{i,t}$	-0.432	-0.401	0.532	0.131	0.051**
$DUVOL_{i,t}$	-0.347	-0.244	-0.343	0.099	0.073**
$LIVS_{i,t}$	0.349	0.342	0.373	-0.031	-0.492***
$IIVS_{i,t}$	0.179	0.079	0.249	-0.170	-0.989
$ROE_{i,t}$	0.106	0.103	0.117	-0.014	-0.978**
$DTURN_{i,t}$	0.561	0.411	0.767	3.646	0.393***
$LEV_{i,t}$	0.398	0.386	0.437	-0.051	-0.126***
$LNSIZE_{i,t}$	22.135	21.907	22.885	-0.978	-0.171***
$MB_{i,t}$	0.688	0.672	0.841	-0.069	0.091***
$RET_{i,t}$	0.174	0.191	0.118	0.073	0.628***
$SIGMA_{i,t}$	2.030	2.176	1.550	0.626	0.375***

如表 3 所示，本文进一步将披露水平划分为五个不同区间，观察股价崩盘风险指标变量均值的变化。从描述性统计结果可以看出，随着评分得数的增加，股价崩盘风险指标变量 $NCSKEW_{i,t}$ 和 $DUVOL_{i,t}$ 均呈现出"倒 U 性"变化趋势。在 0～80% 的评分得分区间，即披露水平较低区间，随着评分的提升，股价崩盘风险逐渐增大；然而，当评分上升到 80%～100% 区间时，股价崩盘风险随着评分的提升而减少，且变化幅度较小。由此可见，在我国已披露社会责任信息的企业中，股价崩盘风险水平两极分化情况较为明显，评分较低的企业中，披露水平越高，股价崩盘风险越大，这说明其整体披露质量较差，可能存在一定的虚假或夸大成分，对股价崩盘风险可能存在负面影响作用；但对于披露水平本身较高的企业，披露水平越高，股价崩盘风险越低，披露水平的增加可能会降低股价崩盘风险，但其作用并不显著。

表 3　　　　　　　　披露水平区间描述性统计结果

披露水平	[0～20%]	[20%～40%]	[40%～60%]	[60%～80%]	[80%～100%]
$NCSKEW_{i,t}$	-0.711	-0.492	-0.438	-0.469	-0.486
$DUVOL_{i,t}$	-0.444	-0.334	-0.307	-0.215	-0.402

四、实证结果

（一）模型设定

本文设有如下两个针对全样本研究是否披露对股价崩盘风险影响的回归模型；在研究披露水平的影响时，将模型（1）、（2）中 $YN_{i,t}$ 替换为 $SOCRE_{i,t}$ 即可进行股价崩盘风险对于企业社会责任信息披露水平变量 $SOCRE_{i,t}$ 的回归。

= + + + + +
= + + + + +

其中，$NCSKEW_{i,t}$ 和 $DUVOL_{i,t}$ 是被解释变量，分别表示个股 i 在第 t 年度的周收益负条件偏态和周收益上下波动比率，$YN_{i,t}$ 表示个股 i 对应的上市企业在第 t 年度是否披露社会责任信息，其定义如前所述。参数 δ 的估计值 $\hat{\delta}$ 是我们重点关注的，衡量了是否披露企业社会责任信息对股价崩盘风险的影响大小，如果 $\hat{\delta}<0$，则说明假设 H1 得了验证。X 表示其他控制变量，β 衡量了其他控制变量对于股价崩盘风险的影响，γ_t 为年度固定效应，η_t 为行业固定效应，μ_t 为随机误差项。

（二）回归分析

1. 是否披露的影响

表 4 报告了股价崩盘风险指标变量对于是否披露企业社会责任信息的回归结果。全样本回归显示，YN 的回归系数为 -0.116 和 -0.046，且都至少在 1% 水平上显著，说明相对于未披露企业，披露企业的股价崩盘风险更低。因此，披露社会责任信息可以显著降低企业的股价崩盘风险，证明假设 1 成立。此外，回归结果显示股价崩盘风险与机构投资者持股比例、大股东持股比例等公司指标及市场回报、市场波动、月度换手率等市场指标呈负相关关系；与公司规模、市值账面比呈正相关关系，控制变量回归结果与权小峰等（2015）基本一致。

表 4　　是否披露回归结果

变量	$NCSKEW_{i,t}$	$DUVOL_{i,t}$
是否披露	-0.116***	-0.046***
	(0.073)	(0.058)
机构投资者持股比例	-0.209	-0.358***
	(0.160)	(0.129)
大股东持股比例	-0.205	-0.2888*
	(0.209)	(0.168)
净资产收益率	-0.720*	-0.333*
	(0.377)	(0.306)

续表

变量	$NCSKEW_{i,t}$	$DUVOL_{i,t}$
资产负债率	-0.003	-0.045
	(0.188)	(0.152)
超额月度换手率	-0.013*	-0.020***
	(0.006)	(0.005)
公司规模	0.018**	0.007**
	(0.040)	(0.032)
市值账面比	-0.542*	-0.717***
	(0.303)	(0.245)
市场平均周收益	-0.891***	-0.860***
	(0.177)	(0.145)
市场周收益波动	-0.045*	-0.061***
	(0.027)	(0.022)
YEAR	yes	yes
INDUS	yes	yes
_CON	-0.115*	0.044*
	(0.839)	(0.675)
OBS	1046	1046
R^2	0.220	0.278

注：*** 代表在1%水平上显著；** 代表在5%水平上显著；* 代表在10%水平上显著。

2. 披露水平的影响

全样本对于披露方式的回归结果说明了企业披露社会责任信息会显著降低股价崩盘风险，因此本文进一步选取披露组企业进行了股价崩盘风险对于披露水平的回归。表5展示了披露水平回归结果。SCORE 的回归系数分别为 0.021 和 0.012，且都至少在10%水平上显著，说明在披露组企业中，披露水平越高，股价崩盘风险越高。即披露水平会显著影响股价崩盘风险，且影响方向为正，证明了本文假设2的成立。说明在披露组上市企业中，并非披露得分越高，股价崩盘风险越低。考虑有两方面原因，第一可能是第三方评估机构的评分水平并未能代表真实的披露水平，许多企业的虚假或夸大披露信息并未被评级机构识别，第二可能是企业将披露行为作为管理层隐藏自利行为的工具，并非有主动承担社会责任的意图。

表5　　披露水平回归结果

变量	$NCSKEW_{i,t}$	$DUVOL_{i,t}$
CSR 得分	0.021**	0.012*
	(0.009)	(0.007)
机构投资者持股比例	0.338	-0.031
	(0.436)	(0.331)

续表

变量	$NCSKEW_{i,t}$	$DUVOL_{i,t}$
大股东持股比例	0.404	0.228
	(0.493)	(0.374)
净资产收益率	-3.303***	-1.642**
	(1.082)	(0.823)
资产负债率	0.066**	0.025
	(0.027)	(0.020)
超额月度换手率	1.317**	0.938**
	(0.524)	(0.398)
公司规模	-0.198**	-0.117
	(0.094)	(0.072)
市值账面比	-0.331	-0.568
	(0.661)	(0.503)
市场平均周收益	-1.503**	-1.424***
	(0.587)	(0.446)
市场周收益波动	-0.098	-0.050
	(0.074)	(0.056)
YEAR	yes	yes
INDUS	yes	yes
_CON	2.399*	1.775*
	(1.978)	(1.504)
OBS	249	249
R^2	0.438	0.535

为进行进一步探究，本文按披露方式将披露组样本分为应规披露与自愿披露，进行分组回归结果。如表6所示，股价崩盘风险指标变量NCSKEW（DUVOL）对解释变量SCORE的回归系数仅在qig披露组显著，分别为0.013（0.005）。这说明我国资本市场中，企业社会责任信息披露水平对于股价崩盘风险的正向影响作用仅存在于应规即强制披露的上市企业中。应规披露企业受国家政策规定约束限制被迫强制披露社会责任报告，从披露的目的来看以应对相关部门要求为主，社会责任披露存在较大的做秀嫌疑，加剧了管理层捂盘行为，表现在资本市场上即为股价崩盘风险的增大。

表6　　　　　　　　　　披露方式回归结果对比

变量	$NCSKEW_{i,t}$		$DUVOL_{i,t}$	
	强制组	自愿组	强制组	自愿组
$SCORE_{i,t}$	0.013**	0.002	0.005**	0.003
	(1.040)	(1.070)	(0.050)	(0.920)
YEAR	yes	yes	yes	yes
INDUS	yes	yes	yes	yes

续表

变量	NCSKEW$_{i,t}$		DUVOL$_{i,t}$	
	强制组	自愿组	强制组	自愿组
_CON	-0.794*	3.843	0.174	2.347
	(0.400)	(1.280)	(0.100)	(1.010)
OBS	135	135	114	114
R^2	0.328	0.250	0.328	0.250

3. 影响机制分析

由披露水平回归结果可知，企业社会责任信息披露水平显著正向影响股价崩盘风险，为探究披露水平的作用机制，本文将披露水平变量 SOCRE 与各控制变量相乘，通过交互项回归探究其影响机制。如表 7 所示，变量 SCOREIIVS 回归系数为 0.019 及 0.015，且均在至少 10% 水平上显著为正，说明机构投资者持股是影响披露水平作用于股价崩盘风险的重要因素。回归结果显示，机构投资者持股越高，披露水平正向影响股价崩盘风险的效用就会被放大。曹丰（2015）研究表明，机构投资者持股水平与股价崩盘风险间存在显著的负相关关系，并通过渠道分析得出机构投资者对股价崩盘风险的影响一定程度上源于它加剧了信息不对称。由此，可说明机构投资者持股水平越高，信息不对称程度越高，代理问题更加突出，披露社会责任信息受管理层自利动机趋势，为隐藏负面消息提供了更多的隐蔽条件，进而加剧了股价崩盘风险。

表 7　　交互项回归结果

变量	NCSKEW$_{i,t}$	DUVOL$_{i,t}$
SCOREIIVS	0.006**	0.002**
	(0.010)	(0.008)
SCORELIVS	0.018	0.012
	(0.012)	(0.009)
SCOREROE	0.054**	0.024
	(0.026)	(0.019)
SCOREDTURN	0.002***	0.001*
	(0.001)	(0.001)
SCORELEV	0.019*	0.015*
	(0.011)	(0.009)
SCORELNSIZE	-0.002	0
	(0.001)	(0.001)
SCOREMB	-0.019	-0.019**
	(0.012)	(0.009)
SCORERET	-0.038***	-0.035***
	(0.014)	(0.011)

续表

变量	NCSKEW$_{i,t}$	DUVOL$_{i,t}$
SCORESIGMA	−0.002	−0.001
	(0.002)	(0.001)
YEAR	yes	yes
INDUS	yes	yes
_CON	−1.056**	−0.566
	(0.512)	(0.386)
OBS	166	166
R^2	0.418	0.525

五、研究结论及启示

股价崩盘风险的影响因素探究对于我国资本市场的健康发展意义重大，同时企业社会责任信息披露作为对股价崩盘风险的影响因素之一，也应得到充分的关注度。探究企业社会责任信息对于股价崩盘风险的影响不仅有利于提升我国企业信息披露水平，并且对于提升企业财务绩效、稳定我国资本市场都具有深远的研究意义。

本文通过首先进行了股价崩盘风险指标变量对于是否进行企业社会责任信息披露的回归，验证了假设1的成立，发现在我国A股上市企业中，披露社会责任信息可以显著降低股价崩盘风险。其次，本文在披露组企业中进一步进行了股价崩盘风险指标变量对于社会责任信息披露水平的回归分析，验证了假设2的成立，发现在我国A股已披露社会责任信息的上市企业中，披露水平越高，股价崩盘风险越高，并且此影响关系仅在强制披露的上市企业中存在，说明我国部分企业社会责任信息存在做秀嫌疑，披露质量有待提高。最后，本文通过交互项回归探究了披露水平作用于股价崩盘风险的影响机制，发现机构投资者持股对于披露水平的影响机制有放大作用，机构投资者持股比例越高，披露水平对于股价崩盘风险的正向影响作用越大。

针对本文的研究结果，我们可以得出如下启示。首先，企业社会责任信息披露存在制度上和市场上的必要性，同时也是一把"双刃剑"，公司管理层应当切实注重维护与投资者、消费者等利益相关者的纽带关系，承担好企业社会责任，主动披露社会责任信息并将其作为联系公众的重要窗口和建设公司声誉建设的一个重要利好途径。其次，相关政策监管部门应该积极鼓励上市企业自愿披露社会责任信息，比如可适当建立奖励机制，对于积极披露的企业给予一定程度的褒奖。压缩强制披露政策空间，鼓励自愿披露应成为制度设计的参考点。此外，由于目前大多数企业迫于政策监管压力披露社会责任报告，重数量而轻质量，披露的社会责任信息掺杂过多作秀成分，无法实现对企业承担社会责任的客观评估，因此有关部门应建立全面、客观的企业社会责任信息披露水平评价机制，并应针对不同行业设立不同的评级标准；引进第三方权威独立的中介机构进行鉴证应成为政策导向，努力将监管重点转向对中介评估机构的鉴证质量和市场规范。最后，建议企业社会责任信息可以与机构投资者持股等公企业信息和其他财务信息组合披露，此举将为投资者辨别企业披露社会责任信息的真实意图交叉核对提供重要参考。

主要参考文献

［1］曹丰，鲁冰，李争光等．机构投资者降低了股价崩盘风险吗？［J］．会计研究，2015（11）：55 - 61．

［2］邓韵，唐更华．中国企业社会责任信息披露影响因素研究——基于润灵环球评级社会责任报告［J］．价值工程，2018．

［3］罗金明．企业社会责任信息披露制度研究［J］．经济纵横，2007（11）：71 - 73．

［4］刘娜．企业社会责任信息披露的研究综述［J］．财会学习，2017．

［5］权小锋，吴世农，尹洪英．企业社会责任与股价崩盘风险："价值利器"或"自利工具"？［J］．经济研究，2015（11）．

［6］权小锋，肖红军．社会责任披露对股价崩盘风险的影响研究：基于会计稳健性的中介机理［J］．中国软科学，2016（6）．

［7］陶春华，杨思静，林晚发．公司治理、企业社会责任与股价崩盘风险［J］．湘潭大学学报（哲学社会科学版），2015（6）．

［8］宋献中，胡珺，李四海．社会责任信息披露与股价崩盘风险——基于信息效应与声誉保险效应的路径分析［J］．金融研究，2017．

［9］杨海燕，孙健，韦德洪．机构投资者独立性对代理成本的影响［J］．证券市场导报，2012（1）：25 - 30．

［10］Argenti P A, Druckenmiller B. Reputation and the Corporate Brand［J］. Corporate Reputation Review, 2004, 6（4）：368 - 374.

［11］Gelb D S, Strawser J A. Corporate Social Responsibility and Financial Disclosures: An Alternative Explanation for Increased Disclosure［J］. Journal of Business Ethics, 2001, 33（1）：1 - 13.

［12］Hillman A J, Keim G D. Shareholder Value, Stakeholder Management, and Social Issues: What's the Bottom Line?［J］. Strategic Management Journal, 2015, 22（2）：125 - 139.

［13］Kim Y, Li H, Li S. Corporate social responsibility and stock price crash risk ☆［J］. Journal of Banking & Finance, 2014, 43（1）：1 - 13.

［14］Lee M T. Corporate Social Responsibility and Stock Price Crash Risk: Evidence from an Asian Emerging Market［J］. Journal of Banking & Finance, 2016, 43（1）：1 - 13.

"新消费"下智能便利店盈利模式研究

——基于缤果盒子与盒马鲜生的分析

朱秀莉　岳小圣　陈颖春　毛忆萌

会计1601　会基1601　财务管理1602　指导老师：郭飞

> **摘　要**："新消费"是"新零售"的发展衍生，其核心是技术升级服务于消费者体验。本文通过分析盈利模式五要素和调查问卷结果发现，盒马鲜生眼中"新消费"是离不开"人"，要以"人情"创造高品质消费体验，其盈利模式持续性发展的最大挑战是同行业竞争，大量的复制者和后来者对盒马鲜生的盈利模式创新性造成威胁。如何持续的在其中脱颖而出，取得消费者持续的偏向是其发展的重要难点。缤果盒子奉行"新消费"无人才能最便利，以无人创造高效快速的便捷消费体验的理念，但在落地阶段即受到了来自法规制度的限制，纵使全中国"社区楼下一米"的市场空间有多大，无法有效解决这一最大的掣肘，迅速占领这一市场空白，缤果盒子也难以持续发展。
>
> **关键词**：新消费；智能化便利店；盈利模式；可持续性

一、引言

（一）背景

2016年10月13日，在杭州云栖大会，马云首次提出"新零售"——依托互联网技术，将线上、线下与现代物流融合贯通，构建"实体店+电子商务+物流"模式的面向消费者的全新经营格局，在零售业内掀起一股致力于将技术融入线上线下零售经营的浪潮。

随着我国经济发展，消费已成为现代生活的重要组成部分，高品质、个性化、多样性已经渐成趋势，追求消费品质"新消费"时代已经到来。在"2017两岸企业家紫金山峰会"上，丁磊在《新时代　新消费　新模式》的专题演讲中，提出了零售业的"新消费"概念。在演讲中丁磊认为零售离不开人这个基本核心，所有零售形式的演变，都应源于对用户需求的响应和理解。

"新消费"是"新零售"概念的升级和延伸。在消费升级已成现实的趋势下，零售不只是需要线上线下融合的，更重要的是消费者体验，即所有零售形式的演变，不论从服务、销售、还是陈列方式，都源于对用户需求的理解。"新消费"的核心是技术服务于消费者体验。对"新消费"的不同解读催生两种便利店智能化模式：一种是将"人"的因素贯穿于整个智能化转型，而另一种是将便利店"便利"的特点、优势发挥至极，在极力降低人力成本——无"人"便利店的前提下，为消费者提供免排队免拥挤、自主选购、自助支付的超便捷购物体验环境。

（二）文献综述

1. 技术的发展使得线上与线下的结合不可避免

电商较实体零售的一大优势是便捷省时的购物模式，加之物流发展的日益成熟，网购的优势更是突出。B. Joseph Pine II（2017）通过数据分析在 Shoppers Need a Reason to Go to Your Store—Other Than Buying Stuff 一文中提出在市场竞争中，零售商的制胜关键是争取消费者的消费时间。因此，B. Joseph Pine II 认为面对电商的冲击，实体零售商应利用互联网实现实体店面向货物体验点及自提点的转型。这一转型缩短了购物等待时间，但增加了购物体验时间。

彭颖（2017）和杨芳（2018）都提到无人便利店在将来最有可能的发展模式是线上和线下相结合的形式。通过线上数据与消费信息的统计，以及线下监控的反馈，智能化便利店可通过对大数据的分析调整商品结构，品牌优化，补货，摆放等问题，使客户体验更完善。

2. 提升消费者体验是零售商市场竞争力发展的核心

Leonard L. Berry（2001）通过对比不同业绩的零售商经营情况在 The Old Pillars of New Retailing 一文中提出了关于以消费者需求为核心的零售商市场竞争力提升的建议。

张萍萍（2018）指出中青年没时间，但有消费能力，容易接触新购物方式O2O，愿意用金钱换时间。因此将目标人群定位为中青年人，迎合中青年人的偏好。未来的成功在于深知顾客的心，懂顾客所想，迎合顾客。彭珉珺（2017）也提出企业应以消费者为核心。准确把握消费者需求，与供应链各部门一同合作，整合线上线下多条渠道，为消费者提供多样化服务来满足体验需求。

二、研究思路

本文研究思路如图1所示。

三、单体分析

（一）基本情况介绍

1. 盒马鲜生——"情感型"智能化转型

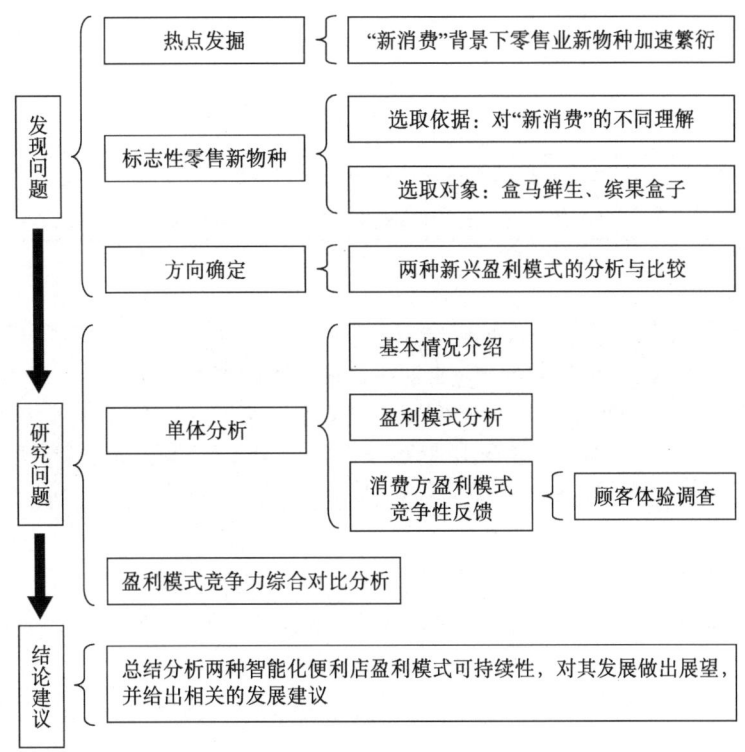

图 1 研究思路图

盒马鲜生成立于 2015 年 3 月,是阿里巴巴集团旗下的新零售业态。截至 2018 年,全国开设 40 余家店面,成为阿里财报的重要增长点。据华泰证券数据显示,盒马鲜生上海某店面 2016 年的全面营业额超 2.5 亿元,坪效高于 5.6 亿元,远超同行业坪效 1.5 万元的平均值。盒马鲜生通常设置在一线城市人流密集的区域,采用分区的方式划分大面积卖场,方便消费者及时找到所需产品。

2. 缤果盒子——"超便捷型"智能化转型

缤果盒子是由陈子林创办的全球第一款可规模化复制的 24 小时全自助智能便利店,提倡"无人值守"的概念,门店面积相较于普通便利店更小,由人工收银转为后台监控,在理想情况下,4 人团队可以同时运营 40 个缤果盒子。它通过缩短店面与消费者的物理距离、减少消费者到店耗用时间、大数据描绘消费者画像、简洁直接的门店设计、操作简单的支付方式等手段为到店消费者提供极速、便捷、商品可获得性高的消费体验。

(二) 盈利模式分析

企业能否长期生存的关键,在于持续的现金流和稳定的利润。因此,盈利模式被认为是企业模式中最关键的要素,对盈利模式的研究是必不可少的。

1. 盒马鲜生盈利模式五要素分析

对盒马鲜生的盈利模式,可使用盈利模式五要素分析法。从利润对象、利润点、利润杠杆、利润来源和利润屏障五方面分析盒马鲜生的盈利模式。

(1) 利润对象

如表 1 所示：

表 1 盒马鲜生利润对象

主要消费人群	有意愿消费而无烹饪时间的中青年消费者
消费特征	线上下单与线下实体店结合，线下透明化食材加工过程，线上 30 分钟送货上门

(2) 利润点

利润点关注企业能为客户提供何种价值，满足何种需求。企业要以用户体验为核心，从满足客户需求、为客户创造价值、企业创造价值三方面确定利润点。

作为新型便利店构建模式，盒马鲜生"生鲜零售+餐饮+自加工+线上线下"在满足客户需求的基础上，极大地改善了客户的消费体验。盒马鲜生售卖超过 103 个国家超过 4 000 多种商品，不仅涵盖普通超市中的粮油副食、零食酒水、百货商品，还有种类丰富的海鲜水产。

盒马鲜生提出了"三公里内半小时送达"的口号，提高配送效率，实体店+线上配送全方位满足客户需求，减少客户等待时间。在实体店屋顶处可见链条式传送带——10 分钟完成拣货打包，20 分钟实现半径 3 公里内的配送，实现 30 分钟内送达的目标。"店仓合一"以目前情况来看，一天达 1 万个订单，也不会感到门店拥挤。

新式场景化"堂食"购物体验。购买食材后，顾客可直接交给餐饮区的厨师现场制作加工，并在餐饮区就餐。这种场景化体验更易激发消费者的消费热情，使顾客亲身感受食材的新鲜程度，为顾客在线上下单购物做基础。2018 年后 APP 中又推出"堂食点餐"服务，可提前下单购买食材，交由厨师进行烹饪，节省排队时间。

(3) 利润杠杆

利润杠杆是企业为吸引消费者而进行的一系列业务活动。如，广告，折扣活动、品牌建设等。

盒马鲜生周一到周天都用颜色不同的包装。所有生鲜产品、短保质期产品一律小包装，只解决"一顿饭"的问题。对于保质期三天的肉类产品，也做出了只卖一天的保证。盒马鲜生每一道食材都有它自己的"故事"，使购物更有"人情味"，体验趣味化。盒马鲜生 APP 中还推出 SOS 频道，为消费者解决最紧急的需求。如小孩半夜发烧而附近没有药店，即可通过该频道进行购买。

对于线上下单的用户，线上线下同价格且"无最低消费额度的免费配送"的送货方式，使其愿意使用且偏向再次选择盒马鲜生。APP 中"养盒马领福利""购买金额排名"等娱乐性互动栏目。养盒马领福利活动中，"小盒马"的成长，与消费额度、购买时间等有关。既增加购物的趣味性，又吸引顾客。

(4) 利润来源

利润来源是"从哪里赚钱？"，通过各种渠道向消费者提供产品和服务，从而产生经济效益。单一的利润来源比多样化的利润来源有更集中的经营风险。

商品销售获得零售价和采购价间的差价。盒马鲜生的买手与当地蔬菜、水果肉类产品供应商及国外海产品产地签约，达到减少中间环节，节约成本的目的；通过门店即为仓库的策略及易果生鲜较为完善的物流体系，实现了 B2B2C 的冷链物流配送系统，即从货源到门店，高效快速，保证质量和新鲜度。

盒马鲜生已经推出盒马味道、盒马工坊、帝皇鲜等多个自有品牌，以期未来 1 万个单品中，有 3 000～4 000 个自有品牌。现阶段，盒马鲜生根据不同地区消费者的饮食偏好，以不同的自有品牌利用已用食材推出大量成品和半成品，掌握定价权，"超市"与"餐饮"并行，拉高毛利水平。上海金桥店自由品牌所销售的馄饨卖得十分火爆，而北京店推出的自有品牌火锅，独具特色，吸人眼球。

(5) 利润屏障

作为阿里巴巴"新消费"着力打造的零售典范，盒马鲜生获得了阿里巴巴集团强大而成熟的支持。

供应链支持。生鲜产品易腐烂难保存，对供应链的各个环节要求严苛。在冷链物流技术上，盒马鲜生凭借易果生鲜较为成熟的运输体系及自建货存仓库，建立了一条完整的供应链，能及时快速地供应商品。此外，盒马鲜生依托阿里巴巴集团，与国外海产品产地签约，降低海产品采购价格。

大数据优势。阿里巴巴集团旗下有我国最大的电子商务平台，其数据资源经过了多年积累、整理，其数据管理团队给予盒马鲜生网络营销强大的技术支持，在营销工作的市场细分、客户管理、资源调配和信息发布过程，其他品牌难以与之匹敌。将支付宝作为主要付款方式，盒马鲜生由此创造了掌握线下消费数据及线下向线上引流的机会。

2. 盒马鲜生盈利模式的缺陷分析

(1) 同类竞争对手的威胁

生鲜电商市场尚未开发完全，越来越多的生态系统类公司参与竞争。苏宁的"苏鲜生"凭借苏宁超市和遍布全国的实体门店进行策略式宣传分割市场；永辉超市以其广泛的亲民度和超市生鲜联合经营的丰富经验与能力，对盒马鲜生的扩张有不可忽略的威胁。京东的"7FRESH"背靠京东自身完善的物流网络及因京东超市的规模效而产生的议价能力，逐步追赶现阶段正处于领先地位的盒马鲜生。践行甚至模仿盒马鲜生的生鲜新零售营运概念的后来者们，结合其背后各不相同的资金来源、技术支持和运营经验，将会产生何种化学反应，目前仍未知，对于盒马鲜生，是一个随时会扩大甚至致命的威胁。

(2) 目标人群狭窄

盒马鲜生的目前主要消费群体是一二线城市拥有一定经济基础的人群，而二三线城市的布局近乎空白。同行竞争对手崛起迅速且逐步布局二三线城市这一潜在市场，如步步高的"鲜食演义"和京东的"7FRESH"。这一威胁随着竞争者的出现及后续创新逐步扩大。

(3) 从"五公里"到"三公里"

2017 年的数据中，盒马鲜生提出"五公里内半小时送达"，而在 2018 年及最新的报道中，变为了"三公里内半小时送达"。若要实现"五公里内半小时送达"的口号，门店覆盖率便要大幅增加，门店数量也会增加，导致成本大幅上涨，这种决策对于盒马鲜生的发展是否有利是值得思考的。若考虑成本问题而不去增加门店数量，其配送范围的有限性在竞争中可能会处于劣势。若是增大配送范围，半小时送达的目标便可能无法实现，对于盒马鲜生的持续运营也是一个较大的打击。

3. 缤果盒子盈利模式五要素分析

（1）利润对象

如表2所示：

表2　　　　　　　　　　　缤果盒子利润对象

主要消费人群	缤果盒子所在小区的居民及附近写字楼的中青年上班族
消费者特征	追求更便利、舒适的购物，并善于使用云支付等科技手段

（2）利润点

缤果盒子的利润点在于将便利店"便利"的特点、优势发挥至极致，在极力降低人力成本的前提下，为消费者提供免排队免拥挤、自主选购、自助支付的超便捷购物体验。

缤果盒子的新模式填补了自动贩卖机和夫妻店之间的空档，即300~2 000元的日销售额的新场景，给消费者提供了一种新选择。其地址优势使消费者下楼即能买到刚需商品，将服务与商品从"最后一公里"推向了"最后一米"，满足大众对日常高频标品的消费需求，弥补传统社区便利店所触及不到的场景。

15m^2的缤果盒子采取标准化设计，整体格局较为清晰。充分利用货架空间，分类有序摆放商品，既节约选购时间，又能满足顾客对舒适消费体验的追求。细节上，智能防盗系统能自动识别店内条形码，避免自带商品产生误解纠纷；而根据产品储存特性进行设计的动态货架既吸引眼球，方便展示品牌和商品的促销信息，又保证了产品的新鲜度。

（3）利润杠杆

目前，缤果盒子处于融资及规模化复制扩展阶段，采用的利润杠杆形式还较为单一，效果范围有一定局限性。

对已习惯于在传统有人便利店消费的消费者来说，"无人化零售"无疑是个颇具吸引力的新概念。当这个新概念由纸上谈兵到最终落实，消费者就会产生猎奇心理，驱使着消费者去盒子亲自体验一番。

同时，相较与其他连锁便利店品牌，缤果盒子商品价格平均便宜5%左右，如330ml在普通便利店售价3元的听装可口可乐，在缤果盒子内仅售1.8元。商品价格与超市及其他便利店相比稍低，加上地理优势，让周边消费者更乐于在缤果盒子中购买商品。

此外，在线上，缤果盒子和腾讯新闻于2018年2月4日~8日进行《回家的礼物》合作，将中国人的返乡故事直播给观众。线下，春节期间盒子依托独有的平台优势及设计特点，开创了整店包装改造：在盒外张贴宣传物料，植入《回家的礼物》节目元素，节目宣传片在店内循环播放并在付款流程植入宣传海报，致力于将单纯的商品销售转换为情怀消费，提高消费者对盒子认同感、增强其满意度。

（4）利润来源

目前缤果盒子的利润来源主要有两方面。一是"吃差价"，即通过商品的零售价及采购价之间的差异获利。缤果盒子与传统便利店相比，单件商品的毛利率较低，且营业位置通常为写字楼及小区附近，人流分散，但其并不依赖大量人流，而是凭借目标顾客的重复购买来提高销售总额，进而提高总利润。

二是加盟收入。现阶段，个体加盟者需向总公司缴纳10万元建造和3 000元安装费，此外，个体加盟者需自行与小区物业沟通接洽，并解决入驻不同场地带来的不同价格的租金、物业费、管理费等蜂拥问题。较高的加盟费也为公司带来了不小的收益。

(5) 利润屏障

缤果盒子作为无人便利店领域的先行者，在国内发展迅速，其竞争优势较为明显。

传统零售行业面临着员工成本、物业成本持续攀升的窘境，对于降本提效的需求迫切。作为最早探索无人零售的公司，缤果盒子通过图像识别等人工智能的技术手段实现前端收银、监控的无人化，后端管理分析的数据化的降本管理。其次，缤果盒子无人化收银不仅消灭了结算排队难题，有效减少用户等待时间，还能解决传统人工值守低流量时段问题，释放人力，实现提效。

缤果盒子作为独立的集成建筑，其每平方米的建造成本约在 2 000～3 000 元。其较低的建造费用和具有可移动、可拆卸、可重复利用的"宜家式"拼装结构特点，使"关店不闭店"成为可能。也正因如此，缤果盒子的经营风险远低于传统便利店，也为缤果盒子规模化复制及门店迅速扩张提供了可能性。

无人便利店是一个'新物种'，无人与低成本让缤果盒子有更强的耐旱性。传统便利店多分布于人流密集区域，低人流量区域成为便利店行业的空白区域。缤果盒子低成本结构使其可以在这空白区域为顾客提供继续提供零售服务，并实现盈利，即如其创始人所言，若存在一种零售新物种，用户能通过最便利的购买渠道获得满足需求的商品时，那它就极有可能成为用户的一定条件下的首选，缤果盒子也因此诞生。

4. 缤果盒子盈利模式的缺陷分析

(1) 工商注册难题、落地难度大

现行登记注册政策规定，经营者在工商部门进行登记注册，固定的经营场所是必不可少的前提条件。无人便利店等新型服务业入驻居民小区，除必须在各种法规规定的经营范围内营业并获取相应的经营许可，还需获得业主半数以上的同意。此前，缤果盒子在 2018 年上海国际无人值守零售展览会上亮相，称目前已在中山、北京、天津、台湾等地区及日本进行了店铺铺设，以此虽可见其迅猛的发展势头，但缤果盒子每入驻一个新城市，首先都需经过一系列的申请与手续来获取当地政府部门的许可及支持，否则扩张计划被推迟或放弃。正因如此，缤果盒子一年完成 5 000 个网点铺设的计划如今迟迟无法达成，目前也只有 500 个左右落地运行。

(2) 设计缺陷与技术门槛

缤果盒子曾因天气炎热导致盒内产品融化等原因对外公布"暂停运营"的通知。虽然缤果盒子采取的 RFID 标签技术在国内已属前沿，但与亚马逊选用的通过传感器、机器视觉、深度学习等进行识别产品和消费者的高难度高投入的 AI 智能识别系统相比，相距甚远。缤果盒子大部分的产品上都贴着硕大的 RFID 标签，成本较高，易损坏且易受气温等外部环境影响。

(3) 缺乏生态系统企业的支持

生态系统企业即在全段供应链建设、连锁经营、大数据收集运用、社交等非单一领域具有完善布局与市场地位的企业，以阿里巴巴、腾讯、京东为例。因店面面积有限，缤果盒子内部商品结构设计就显得尤为重要。而符合消费者需求的商品结构设计现今与大数据收集描绘消费者画像、完善的供应链建设及时补货供货密不可分。缺少生态系统企业已有的设施、技术、资金支持，一切从新构建，其中损失的时间成本及市场抢先地位将是缤果盒子持续发展一个重大威胁。

（三）消费方盈利模式竞争性反馈

问卷调查调研对象选择的是盒马鲜生北京市朝阳路十里堡店和缤果盒子北京市门头沟店，主要为在实地调研对象消费过的群众填写。同时依据刑昊（2018）问卷结果的处理方法，对各个问题的选项分类并根据正向评价度设置为1分、2分、3分、4分，根据各类答案所占比重计算最终得分。

盒马鲜生的主要消费人群为中青年人群，且在性别比例中，女性比男性多。这一结论与盒马鲜生所确定的的目标人群也较为符合。中青年人群具有消费能力，而较为繁重的工作使他们更加愿意选择这种快捷方便的购物模式。缤果盒子的消费人群主要为中青年，其中30岁以上人群最集中，而在性别上没有明显差异。这部分人群基本为上班族，具有较强的时间观念，追求更便捷的消费。

表3　　　　　　　　　　消费者对商品反馈表

项目	盒马计算过程	缤果计算过程	盒马平均得分（分）	缤果平均得分（分）
您认为盒马鲜生的商品种类能否满足您的需求	1.59%*1+9.52%*2+28.57%*3+60.32%*4	0*1+2*9.68%+3*69.35%+4*20.97%	3.4762	3.1129
您认为盒马鲜生的商品价格如何	12.7%*1+34.92%*2+50.79%*3+1.59%*4	0*1+2*3.23%+3*29.03%+4*67.74%	2.4127	3.6451
您认为盒马鲜生产品质量（新鲜度）如何	1.59%*1+6.35%*2+26.98%*3+65.08%*4	0*1+2*3.23%+3*35.48%+4*61.29%	3.5555	3.5806
综合	(3.4762+2.4127+3.5555)/3	(3.1129+3.6451+3.5806)/3	3.1481	3.4462

由表3结果可见，消费者对于盒马鲜生的商品在种类、价格和质量三方面综合较为满意，盒马鲜生致力打造的"商品种类多样"和"生鲜高品质保证"两个利润点成效显著。同时，消费者仍对盒马鲜生价格不是特别满意。消费者对缤果盒子的商品种类、商品价格和商品质量三方面满意度较高。消费者在商品质量上给予了高度评价，同时大部分人认为商品价格相对便宜，可知缤果盒子利用商品优质化及价格优势作为利润杠杆的成效显著。结合问题"下列哪个因素对您的消费体验影响最大"调查结果可见，致力于改善顾客的消费体验，商品种类设置也尤为重要。

表4针对消费者对于盒马鲜生的整体服务进行调查，超过60%以上的受访者表明十分满意在盒马鲜生的消费过程，并表示会再一次选择盒马鲜生。盒马鲜生的客户投诉率低，且解决速度快；较高的商品质量有效的降低了客户投诉率以及售后服务的成本，而投诉较快的得到反馈也给盒马鲜生带来了较多的好评。表中结果显示消费者在缤果盒子的体验感普遍较好，接近75%的顾客表示愿意再次到缤果盒子进行消费。较高的顾客保留度不仅体

"新消费"下智能便利店盈利模式研究

表 4　　消费者对服务反馈表

项目	盒马计算过程	缤果计算过程	盒马平均得分（分）	缤果平均得分（分）
您对店内人工服务/自助选购结算的满意度	0 * 1 + 3.17% * 2 + 36.51% * 3 + 60.32% * 4	0 * 1 + 4.84% * 2 + 64.52% * 3 + 30.65% * 4	3.5715	3.2584
您是否投诉过以及认为盒马鲜生对于投诉的处理如何/缤果盒子电话客服问题处理效果如何	0 * 4.76% * 1 + 33.33% * 4.76% * 2 + 66.67% * 4.76% * 3 + 95.24% * 4	0 * 4.84% * 1 + 33.33% * 4.84% * 2 + 66.67% * 4.84% * 3 + 95.16% * 4	3.9365	3.935468
您是否会再次选择盒马鲜生/缤果盒子	0 * 1 + 4.76% * 2 + 25.4% * 3 + 69.84% * 4	0 * 1 + 3.23% * 2 + 22.58% * 3 + 74.19% * 4	3.6508	3.7096
综合	(3.5715 + 3.9365 + 3.6508/3)	(3.2584 + 3.935468 + 3.7096) /3	3.7196	3.634489

现了顾客的消费满意度，还保证了缤果盒子收入来源。缤果盒子的被投诉率较低，且投诉处理速度较快。首先，缤果盒子优良的商品质量是降低投诉率基本保证；其次，即使是无人零售，缤果盒子利用远程客服能提供适时协助，投诉能得到及时处理同时，也提升了顾客的消费体验。

四、盈利模式竞争力综合对比分析

在定性分析盒马鲜生和缤果盒子两种的盈利模式后，运用层次分析法从研究对象的财务状况、成本控制、顾客反馈以及定价机制四方面综合对比定量评价其盈利模式竞争力，评估现阶段两者的发展状况，如图2、表5和表6所示。

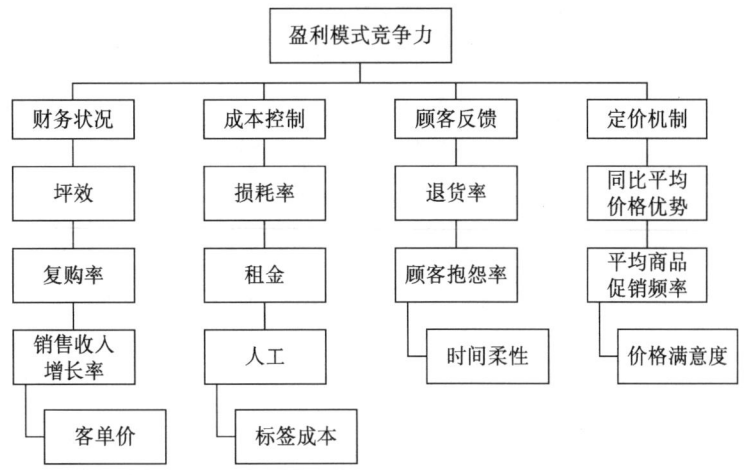

图 2　盈利能力指标层次

表 5　　盈利模式竞争力排序权重

矩阵	阶数	合成权重系数向量
一级准则判断矩阵	4	0.12147, 0.05633, 0.02537, 0.01183
财务判断矩阵	4	0.07389, 0.02993, 0.01218, 0.00411
成本判断矩阵	4	0.03582, 0.01772, 0.09913, 0.0075
顾客满意判断矩阵	3	0.23378, 0.0946, 0.03853
价格判断矩阵	3	0.04395, 0.06638, 0.02739

表 6　　各评价指标的原始数据及无纲量处理结果

项目	对象	盒马鲜生		缤果盒子		权重
		原始数据	无纲量	原始数据	无纲量	
财务状况	坪效（元/天/平）	145	0.893743806	39	0.158722786	0.07389
	复购率	69.84%	0.791856232	77.32%	0.878361299	0.02993
	销售收入增长率	10.50%	0.026956851	7%	0.012041274	0.01218
	客单价（元/周）	135	0.434736752	84	0.234940484	0.00411
	合计		0.091854089		0.039129648	—
成本控制	损耗率	1.30%	0.99958314	0.40%	0.999960545	0.03582
	租金（万/月）	98	0	0.35	0.993945551	0.01772
	人工（万/月）	140	0.136996549	1.8	0.188254484	0.09913
	标签成本（/月）	10000	0.095490855	3000	0.033763378	0.0075
	合计		0.050101717		0.072346194	—
顾客满意度	退货率	3.57%	0.996858808	4.35%	0.995338551	0.23378
	顾客抱怨率	3.17%	0.997522753	4.48%	0.995056231	0.0946
	时间柔性 s	30	0.958606192	180	0.500003673	0.03853
	合计		0.364346401		0.346087707	—
定价机制	同比平均价格优势	9%	0.019852737	13%	0.041122147	0.04395
	平均商品促销频率	2	0.58682429	19	0.41317571	0.06638
	价格满意度	52.38%	0.537350216	96.77%	0.997428167	0.02739
	合计		0.054543947		0.05655348	—
	综合评价结果		0.57641692		0.51411703	

五、结论

（一）盒马鲜生、缤果盒子眼中的"新消费"

"新消费"是"新零售"的升级与延伸，线上线下技术融通，技术升级服务于提高消费者购物体验。盒马鲜生和缤果盒子眼中的"新消费"的不同之处即是对消费体验升级的理解。

对于盒马鲜生而言，购物体验升级，是以三公里为半径，在空间上扩大消费者购物活动范围，再以"人情"为核心，拉近与消费者心理上的距离。以"庞大的体积和容积"为到店消费者提供现阶段最丰富的商品和最宽松自由的购物空间；线上线下同商品同价格+堂食餐饮服务+外卖配送服务全方位满足消费者到店购物与在家一键下单的消费需求。通过新鲜度区别分明的小分量食材包装、应急商品类的温情关怀以及APP领养小盒马的独特创意营销方式等这些都是盒马鲜生在整个店面设计、APP运营、员工服务等方面，致力于增加"新消费""新物种"身上"人"的因素，即"新消费"是离不开"人"，以"人情"创造高品质消费体验。

而缤果盒子则将空间位置定位到了消费者楼下最后一米，在这最后一米，将"人"的因素降到最低，成为离消费者最近的24小时无人便利店。对于缤果盒子而言，"人"并不是"新消费"背景下智能化便利店转型的必须；缩小空间距离、满足消费者刚需、提高购买效率，成为家中应急类商品的最佳可获得性零售渠道。如果说盒马鲜生是悠闲时光、休闲购物的高品质购物体验场所，那么缤果盒子就是一个应急类高效购物的大型智能自动贩卖机，即"新消费"无人才能最便利，以无人创造高效快速的便捷消费体验。

（二）智能化便利店盈利模式可持续性展望

结合盒马鲜生、缤果盒子盈利模式的定量定性分析总结可得，"新消费"背景下，除了理念新颖之外，智能化便利店盈利模式设计必须考虑商品结构动态性优化、消费者反馈、完善的供应链、门店及基础设施的升级改造、自有品牌个性化建设这五个方面。

对于盒马鲜生和缤果盒子盈利模式竞争力的比较，实质上也是现阶段两大零售新物种在盈利模式可持续性发展的六个方面完成进度的横向比较。盒马鲜生依靠阿里巴巴的资金支持、供应链支持以及大数据管理支持，在商品结构、供应链设计以及门店基础改造部分完成度较高。缤果盒子盈利模式中高度完成了新颖的运营理念——超前的"无人"便利店理念和宜家式低成本可移动门店基础设施，使得"小容量"的缤果盒子在盈利模式设计上能与"大体积"的盒马鲜生相提并论。

只考虑盈利模式自身的设计，盒马鲜生和缤果盒子两种智能化便利店凭借其优势都能够持久地在零售世界生存下去，并凭借其设定的利润点和利润杠杆以及持续运营的不断优化，不断扩大盈利空间。但智能化便利店的持续性生存和发展无法忽视整个市场环境和政府政策这两方面。以阿里集团优良的资源与雄厚的实力，盒马鲜生高度完成盈利模式设计六要素难度并不大。而其盈利模式持续性发展的最大挑战是同行业竞争，大量的复制者和后来者对盒马鲜生的盈利模式创新性造成威胁。如何持续的在其中脱颖而出，取得消费者持续的偏向是其发展的重要难点。而超新型的缤果盒子在落地阶段即受到了来自法规制度的限制，纵使全中国"社区楼下一米"的市场空间有多大，无法有效解决这一最大的掣肘，迅速占领这一市场空白，缤果盒子也难以持续发展。

（三）发展建议

1. 盒马鲜生

（1）深耕已有市场，开发新市场

由消费方盈利模式竞争性反馈以及综合对比分析可以得出，多数消费者认为盒马鲜生定价过高。而消费者的经常性购买行为是解决生鲜易腐烂及生鲜电商高额仓储成本等问题的关键，而价格和品质是消费者经常性购买行为的决定因素。深耕已有市场，通过融合集团渠道优势降低配送成本等，适度降低定价，提高已有顾客的购买率。而布局近乎空白二三线城市市场，应收集地区消费者消费画像，开展盒马生鲜副线品牌，逐渐提高盒马鲜生的大众认识度和整个生鲜市场的所占有份额。

（2）扩大三公里配送范围

从"五公里"到"三公里"是盒马鲜生的自我调整。还需要关注店面覆盖率与成本的关系，也就是其五公里内半小时送达的口号能否实现的问题，要实现该口号，盒马鲜生的店铺覆盖率仍需进一步增大，但店面的增加必定会导致成本的进一步上升，但若是考虑成本问题而不去增加门店数量，其配送范围的有限性在竞争中可能会处于劣势。最好的方法就是借助第三方配送公司的运力，例如当盒马鲜生的自营配送满足不了订单需求可将部分订单转包给同属阿里系的互联网即时配送平台——"点我达"以缓解配送压力。

2. 缤果盒子

（1）针对性的技术优化

缤果盒子作为"新消费"背景下的新物种，能否运用新技术有效提高购买效率、精准的描绘消费者画像，实现真正的便利是缤果盒子实现持续的盈利增长的关键因素。RFID标签等技术上相对不足不仅可能导致无法实现购物流程的简化，还可能造成顾客的流失，难以实现持续性的现金流。针对性的对现存商品识别等不足进行调试改善，保证利润杠杆的有效性，从而提高业绩。

（2）精细化管理才能将缤果盒子推得更远

工商注册受阻落地难度大，强行扩张对缤果盒子的管理提出了重大挑战，如何与各区域政府街道处、社区居民物业协调沟通现阶段尤为重要。仅强调快速的规模化复制，缤果盒子的缺陷也会随之放大，势必将影响缤果盒子的口碑及长远发展。因此，缤果盒子应建立一套精细化管理体系——落地前合作沟通、完善落地地供应链建设，落地后实时后台响应消费者反馈的搭建落地后，让优质的管理成为盒子规模化复制的"加速度"。

（3）建立起完善的定位系统，及时进行数据更新

缤果盒子"可拆卸，可移动，可重复利用"的结构化特点给盒子异地搬迁提供了便利，但随之而来的问题是，盒子经常性的异地搬迁及位置数据的更新不及时也会给消费者带来困扰。细节处能彰显一个企业的管理水平，如何建立起更准确完善的定位系统，是对盒子进行精准管理中应得到重视的部分。

主要参考文献

[1] 欧阳电平. 会计信息系统［M］，2008.06.

[2] 暴丽艳，林冬辉. 管理学原理 第3版［M］，2014.09.

[3] 欧阳电平. 电算化会计［M］，2003.02.

[4] 南薇. 基于多级模糊评价方法的跨境电商盈利模式研究［D］. 天津理工大

学，2017.

［5］郑玉杰. 连锁便利店竞争力评价指标的构建［D］. 对外经济贸易大学，2005.

［6］叶丹，陈玲. 电商平台为何热衷"自造"？［N］. 南方日报，2018.01.25.

［7］倪晓春. 认识新矛盾满足新需求 深圳商报［N］. 2017.11.02.

［8］宋园林. 国内B2C电子商务盈利模式分析［D］. 东北财经大学，2012.

［9］崔庆. 用自信筑就中国梦［N］. 中国纪检监察报，2017.11.06.

［10］邱荣燕. 七里街的华丽巨变［N］. 今日玉山，2017.11.08.

［11］刘华，王希，谭谟晓，乌梦达. 踏上新征程 开创新局面［N］. 陇南日报，2017.11.11.

［12］王吉恒，王天舒. 基于企业层次分析法的盈利能力分析：以万科企业股份有限公司为例［J］哈尔滨商业大学学报（社会科学版），2013，第4期.

［13］夏杰长，陈军. 推动中国零售业供给侧结构性改革［J］中国发展观察，2017，第C2期.

［14］叶文显. 西安市科技创新能力及其绩效评价［J］科技管理研究，2017，第11期.

［15］车海刚. "主要矛盾"之变［J］中国发展观察，2017，第C3期.

［16］梁晨. B2C电商企业盈利模式及其财务业绩评价研究［D］. 安徽财经大学，2017.

［17］修国义，王梓力. 我国商业银行风险评价研究［J］科技与管理，2016，第1期.

［18］邢昊. 生鲜电商O2O模式网络营销研究［D］. 首都经济贸易大学，2018.

"智慧税务"背景下，网络主播虚拟货币收入涉税问题研究

——以斗鱼TV为例

陆甜美

会计学院注会专业1602班　指导老师：孙贤林

> **摘　要**："智慧税务"近几年蓬勃发展，本项目归纳了主播虚拟货币收入税务收缴的现状，并分析了其中乱象产生的原因。同时以斗鱼TV为例，运用多种分析方法，从不同角度去量化、比较斗鱼主播虚拟货币收入的纳税情况，并具体分析其中纳税的不合理之处，最后思考网络主播虚拟货币收入如何与"智慧税务"相结合，是以促进税务收缴的科学与可持续性，并依此提出了具有建设性的建议措施。
>
> **关键词**：智慧税务；主播收入；虚拟货币收入纳税；斗鱼

一、引言

（一）相关概念界定

1. 网络主播

网络主播是指在互联网的一档节目或活动中，从事策划、编辑、录制、制作、观众互动等一系列工作的人群。本次研究中涉及的主要是直播平台中一些以粉丝礼物打赏和直播平台薪资为主要收入来源的网络主播。

2. 虚拟货币收入

虚拟货币指的是非真实的货币，是指以电子信号形式存在的电子货币，它随着计算机和网络通信技术的发展而广泛存在于电子金融领域。本次研究的具体对象是网络直播过程中所存在的虚拟货币交易，即粉丝通过平台购买虚拟礼物，再打赏给主播，主播根据平台所设定的相关规则，将礼物进行提现，从而获得收入的交易过程。

3. 智慧税务

智慧税务即"互联网+税务",是指把互联网的创新成果与国家税收工作相结合,从而形成一种智慧税务生态系统的新型模式,具有感知全面、识别准确、应对及时、持续创新的基本特征。

(二) 选题背景

1. "互联网+"时代背景下我国税务问题的发展现状

为响应国家的战略需要,中国国家税务局于2015年9月28日发布《"互联网+税务行动计划"》,把互联网与国家税务工作相结合,打造网上税务服务平台,推动税务工作信息化,提高税务管理能力和税务治理能力,从而形成一个智慧税务体系,把互联网技术与财税工作深度融合,引发互联网思维,运用云计算、大数据、人工智能等新一代信息通信技术,推动财税工作的根本性变革,创造出财税信息化的新模式、新业态,实现国家财税治理的现代化。

2. 网络直播的发展和网络主播群体的扩大

根据中国投资咨询网发布的《2016～2022年中国网络直播行业深度调研及投资前景预测报告》显示:网络直播热潮正在以迅雷不及掩耳之势迅速崛起,成为互联网"风口"之一。随着网络直播的热度持续高涨不下,更多的投资者和创业者涌入这个行业。我国现在对网络直播行业仍执行的是较低的准入门槛,大多数网络直播平台的用户注册都相对简单,只要年满18周岁均可申请,仅需简单的几步认证就可以成为主播,发展较好者在达到一定的关注度之后,还可成为有关平台的签约主播。操作简单、低门槛准入和相对高收入的特点让越来越多的人对直播行业趋之若鹜,主播的平均年龄也日益年轻化。

(三) 选题意义

1. 理论意义

(1) 明确税务收缴的合法性与合理性。网络主播及直播平台应当依法承担法律规定的纳税义务,无偿支付税款。针对其虚拟货币收入,网络主播个人应依法缴纳个人所得税,直播平台应依法缴纳企业所得税、增值税等,符合税收法定原则。网络主播和直播平台作为社会主体,平等的享有了税收转化为国家财政后带来的福利,那么作为法律规定的纳税主体,也应当和其他社会成员一样,平等的缴纳税款,承担税负,符合税收公平原则。

(2) 促进税务收缴的科学性与可持续性。我国网络主播的群体数量日趋膨胀,这类群体的个人收入水平、消费带动能力以及对社会风气的影响力都不容忽视,然而其个人税务问题上还存在着很大的漏洞,在个税缴纳问题上还存在许多争论,只有进行税务整顿和税务创新,发展智慧税务,这一新兴业态的个税体系才能得以规范化,那么本课题所研究的针对网络主播虚拟货币收入发展智慧税务体系的意义就尤为深远。

2. 现实意义

(1) 对于国家机关而言,网络主播作为一个高收入群体,同样也是一个高个人所得税缴纳群体,规范主播的个税缴纳体系,对于规范我国个人税务缴纳具有十分重要的意义。

(2) 对于直播平台而言，税务问题明晰，平台所属公司没有税务纠纷，有利于树立良好的企业形象，规范有序的企业管理可以吸引更多的用户，从而有利于企业更好的发展。

(3) 对于主播个人而言，智慧税务体系应用于其虚拟货币收入，一方面可以简化纳税程序，方便纳税人，另一方面可以提高个税缴纳意识。

二、文献综述

（一）相关文献观点

互联网与税务的结合已经引起了社会和国家税务部门的重视，在新闻媒体的关注之下，不少专家学者和政府部门对这一新兴税收体系的发展模式和新的货币形态进行了研究分析。其中对于网络交易中税务问题的智慧化处理需要税务机关与企业的合力，雷炳毅在《"互联网+税务"要解决的问题与推进思路》中分析了推进"互联网+税务"中要解决的内生动力、税务再造、涉税数据电子化、涉税数据资源化等问题，提出了包括以创新为"互联网+税务"的根本动力，以需求为创新的目标和方向，再造税务流程，推进涉税数据电子化，树立涉税数据资源化理念等推进"互联网+税务"思路。

梁嘉茵在《网络主播收入的个人所得税的征讨问题探讨》中谈到网络主播的个人所得税的计税方法不统一、税源控制不利，代扣代缴的难以到位，以及提现进账平台缺乏统一标准，税务机关监管困难是其个税缴纳漏洞的主要原因。

张睿超在《互联网+模式下网络打赏的纳税管理》中提到完善现行网络打赏个人所得税计税方法，统一提现进账平台是规范网络打赏纳税管理的必要措施。

朱梦月、李彤在《网络打赏的税务问题研究》中谈到，网络打赏行为不宜笼统界定为赠与行为，税务机关应依据网络打赏的类别和形式来确定是否属于应税范畴，同时要对网络打赏的纳税标准有一个明确的划分，也要明确直播平台对于网络打赏税务问题的监管。

（二）文献述评

由于直播行业兴起以及网络主播成为新兴业态的高收入人群都是近两年左右的事情，相关研究及可以针对性分析的文献较少，且篇幅及研究深度都存在着局限。对于主播个人所得税问题的研究，大部分文献在谈及当前存在的问题以及改善举措之上都相差无几，但是研究者们主要都在谈及概念问题，没有针对"互联网+税务"这一模式提出一整套切实可行的方案。关于"智慧税务"，则多是从国家税务机关角度去谈及我国的智慧税务改革问题，是一种立于国家角度的税务战略决策，很少有文献细化到网络主播虚拟货币收入的税务问题上来。由此，全面整合现有资料、系统有逻辑的分析，通过调研得出大量一手的资料，对主播虚拟货币收入的涉税问题得出更深刻的认识和有效的解决方案，并最终提出系统可行的建议，便成为必要之举。

三、研究内容

(一) 基本思路

网络主播虚拟货币收入涉税问题研究思路图如图1所示。

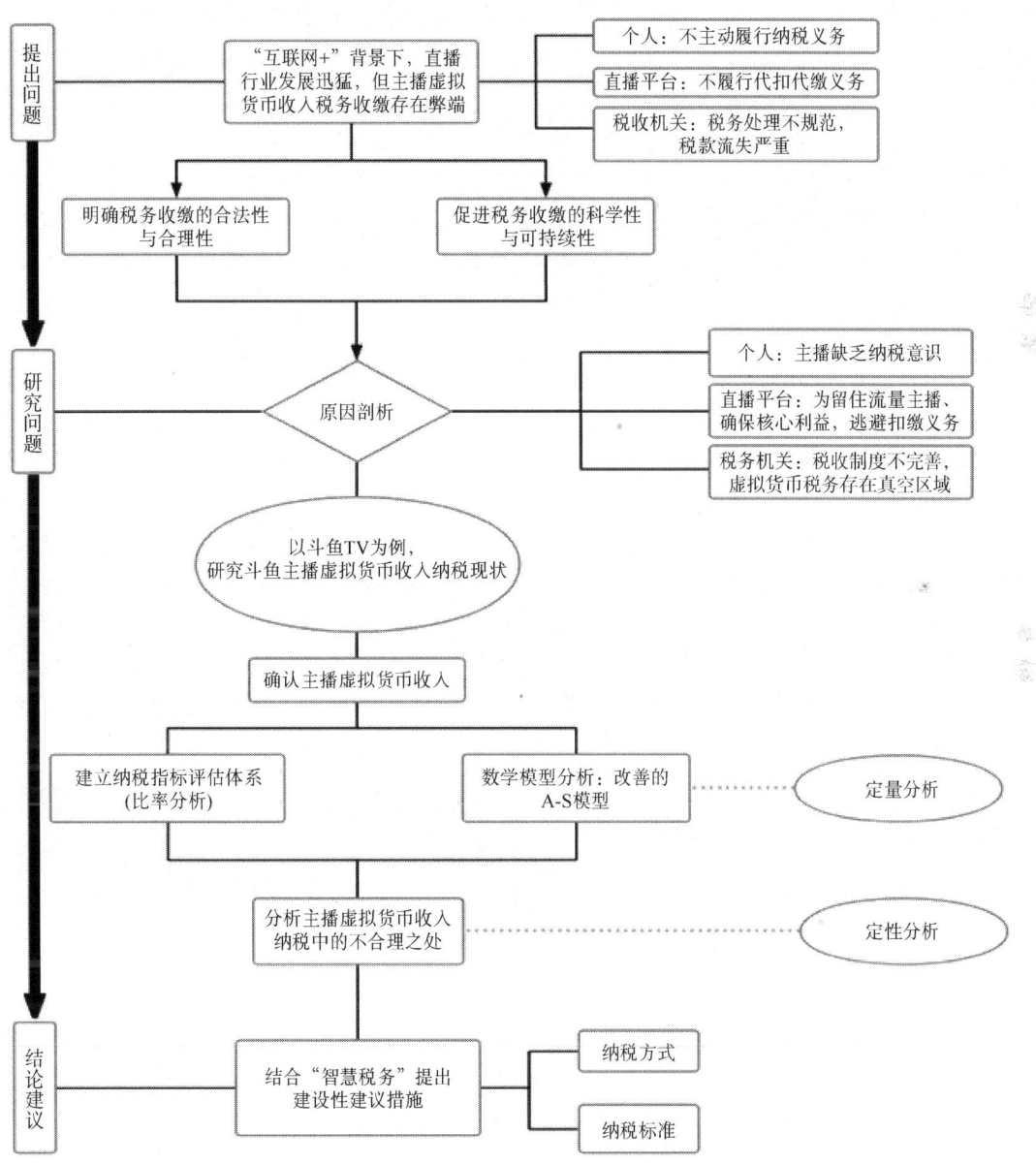

图1 网络主播虚拟货币收入涉税问题研究思路图

（二）税收现状

当前，国内的网络主播的收入主要有两大来源，一是签约平台的薪资，这仅针对有一定粉丝基础的流量主播而言；二是粉丝的打赏，这是许多未与平台签约的中小主播主要创收方式。极少数主播认为其打赏收入应该纳税且付诸行动，而绝大多数主播则认为其虚拟货币收入属于粉丝"赠与"，不需要对此缴税。不仅如此，在主播兑换虚拟货币过程中，直播平台所属公司会按一定比例提成，若主播有所属工会或经纪公司，相应工会或经纪公司也会抽取一定比例提成，但是这些平台或公司在缴纳税款时，都不曾为旗下主播代缴个人所得税。

（三）原因剖析

网络主播虚拟货币收入税务收缴种种乱象主要归因于以下几点：首先，个体公民进入直播行业的门槛低、有些甚至是"零门槛"，致使主播之间个体素质差异大，部分缺乏纳税意识。其次，众多直播平台企业为留住流量主播、保证企业核心利益正常流入，因而并未严格履行代扣代缴义务。最后，也是以上两点产生的重要原因，即税收制度不完善。

（四）案例分析——斗鱼TV

1. 斗鱼TV主播虚拟货币收入税务现状

（1）斗鱼TV中的虚拟货币形式

斗鱼直播中的虚拟货币主要有鱼丸和鱼翅。鱼丸可通过签到、充值等渠道获得，鱼翅仅可通过充值获得，兑换比例为一元一个鱼翅。主播收到虚拟礼物后，按其对应价值可兑换成人民币，其中一吨鱼丸可兑换一千元，一个飞机可兑换一百元，一个火箭可兑换五百元。不仅如此，斗鱼TV还开启了酬勤系统。所谓酬勤，就是用户可以用鱼翅去支持自己喜爱的主播，当主播完成酬勤任务即可获得用户投入的鱼翅奖励，同时用户也可获赠大量鱼丸。酬勤具体规则如表1所示。

表1　　　　　　　　　斗鱼酬勤系统规则说明

酬勤等级	价格	主播任务	用户奖励
初级酬勤	15鱼翅	当月直播满30小时	1 000鱼丸和30天V1头衔
中级酬勤	30鱼翅	当月直播满40小时	2 000鱼丸和30天V2头衔
高级酬勤	50鱼翅	当月直播满60小时	4 000鱼丸和30天V3头衔

（2）斗鱼TV对主播虚拟货币收入的处理方法

主播收到粉丝送来的礼物以及酬勤奖励后，每个月可兑换一次，其中鱼翅、飞机、火箭等礼物五五分成（火箭另外扣除6%作为宝箱），酬勤奖励以后台显示收益为准。主播收入在800元以下的免税，在800～4 000元之间的，扣除800元后以20%计税，收入在4 000元以上的，扣除总收入的20%后剩下的部分按20%计税。

2. 斗鱼TV处理方法上的弊端

从上述斗鱼对于主播虚拟货币收入的处理之中不难看出，斗鱼平台虽履行代扣代缴义务，但处理方法相对简单粗暴，存在许多有待商讨之处。

（1）由于相关法律法规没明确纳税标准，"800"与"4 000"两个分界标准数值仅由斗鱼平台自行确定，该标准是否合理存在争议。

（2）斗鱼直播直接规定全部以20%的税率进行缴税，把主播虚拟货币收入完全当成偶然所得，这就意味着并未将"网络主播"视为一种职业，这显然与职业主播人数攀升的行业状态相悖。

（五）重点难点

本次项目中最重要的部分就是在确认主播虚拟货币收入的形式后，分析主播如何缴纳该部分收入的相关税费，并与现实情况相比较，找出现有处理方法下的不合理之处，并从"互联网＋税务"的角度提出合理有效的建议措施。而由于直播行业作为一个发展势头强劲的新兴行业，相关法律法规还有待完善，各方观点也较难统一。因此，此次研究中对于信息的筛选、处理、整合是一大难点，同时由于收入话题较为私密化，所以对于主播虚拟货币收入数据的搜集和分析处理，以及具体适用于本研究的模型的建立要综合运用社会学、统计学和计算机科学等多个学科的知识加以克服。

（六）基本观点

通过此次对于网络主播虚拟货币收入税务问题的研究，团队成员对于直播行业税务收缴情况有了深入的了解，认为明确主播收入税务收缴的合法性与合理性、促进主播收入税务收缴的科学性与可持续性尤为重要。具体而言，网络主播要提高纳税意识，遵纪守法履行纳税义务。直播平台应严格履行代扣代缴义务，勇于承担扣缴责任。重中之重则是税务机关要尽快完善修订相关法律法规，明确相关纳税办法与纳税标准，落实智慧税务的思想，优化直播行业税收征缴流程，持续创新征管与服务，促进纳税遵从。

四、研究方法

（一）文献研究法

宏观上充分了解近年来各大直播平台等互联网企业虚拟货币的税务征收情况，以及税务机关对于网络直播平台主播税务收入的确认情况和征收情况，微观上了解斗鱼TV直播平台中的个人所得税税务申报体系。

（二）定量分析法

1. 比率分析法

建立纳税指标评估体系。从小葫芦网获取数据后计算与斗鱼TV相关的纳税评估指标，计量指标从横、纵两个维度对斗鱼TV主播的个人所得税进行评估。评估体系逻辑结构如表2所示。最后综合运用统计学中的对比检验方法（签约工资推算法与直播时间推算法），与标准值相比较，计算缺失多少税额，筛选出异常对象。以下收入仅指主播在直播过程中

获得的礼物及打赏收入,不包括部分主播和平台及经纪公司的签约收入。具体分析指标如下:

(1) 主播税负程度 = 主播年度个人所得税应纳数/斗鱼 TV 年度主营业务收入
(2) 主播收入差异率 = (高收入组/全部收入) ÷ (低收入组收入/全部收入)
(3) 平台代收代缴率 = 签约主播数量/抽取样本数量
(4) 个人所得税环比差异率 = 本季度应纳税额/上季度已纳税额
(5) 个人所得税同比差异率 = 本季度应纳税额/前一年度同季度已纳税额
(6) 个人所得税变动率 = (扣缴税款变动率/主播收入变动率) * 100%

其中:扣缴税款变动率 = (观察期税额 – 基期税额)/基期扣缴税款总额 * 100%
主播收入变动率 = (观察期收入 – 基期收入)/基期主播收入 * 100%

表 2　　　　　　　　　　　纳税指标评估体系逻辑结构

逻辑维度	指标说明	指标名称
横向	指标反映了斗鱼 TV 内部明星主播和中小主播的收入、税收负担情况差异以及斗鱼 TV 代收代缴个人所得税的比率	主播税收负担度 主播收入差异度 平台代收代缴率
纵向	指标反映了斗鱼 TV 主播应纳税额变化速率及程度	个人所得税同比差异率 个人所得税环比差异率 个人所得税缴纳变动率

2. 数学模型法

(1) 传统的 A – S 模型:

模型的基本假设:纳税人都是理性的,纳税人的目标为效用最大化,且不存在道德是非观念,他的行为符合冯·诺依曼 – 摩根斯坦(VNM)效用函数,且该效用函数以个人可支配所得为唯一参数。以下为具体的传统模型公式:

$$E(U) = (1 - p)U(\eta - \theta x) + pU[\eta - \theta x - \pi(\eta - x)]$$

其中,函数中的变量 η、x 分别是纳税人某一时期所得到的全部收入与决定向税务部门申报的应纳税收入,假设 η 是纳税人知道而税务部门无法掌握的外生变量,x 是纳税人进行偷逃税时自由选择的变量,且 $x \geq 0$;θ 是税率,假定是固定比例税率,因此是大于 0 的常数;p 为偷税行为被发现的概率,$0 \leq p \leq 1$;π 为偷逃税被发现后税务部门对纳税人收取的罚款占其未申报收入 $\eta - x$ 的比例,$\pi > 0$。

(2) 基于主播缴纳个人所得税建立的 A – S 模型:

①纳税人的道德素质在对于内生变量 X 影响极大,理应被考虑在内。在此我们设计了一个道德素质评价指标 ξ。$x = \xi(\eta - m)$ 其中 m 为税收减免数额,ξ 在 (0,1] 中变动。由于 2017 年对于直播行业受众群体的统计显示,直播行业用户中"大学本科及以上"学历群体占比达到 75.1%,"大学本科"学历群体占据主要地位,因此对于该指标我们希望通过问卷调查的方式让大学生群体来进行主观评价该指标。道德素质的形成离不开家庭教育、学校教育和工作环境三个因素,我们能够肯定此三因素对于主播道德素质的影响是显著的,此外考虑本次研究背景变量设定不必涵盖主播过往所有详细情况,只需围绕直播行

业探讨ξ即可。因此通过问卷我们对这三个因素进行量化，自变量量化设定表如表3所示。

②传统模型中假定偷税逃税行为被查处时，罚款会使纳税人收入减少 $\theta x + \pi(\eta - x)$，但是根据我国当下实际情况，我国对偷逃税行为的惩罚是先追缴偷逃税部分税款再对偷逃税额部分进行罚款，因此被查获后纳税人收入应该减少 $\theta((\eta - x) + \pi\theta(\eta - x)$。

表3　　　　　　　　　　　　　　　自变量量化设定

类别	变量名称	预期影响方向	变量定义
家庭教育	经济情况	+	富裕 = 3 中等 = 2 贫穷 = 1
	监护人文化程度	+	大学 = 4 高中 = 3 初中 = 2 小学 = 1
	支持程度	+	支持 = 1 不支持 = 0
学校教育	文化程度	+	大学 = 4 高中 = 3 初中 = 2 小学 = 1
	法治宣传	+	较多 = 2 较少 = 1
	不良经历	−	较多 = 2 较少 = 1 无 = 0
工作环境	收入数额	+	高 = 3 中 = 2 低 = 1
	直播地点	+	直播平台 = 3 家内自设 = 2 网吧 = 1
	直播频次	+	高 = 3 中 = 2 低 = 1
	纳税规范	+	规范 = 1 一般 = 2 差 = 1

③η 本有两部分组成，一部分是部分明星主播与斗鱼 TV 签约合同获得的收入，本次研究在此不做探讨，假设为 0，；另一部分则是粉丝打赏的收入，它是一个随机变量，由此 η 也是一个随机变量。

④x 与主播自身纳税意识、直播平台纳税意识以及税务部门审查力度三个因素成正相关，它与主播税收遵从水平直接相关（由于我国个人所得税免征额为 3500，则 x≥3500）。

由此改善后的模型表示为；

$$E(U) = (1-p)U(\frac{1}{\xi}x + m - \theta x) + pU\left[\theta(\pi+1)x + (\frac{1}{\xi}x + m)(1-\theta-\pi\theta)\right]$$ 其中：

x≥3500，0≤p≤1，0<θ≤1，0<ξ≤1。

（三）定性分析法

1. 根据文献研究获取的理论及经验对主播虚拟货币税务征收乱象的原因进行分析，通过小组讨论确定相关改进方案；

2. 在定量分析后，对于纳税评估指标体系，对其中筛选出的异常对象做定性的判断，对于改善的 A – S 模型，研究主播个人所得税申报积极性后的相关结论，基于文献研究法，做出提升主播纳税积极性的相关定性判断，得出提升主播纳税积极性合理建议。

五、可行性分析

（一）团队优势

团队成员来自中南财经政法大学会计学院，对于会计税务等相关专业知识有深入的了解，具有相应的知识储备，密切关注社会热点发展产业，查阅了大量资料书籍，并将理论与实践相结合，团队内部分工明确，协调配合，课题研究思路清晰，学术态度认真细致，将为项目的顺利进行奠定良好的基础。

（二）外部支持

项目获得指导老师悉心指导，与指导老师沟通便利，针对项目前期准备中所出现的各种情况困惑，详细咨询指导老师意见，帮助团队成员弥补专业知识上的不足，使项目课题的更加专业化。

（三）项目可行性

1. 前期准备充足

团队由主持人组建，各成员积极参与，通过在互联网上广泛收集新闻报道、广泛查找所需数据和资料、通过图书馆阅读检索相关文献，大范围搜集资料信息，并进行有效地整合分析，小组成员多次讨论选题方案与思路，分工明确，充分发挥团队成员的各项优势，前期准备充足。

2. 调研对象可行性

项目选择以斗鱼 TV 为例,斗鱼 TV 在国内直播平台产业内具有一定的典型性,以斗鱼 TV 为例能真实客观地反映国内直播平台虚拟货币税务问题的现状,且团队中有组员与斗鱼 TV 相关工作人员接触较深,对斗鱼 TV 的基础运营情况有所了解,便于调研的开展进行,从而更好地提出优化路径与建议措施。

3. 调研方法可行性

充分运用文献检索、问卷调查、人物访谈、数学建模的方法等方法进行调研。利用文献广泛搜集调研所需的信息与资源,问卷调查保证真实有效,扩大调研范围的同时节约了人力物力。访谈调查通过与相关对象的交流真实直接地了解直播平台的虚拟货币收入现状、取得收入后的纳税情况等,科学有效地将各方法相结合,从而进行更深入地探讨与分析,为今后行业内的税务收缴模式改革提供建议。

六、成果展示

(一) 数据搜集分析

据小葫芦网的数据计算得知斗鱼 TV 中主播收入大约情况如下:33.1% 的网络主播月收入 500 元以下,14.6% 的网络主播月收入 500~1 000 元,15.9% 的网络主播月收入 1 000~2 000 元,18.0% 的网络主播月收入 2 000~5 000 元,10% 的网络主播月收入 5 000 元~1 万元,8.4% 的网络主播月收入万元以上。通过比率分析法得知,主播收入差异率约为 25.14,平台代收代缴率约为 83.25%,个人所得税环比差异率为 125%,个人所得税同比差异率为 153%,个人所得税变动率约为 90.33%。

(二) 问卷结果分析

在本次问卷调查中,我们采用网上问卷和实地发放问卷两种方式,网上问卷回收 113 份,有效问卷 81 份。以下是详细的数据情况。

1. 受访者基本信息

在本次调研中我们力求样本的广泛代表性,调研对象的多样化是样本的主要属性。有效问卷的结果显示,受访者的年龄段集中在 18~24 岁这个年龄段中,而受访者的男女比例约为一比二,男女比例有一定的失调。受访者的月开销多数集中在 1 000~2 000 元及 2 000~3 000 元,受教育程度多为本科。

2. 直播行业、主播收入及相关法律法规了解情况

参与调查的受访者中大部分人对我国直播行业虚拟货币的基本情况是比较了解的,完全不了解的人数仅占 9%,然而对于我国直播行业主播收入情况的了解程度则不高,有超过一半的受访者表示对此不太了解。对于我国直播平台企业利润分成的情况,受访者大多处于一般了解和不太了解的层次,比较了解的受访者仅占 6%。但是有关我国个人所得税的累进税率收费机制,超过一半的受访者表示对此很了解,比较了解和一般了解的人数也不在少数,由此看来人们对于我国个人所得税的征缴机制还是较为关注的。

(三) 访谈分析

1. 针对网络主播的访谈

(1) 请问您作为网络主播对于虚拟货币这样的货币形式有怎样的看法？

答：网络主播这个职业越来越受到我们这样的年轻人青睐，我们可以通过游戏、聊天、唱歌等各种形式来进行直播从而赚钱，而虚拟货币这种形式也是适应互联网的新货币，在直播平台上虚拟货币通常是一些很有趣的东西，比如"豪车""礼花""食物""动物"等，它的存在形式很有趣也很新潮，符合当下年轻人的喜好。

(2) 请问您与直播平台有怎样的利润分成关系？雇佣合同的规定是否对您获取利润有偏向性？

答：利润分成这个问题是视情况而定的，一些平台会签订专业的劳动合同，将虚拟收入分成比例直接确定下来，但是一些平台并不会有专业的劳动合同，而只是普通的雇佣合同，因为观众们的打赏是很不确定的，所以虚拟货币收入不能算作固定的工资，我们通常觉得这些虚拟货币收入属于馈赠，不在个人所得税范围内。

(3) 请问您所获取的虚拟货币收入如何进行后续计量与处理？

答：很多平台或说我们主播并不会将虚拟货币收入算在个人所得税范围，不存在工资薪金等关系，我们的钱基本都是直接体现的，比如用支付宝、微信等，很少听过需要再进行缴税，而且我们与平台合作不是所有事情都由自己决定，很多时候都是平台划拨给我们多少钱我们就收多少钱，不会过多在意税的问题。

2. 针对税务机关工作人员的访谈

(1) 您认为从制度政策层面来看直播平台虚拟货币收入存在哪些税务问题？

答：从现今的行业发展来看，最大的问题就是制度不完善，性质存在争议，网络主播在直播中接受打赏获得虚拟货币，此项收入的性质以及是否需要纳税，目前尚无明确的法律规定，不明确的性质就会给实际操作带来困扰。

(2) 您认为政府在推动虚拟货币收入纳税规范逐渐完善的过程中会遇到哪些问题？

答：关系复杂化信息多样化是实践中的一大难题，因为网络信息时代，很多信息都是多元化的，很多政策在实施过程中都会遇到各式各样的问题，在虚拟货币收入纳税这个问题上，网络主播与经济公司、直播平台之间关系复杂，在实践操作中极易混淆，难以确定。

(3) 您认为税务机关在监管过程应该尽到怎样的责任？如何更高效地进行监管控制？

答：从现今的发展程度上看，税务机关的监管工作很难进行，因为我们的征管技术落后，主播们的直播收入都是通过支付宝、微信、手机银行等进行瞬间交易，摆脱了现金，一定程度上脱离了我们税务机关的监控范围，正是因为难以监控应税所得，所以导致税收流失，所以对于虚拟货币收入税收问题的改善或是此过程的监管是需要技术支持并且多管齐下的，依托于互联网技术，在完善的法律法规的指导下，真正实现税收管理信息化。

七、建议举措

根据以上结果，通过运用改善后的 A－S 模型、比率分析法、定性分析法进行分析，并综合访谈内容，我们认为网络直播虚拟货币收入的纳税问题的解决需要多方联动，综合施力，通过形成更严密的税收征管体系来根治。以下将从六个方面提出建议：（逻辑体系如图2、图3所示。）

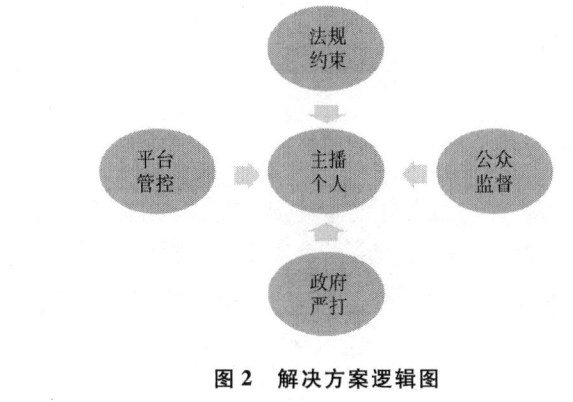

图2　解决方案逻辑图

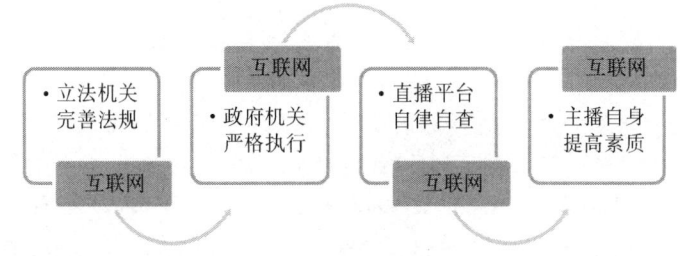

图3　解决方案逻辑图

（一）对税务机关的建议

税务机关针对新兴互联网行业创新纳税形式。通过从严从重治理直播行业来大量减少网络主播和直播平台偷税、漏税的问题；通过网络定期宣传相关税法知识来提高直播行业整体纳税意识，严格界定纳税筹划和违反税法的行为；鼓励主播参与网上税务学堂的学习，积极了解个人所得税的征管程序、征管方法，从而提高主播个人纳税意识，提高后期纳税征收效率和征收质量。

（二）对立法机关的建议

建议国家税务总局应完善税务法规，对纳税起征点、税收征管程序等进行相关调整，使之适合当下互联网金融飞速发展的大势，从而规范直播行业的税收征管。

（三）对主播个人的建议

观看量上十万的准明星级主播作为信息传播的公众人物，应该在注册成为主播之后定期学习纳税知识，增强自身纳税素养，积极缴纳个人所得税，也能够积极向公众传达规范纳税的信号。

（四）对直播平台的建议

直播平台不仅应该严格依照国家相关法律法规缴纳企业所得税，也应该依照国家个税法律法规要求明细列示相关纳税条款，积极规范平台主播缴纳个人所得税的行为。在税收缴纳期间积极抽查大主播的纳税情况，可通过查房等形式要求主播出具电子发票等证明，规范旗下明星主播纳税行为，保持自身良好的形象。

（五）对社会公众的建议

根据问卷调查得知，观看直播的人员主体是接受过相关税收教育、并具有相关税法知识的学生，社会公众的舆论力量和监督作用不容忽视，应提供相关举报渠道允许直播间的观看人员检举主播的不纳税行为，从而减少政府纳税监管和直播平台的实际成本。

八、参考文献

[1] 雷炳毅. "互联网+税务"要解决的问题与推进思路 [J]. 税务研究, 2016 (05): 32-36.

[2] 刘建徽, 周志波. 整体政府视阈下"互联网+税务"发展研究——基于发达国家电子税务局建设的比较分析 [J]. 宏观经济研究, 2015 (11): 14-21+62.

[3] Michael G. Allingham, Agnar sandmo, Income Tax Evasion: A Theoretical Analysis, Journal of Public Economics 1 (1927) 323-338. North-Holland Publishing Company.

[4] 李旭红. "互联网+"背景下的税收管理创新 [J]. 税务研究, 2016 (11): 121-124.

[5] 林绍君. "互联网+"背景下的纳税服务模式研究 [J]. 税收经济研究, 2015, 20 (03): 31-36.

[6] 张立庆. 网络直播打赏该谁来念"紧箍咒"？[N]. 福建日报, 2017-03-09 (010).

[7] 重庆市国家税务局课题组, 袁立炫, 邓永勤, 张洋源. "智慧税务"的基本特征及基层的实践探索 [J]. 税务研究, 2017 (08): 108-112.

[8] 王艺蓉. 网红直播收入涉税问题浅析 [J]. 法制博览, 2017 (26): 26-27+16.

[9] 宋丽颖, 李倩倩. 基于征税行为的A-S模型的探讨 [J]. 当代经济科学, 2014, 36 (02): 118-123+128.

[10] 张睿超. 互联网+模式下网络打赏的纳税管理 [J]. 知识经济, 2018 (02): 109-110.

[11] 梁嘉茵. 网络主播的收入的个人所得税的征税问题探讨 [J]. 现代经济信息, 2017 (01): 194-195.

[12] 朱梦月, 李彤. 网络打赏的税务问题研究 [J]. 法制博览, 2018 (06): 30-32.

不同契合程度的内容营销对品牌资产的影响

——以百雀羚为例

贾云蕾 智瑞欣 刘 辉

工商管理学院工商管理专业 1602 班

摘 要：本研究在前人对内容营销的分析基础上，将内容与品牌的契合度划分为三类，讨论了如何把控内容营销中内容与品牌的契合程度能够实现品牌资产的最大化。研究将"百雀羚"不同契合程度的内容营销广告作为研究对象，从消费者的视角和消费者与品牌互动的角度出发，在IBBE5 维度测量模型的基础上从品牌个性、品牌礼遇、关系地位和关系能量四个维度进行调查，并对数据进行相关性分析和检验不同契合程度的内容营销对于因变量的影响。研究结果显示品牌与内容的契合度低时，品牌个性感知度最高；品牌与内容的契合度高时，品牌礼遇、关系地位和关系能量感知度最高。这为企业选择合理内容营销方式、调整品牌和内容的契合程度和塑造最合适的品牌形象提供理论参考和建议。

关键词：内容营销；品牌资产；契合度

一、引言

信息时代的来临使得各种新的广告形式不断涌现，消费者对传统硬广心生抵触，更倾向自主选择所需信息[1]。话题社交的流行使得人们愿意自主自愿寻找和接受话题，并以话题点为切入点来展开社交。这种背景下，商家选择在品牌的基础上创造一定的内容、故事、情景，来将品牌与创造的具有传播性的内容相结合，以吸引、获取和聚集高匹配的目标人群和实现品牌的传播。

在这种趋势下，如何创造合适的内容营销成为商家必须要考虑的问题。内容营销是一个较新的研究领域，现有的研究更多地关注于它的价值链条、营销策略、影响效果等，而

---

[1] 李蕾. 内容营销理论评述与模式分析[J]. 东南传播，2014，(07)：136–139.

在如何把控内容营销中品牌与内容的"量"与"度"方面的研究仍是空白。本研究着力考察了不同契合程度的内容营销对品牌资产的影响,以帮助商家根据实际情况选择最适合自己的内容营销方式,调整品牌和内容的契合程度,塑造最合适的品牌形象。

二、理论分析与文献回顾

(一) 内容营销的概念

内容营销是指将产品与有价值的内容相结合,从而获取顾客并传播和打造强势的企业品牌的一种营销方式。内容营销的概念首先由 Pulizzi 和 Barrett 提出[①],并逐渐得到其他学者的补充。Hardey 指出,内容营销是借助于有教育意义、引人注目的内容来吸引潜在顾客的一种营销方式[②],而 Harad 将其视为一种强化品牌价值的方式,能持续向特定的消费者传递信息的艺术和科学[③]。在国内的有关研究中,周懿瑾和陈嘉卉提出内容营销是包含多种形式、多种渠道的一种吸引消费者参与并完善品牌的营销战略[④]。

(二) 品牌资产的概念

顾客视角的品牌资产的概念最先由 Keller 提出,随后学者对其概念、构成维度和影响因素进行了广泛的研究。Netemeyer 等认为品牌资产应该包括感知质量、溢价支付意愿和感知独特性价值三个维度;Chaudhuri 和 Holbrook 将品牌资产划分为品牌信任、品牌喜爱和品牌忠诚三个维度[⑤]。目前学者还未对品牌资产有统一的定义,但学界还是在某些方面达成了共识:品牌资产可以理解为品牌为企业带来的利润和给消费者带来超越其功能的附加价值。

(三) 内容与品牌的契合度

现有文献对于内容营销的划分基于三个方面:对话、讲故事及顾客互动。这决定了内容营销需要企业在对消费者的全面深入了解的基础上,以产品或品牌作为媒介,创造有吸引力和价值性的信息,并将其传递给消费者。国外学者对这三个方面的重要度各有看法。Fog 和 Weiss 等人突出对话维度,强调品牌和消费者的双向互动[⑥];而 Doorn 更加倾向于消

---

① Pulizzi J. Get Content Get Customers: Turn Prospects into Buyers with Content Marketing [J]. Amacom, 2009.
② Hardey M. Generation C: Content, Creation, Connections 和 Choice [J]. International Journal of Market Reacher, 2011, 53 (6): 749 – 770.
③ Harad K C. Content Marketing Strategies to Educate 和 Entertain [J]. Journal of Financial Planning, 2013, 26 (3): 18 – 20.
④ 周懿瑾, 陈嘉卉. 社会化媒体时代的内容营销: 概念初探与研究展望 [J]. 外国经济与管理, 2013, 35 (6): 61 – 72.
⑤ 陈姝, 王正斌, 刘伟, 等. 感知产品创新性对品牌资产的影响机制研究 [J]. 预测, 2015, 34 (3): 21 – 27.
⑥ FOG K, BUDTZC. MUNCHP 等 Storytelling: Branding in Practice [J]. Public Relations Review, 2006, 32 (1): 89 – 90.

费者的互动参与，培养消费者的忠诚度[①]。国内学者在研究内容营销相关概念时，对传统的维度划分有所突破。贺爱忠等人发现自媒体内容营销通过三种维度与消费者品牌人格感知和品牌态度之间呈现正向影响[②]；赖元薇的实证成果"内容营销——顾客品牌参与——品牌忠诚"也印证了这一观点[③]。依据他们的研究成果，我们根据产品属性、品牌形象、品牌忠诚及文化的角度，将产品内容与品牌的契合度的分为以下三类：（1）契合度高，即品牌＞内容；（2）契合度一般，即品牌＝内容；（3）契合度低，即品牌＜内容，并基于此进行研究。

（四）品牌资产的衡量

目前学界对于品牌资产的划分，主要基于 Aaker 提出的"五星概念模型"和 Kellar 提出的"基于消费者的品牌资产概念"模型。"五星概念模型"主要包括品牌忠诚度、品牌知名度、感知质量、品牌联想和其他专属品牌资产。"基于消费者的品牌资产模型"则以品牌认知和品牌形象为主导，提倡从顾客的角度研究品牌[④]。国内学者钟帅、章启宇从消费者的视角和消费者与品牌互动的角度开发出了品牌资产的测量模型[⑤]。即品牌资产能够通过品牌个性、品牌互惠、品牌礼遇、关系地位与关系能量五个维度进行衡量。由于营销中品牌互惠的不可控性，我们从中选取了品牌个性、品牌礼遇、关系地位与关系能量作为本次研究衡量品牌资产的维度。

1. 品牌个性

品牌个性是指消费者对品牌的整体感知，包括印象和喜爱程度等。

2. 品牌礼遇

品牌礼遇是指消费者认为品牌对其的友好程度，表明品牌的友善度。

3. 关系地位

关系地位反映消费者与品牌的亲近程度。

4. 关系能量

关系能量反映消费者愿意持续购买品牌的意愿。

三、研究模型与研究假设

（一）内容营销对品牌资产的影响

品牌资产的评估结果对于指导企业合理安排资源进行品牌建设及品牌管理工作有着十分

---

① DOORN J V, LEMON K N, MITTALV 等 Customer Engagement Behavior：Theoretical Foundations 和 Research Directions [J]. Journal of Service Research, 2010, 13 (3): 253~266.

② 贺爱忠, 蔡玲, 高杰. 品牌自媒体内容营销对消费者品牌态度的影响研究 [J]. 管理学报, 2016, 13 (10): 1534-1545.

③ 赖元薇. 全球品牌利用社交媒体内容营销提升品牌忠诚度的机制研究 [D]. 对外经济贸易大学, 2017.

④ Aaker D. A., Keller K L. Consumer evaluations of brand extensions [J]. Journal of Marketing, 1990, 54 (1): 27-41.

⑤ 钟帅, 章启宇. 基于关系互动的品牌资产概念、维度与量表开发 [J]. 管理学, 2015, 28 (02): 69-79.

重要的作用。部分学者发现有效的营销手段能够增加品牌的附加值，从而增加一个品牌的品牌资产，但并未解释什么样的内容营销能够对品牌资产产生什么样的影响。而不同内容表现程度的内容营销可能会产生不同的效果，对品牌资产的影响也不可一概而论。为了探究这一问题，本课题基于内容营销中内容与品牌契合度高低的不同进行分析，以探究不同的内容营销对品牌资产的影响效果。具体来说，本研究从"内容"特点与"产品"特点的契合程度进行分类研究，将其划分为契合度高，即品牌＞内容；契合度一般，即品牌＝内容；契合度低，即品牌＜内容，以此来研究哪种契合程度的内容营销最能增加品牌的附加价值。

根据可操作性及内容概括的全面性，本研究以钟帅、章启宇开发的品牌资产衡量量表进行进一步探究，选择品牌个性、品牌礼遇、关系地位与关系能量四个维度来衡量品牌资产。

（二）内容营销对品牌个性的影响

品牌个性最早来源于广告界的实践，其发现为品牌注入一定的特性有利于差异化的实现，赋予品牌更加丰富的内涵。在理论界，Aaker[①]于1997年首次定义了品牌个性，认为品牌个性是指消费者根据某特定的品牌联想到的一组人格特征，构成了品牌资产管理的基础性问题。随后国内外大量学者深入研究了品牌个性，发现消费者们更青睐于挑选品牌个性与自我个性相一致的品牌[②]，Plummer指出一旦品牌具备了品牌个性，消费者更容易联想到自我的相似特征[③]。通过这些研究我们发现提高消费者对品牌个性的熟识度和敏感性，有利于建立品牌个性与自我个性的联系，而内容营销作为一种创造和传播与品牌相联系内容的手段，似乎能够提高消费者对品牌个性的感知程度。基于此，我们提出假设1，并分类提出假设1.1、假设1.2、假设1.3：

假设1：内容营销与品牌个性之间具有正相关关系

假设1.1：内容＞产品时，内容营销与品牌个性之间具有正相关关系

假设1.2：内容＝产品时，内容营销与品牌个性之间具有正相关关系

假设1.3：内容＜产品时，内容营销与品牌个性之间具有正相关关系

（三）内容营销对品牌礼遇的影响

我们借鉴Blackston[④]提出的品牌关系分析模型，其指出品牌关系不仅取决于消费者对品牌的态度，也取决于品牌对消费者的态度，后者引出了品牌礼遇的概念内涵。品牌礼遇是指消费者认为品牌对其的友好程度，钟帅、章启宇（2015）建立的量表中分别选取移情和尊重两个方面进行量表分析，同时根据Blackston的研究指出，品牌对消费者的态度可以在广告活动中体现出来，故本研究从逻辑上分析认为内容营销利用其特有优势能向消费者提供更生活化的场景，一定程度上增加品牌的友善程度。因此，我们提出假设2，并分类提出假设2.1、假设2.2、假设2.3：

---

① Aaker David A. Building strong Brands [M]. New York: Free Press. 1996.

② 梁辉煌. 消费者自我概念与品牌个性一致性对品牌偏好的影响研究 [D]. 湖南大学，2007.

③ 陈晓红. 品牌个性与消费者自我概念的一致性及其对品牌忠诚的影响 [J]. 社会心理科学，2007（z2）：119 – 122.

④ Blackston M. The qualitative dimension of brand equity [J]. Journal of Advertising Research, 1995, 35 (4): 2 – 7.

假设 2：内容营销与品牌礼遇之间具有正相关关系

假设 2.1：内容＞产品时，内容营销与品牌礼遇之间具有正相关关系

假设 2.2：内容＝产品时，内容营销与品牌礼遇之间具有正相关关系

假设 2.3：内容＜产品时，内容营销与品牌礼遇之间具有正相关关系

（四）内容营销对关系地位及关系能量的影响

钟帅、章启宇（2015）建立的量表中将品牌关系质量划分为关系地位与关系能量两大维度，关系地位建立在过去的场景，指消费者与品牌的距离感，反映受到过去关系影响下消费者对品牌表现出的亲切程度，本研究认为内容营销在一定程度上能唤起消费者过去消费该品牌所产生的信任和亲密，进一步加强关系地位维度的影响。另外，关系能量建立在未来的场景，指消费者在未来愿意持续购买品牌的意愿，本研究认为内容营销能够不断为品牌创造新鲜感，吸引顾客的购买。基于以上分析，我们分别提出假设 3 和假设 4，并分类提出假设 3.1、假设 3.2、假设 3.3、假设 4.1、假设 4.2、假设 4.3：

假设 3：内容营销与关系地位之间具有正相关关系

假设 3.1：内容＞产品时，内容营销与关系地位之间具有正相关关系

假设 3.2：内容＝产品时，内容营销与关系地位之间具有正相关关系

假设 3.3：内容＜产品时，内容营销与关系地位之间具有正相关关系

假设 4：内容营销与关系能量之间具有正相关关系

假设 4.1：内容＞产品时，内容营销与关系能量之间具有正相关关系

假设 4.2：内容＝产品时，内容营销与关系能量之间具有正相关关系

假设 4.3：内容＜产品时，内容营销与关系能量之间具有正相关关系

概念模型如图 1 所示：

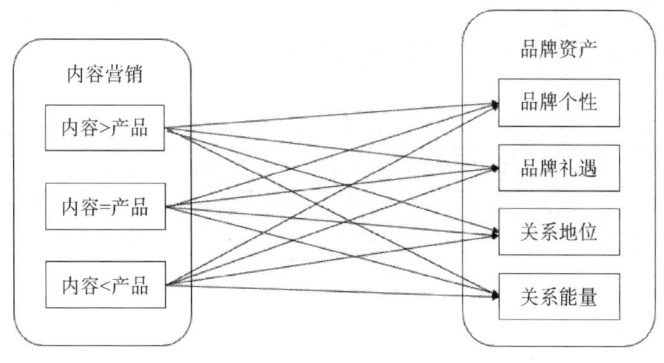

图 1　概念模型

四、研究设计

（一）品牌的选择

调研选取经典国货品牌"百雀羚"进行的内容营销广告为研究对象。"百雀羚"品牌

知名度较高，且擅长内容营销。

（二）内容的设计

本次调研将"百雀羚"内容营销的广告按照"内容"与"品牌形象"的关联性和两者在内容营销中凸显程度的不同将内容与品牌的契合度分为三类。

1. 契合度高，即品牌＞内容。在本次调研中以"百雀羚"与故宫文化珠宝设计师合作推出限定梳妆礼盒的广告为研究对象。在该广告中，梳妆礼盒的呈现方式是以"百雀羚"的形象和属性创造的，内容与品牌形象十分契合，且品牌形象在内容营销中十分突出。

2. 契合度一般，即品牌＝内容。在本次调研中以名为"东风之美看我的"广告为研究对象。在该广告中，营销内容的延伸与品牌形象相符，且品牌形象与内容在营销中的凸显程度占据相同比例。

3. 契合度低，即品牌＜内容。在本次调研中选取名为"四美不开心"的广告为研究对象。该广告运用东方美人的故事进行内容营销，与品牌形象直接关联度较低，在该广告中内容比品牌形象更加吸引消费者注意。

本次调研主要以问卷调查的方式展开。每份问卷均包含了三种契合程度的广告，并在每个广告后附有测量品牌个性、品牌礼遇、关系地位和关系能量的量表，以便形成对比对照，测量为单一变量的契合程度的不同带来的影响。

五、数据分析

（一）样本信息

本次调研共回收问卷 131 份，筛选后共回收有效问卷 114 份。样本情况如表 1 所示。

表 1　　　　　　　　　　样本人口统计变量分析表

人口统计信息	类别	频数	百分比（%）?
性别	男	28	24.56
	女	86	75.44
年龄	18 岁以下	2	1.75
	18~25	40	35.09
	26~30	3	2.63
	31~40	3	2.63
	41~50	63	55.26
	50 以上	3	2.63
学历	高中及以下	15	13.16
	专科	31	27.19
	本科	66	57.89

续表

人口统计信息	类别	频数	百分比（%）?
	硕士及以上	2	1.75
	合计	114	100

从表1可以看出，参加调研的男女比例接近1∶3，女性居多，符合"百雀羚"的目标对象。且被试人员中青年人与中年人占据比例较高，符合"百雀羚"品牌的顾客人群画像。被试人员学历比例合理，能够有效填写问卷。综合来看，样本数据符合本次调研的预期与要求。

调查样本对"百雀羚"品牌的熟悉度情况如表2所示。

表2　　　　　　　对"百雀羚"品牌熟悉程度情况表

名称	选项	频数?	百分比（%）?
您是否知道"百雀羚"品牌？	是	106	92.98
	否	8	7.02
您身边是否有人在使用"百雀羚"品牌？	是	96	84.21
	否	18	15.79
合计		114	100

由表2可知，在样本中由超过90%的人员知道"百雀羚"品牌，且接近85%的人员身边有人正在使用"百雀羚"品牌。这为评价"百雀羚"品牌打下了良好基础，符合研究预期。

(二) 信度检验

本文利用SPSS22.0对搜集到的共114份有效问卷进行了信度分析。不同契合程度的信度分析结果如表3、表4、表5所示。

表3　　　　　　　品牌＞内容时信度情况

Cronbach信度分析				
维度	名称	校正项总计相关性（CITC）	项已删除的a系数	Cronbach a系数
品牌个性	这个品牌是名牌	0.783	0.872	0.9
	这个品牌个性让人喜爱	0.773	0.882	
	这个品牌信誉好	0.851	0.813	
品牌礼遇	这个品牌对消费者很好	0.932	0.969	0.973
	这个品牌很关心消费者	0.934	0.967	
	这个品牌尊重消费者	0.963	0.947	
关系地位	看到品牌有亲切感觉	0.842	0.963	0.948
	感觉这个品牌值得信赖	0.945	0.882	

续表

维度	名称	校正项总计相关性（CITC）	项已删除的a系数	Cronbach a 系数
关系能量	这个品牌让人感到安全和放心	0.89	0.926	0.905
	在未来我会一直使用这个品牌	0.865	0.817	
	我会关注这个品牌的最新情况	0.731	0.929	
	我愿意费些周折买到这个品牌的产品	0.855	0.829	

从表3中可知，四个维度对应题项的信度系数均大于0.9，研究数据信度质量高。"项已删除的α系数"显示删除题项后信度系数值并不会明显提高，综合说明数据可用于进一步分析。

表4 品牌＜内容时信度情况

维度	名称	校正项总计相关性（CITC）	项已删除的a系数	Cronbach a 系数
品牌个性	这个品牌是名牌	0.919	0.948	0.963
	这个品牌个性让人喜爱	0.925	0.944	
	这个品牌信誉好	0.921	0.947	
品牌礼遇	这个品牌对消费者很好	0.969	0.968	0.982
	这个品牌很关系消费者	0.958	0.975	
	这个品牌尊重消费者	0.955	0.977	
关系地位	看到品牌有亲切感觉	0.867	0.971	0.958
	感觉这个品牌值得信赖	0.94	0.917	
	这个品牌让人感到安全和放心	0.929	0.927	
关系能量	在未来我会一直使用这个品牌	0.912	0.887	0.941
	我会关注这个品牌的最新情况	0.879	0.914	
	我愿意费些周折买到这个品牌的产品	0.846	0.941	

从表4可知，信度系数值均大于0.9，研究数据信度质量很高。"项已删除的α系数"显示删除题项后信度系数值并没有明显的提升，综合说明数据可用于进一步分析。

表5 品牌＝内容时信度情况

维度	名称	校正项总计相关性（CITC）	项已删除的a系数	Cronbach a 系数
品牌个性	这个品牌是名牌	0.93	0.948	0.966
	这个品牌个性让人喜爱	0.922	0.955	

续表

		Cronbach 信度分析		
维度	名称	校正项总计相关性（CITC）	项已删除的 a 系数	Cronbacha 系数
品牌礼遇	这个品牌信誉好	0.931	0.948	0.972
	这个品牌对消费者很好	0.93	0.966	
	这个品牌很关心消费者	0.942	0.957	
	这个品牌尊重消费者	0.948	0.953	
关系地位	看到品牌有亲切感觉	0.882	0.98	0.965
	感觉这个品牌值得信赖	0.956	0.927	
	这个品牌让人感到安全和放心	0.94	0.938	
关系能量	在未来我会一直使用这个品牌	0.922	0.932	0.959
	我会关注这个品牌的最新情况	0.91	0.943	
	我愿意费些周折买到这个品牌的产品	0.91	0.943	

从表 5 可知，信度系数值均大于 0.9，因而说明研究数据信度质量很高。"项已删除的 α 系数"显示删除题项后信度系数值并没有明显的提升，综合说明数据可用于进一步分析。

（三）效度检验

接着对问卷进行效度检验。表 6、表 7、表 8 分别显示了品牌 > 内容、品牌 < 内容和品牌 = 内容时数据的效度情况。

表 6　　品牌 > 内容时的效度情况表

维度	题项	因子载荷系数				共同度
		因子 1	因子 2	因子 3	因子 4	
品牌个性	这个品牌是名牌	0.83	0.279	0.237	0.144	0.844
	这个品牌个性让人喜爱	0.767	0.278	0.286	0.219	0.796
	这个品牌信誉好	0.731	0.307	0.409	0.285	0.877
品牌礼遇	这个品牌对消费者很好	0.374	0.777	0.339	0.282	0.939
	这个品牌很关心消费者	0.344	0.771	0.33	0.345	0.94
	这个品牌尊重消费者	0.362	0.799	0.328	0.305	0.971
关系地位	看到品牌有亲切感觉	0.359	0.306	0.786	0.199	0.88
	感觉这个品牌值得信赖	0.441	0.346	0.743	0.27	0.939
	这个品牌让人感到安全和放心	0.452	0.356	0.674	0.329	0.893
关系能量	在未来我会一直使用这个品牌	0.229	0.249	0.23	0.865	0.916
	我会关注这个品牌的最新情况	0.129	0.401	0.54	0.591	0.818
	我愿意费些周折买到这个品牌的产品	0.205	0.224	0.164	0.903	0.934

续表

维度	题项	因子载荷系数				共同度
		因子1	因子2	因子3	因子4	
	特征根值（旋转前）	8.494	1.102	0.609	0.542	-
	方差解释率%（旋转前）	70.782%	9.186%	5.072%	4.516%	-
	累积方差解释率%（旋转前）	70.782%	79.968%	85.040%	89.557%	-
	特征根值（旋转后）	2.841	2.7	2.632	2.574	-
	方差解释率%（旋转后）	23.672%	22.502%	21.930%	21.452%	-
	累积方差解释率%（旋转后）	23.672%	46.175%	68.105%	89.557%	-
	KMO值	0.892				-
	巴特球形值	1680.564				-
	df	66				-
	p值	0				-

从表6可知，所有研究项对应的共同度值均高于0.4，说明信息可以被有效的提取。另外，KMO值为0.892，大于0.6，4个因子旋转后累积方差解释率为89.557%＞50%，意味着数据具有效度。

表7　品牌＜内容时的效度情况表

维度	题项	因子载荷系数				共同度
		因子1	因子2	因子3	因子4	
品牌个性	这个品牌是名牌	0.38	0.363	0.773	0.272	0.948
	这个品牌个性让人喜爱	0.441	0.355	0.722	0.306	0.936
	这个品牌信誉好	0.327	0.362	0.654	0.545	0.963
品牌礼遇	这个品牌对消费者很好	0.628	0.401	0.49	0.379	0.939
	这个品牌很关系消费者	0.71	0.41	0.426	0.321	0.956
	这个品牌尊重消费者	0.602	0.398	0.488	0.427	0.942
关系地位	看到品牌有亲切感觉	0.707	0.332	0.384	0.365	0.89
	感觉这个品牌值得信赖	0.453	0.423	0.371	0.668	0.968
	这个品牌让人感到安全和放心	0.456	0.38	0.435	0.652	0.966
关系能量	在未来我会一直使用这个品牌	0.392	0.777	0.257	0.319	0.926
	我会关注这个品牌的最新情况	0.528	0.664	0.357	0.248	0.909
	我愿意费些周折买到这个品牌的产品	0.209	0.85	0.323	0.236	0.926
	特征根值（旋转前）？	10.135	0.581	0.307	0.247	-
	方差解释率%（旋转前）？	84.461%	4.838%	2.557%	2.055%	-
	累积方差解释率%（旋转前）？	84.461%	89.298%	91.855%	93.911%	-
	特征根值（旋转后）？	3.097	3.077	2.978	2.117	-
	方差解释率%（旋转后）？	25.806%	25.640%	24.819%	17.646%	-

续表

维度	题项	因子载荷系数				共同度
		因子1	因子2	因子3	因子4	
	累积方差解释率%（旋转后）?	25.806%	51.446%	76.265%	93.911%	-
	KMO 值?	0.934				-
	巴特球形值?	2334.812				-
	df?	66				-
	p 值?	0				-

从表7可知，所有研究项对应的共同度值均高于0.4，说明信息可以被有效的提取。另外，KMO值为0.934，大于0.6，4个因子旋转后累积方差解释率为93.911%>50%，意味着数据具有效度。

表8　品牌=内容时的效度情况表

维度	题项	因子载荷系数				共同度
		因子1	因子2	因子3	因子4	
品牌个性	这个品牌是名牌	0.422	0.44	0.755	0.045	0.944
	这个品牌个性让人喜爱	0.509	0.376	0.725	0.104	0.938
	这个品牌信誉好	0.559	0.432	0.662	-0.116	0.95
品牌礼遇	这个品牌对消费者很好	0.756	0.441	0.394	0.117	0.935
	这个品牌很关心消费者	0.802	0.39	0.388	-0.027	0.946
	这个品牌尊重消费者	0.797	0.415	0.366	0.022	0.942
关系地位	看到品牌有亲切感觉	0.678	0.336	0.541	0.296	0.952
	感觉这个品牌值得信赖	0.674	0.423	0.543	-0.133	0.946
	这个品牌让人感到安全和放心	0.667	0.412	0.558	-0.168	0.954
关系能量	在未来我会一直使用这个品牌	0.417	0.803	0.337	-0.075	0.938
	我会关注这个品牌的最新情况	0.355	0.816	0.355	0.003	0.918
	我愿意费些周折买到这个品牌的产品	0.313	0.872	0.275	0.089	0.942
	特征根值（旋转前）?	10.098	0.717	0.305	0.186	-
	方差解释率%（旋转前）?	84.146%	5.972%	2.540%	1.547%	-
	累积方差解释率%（旋转前）?	84.146%	90.118%	92.658%	94.205%	-
	特征根值（旋转后）?	4.355	3.575	3.187	0.188	-
	方差解释率%（旋转后）?	36.292%	29.790%	26.558%	1.565%	-
	累积方差解释率%（旋转后）?	36.292%	66.082%	92.640%	94.205%	-
	KMO 值?	0.94				-
	巴特球形值?	2318.04				-
	df?	66				-
	p 值?	0				-

从表8可知，所有研究项对应的共同度值均高于0.4，说明信息可以被有效的提取。另外，KMO值为0.940，大于0.6，4个因子旋转后累积方差解释率为94.205%>50%，

意味着数据具有效度。

(四) 相关关系

在数据信度效度检验情况良好的情况下,对不同契合度下数据的相关性进行分析。相关性情况分别如表9、表10和表11所示。

表9　品牌 > 内容时内容营销与品牌资产相关关系表

Pearson 相关	
	内容营销
品牌 > 内容,品牌个性	0.682 **
品牌 > 内容,品牌礼遇	0.649 **
品牌 > 内容,关系地位	0.708 **
品牌 > 内容,关系能量	0.602 **

* p < 0.05 ** p < 0.01

在品牌 > 内容时,内容营销分值和品牌个性、品牌礼遇、关系地位和关系能量的相关系数值分别为0.682、0.649、0.708、0.602。并且均呈现出0.01水平的显著性。说明此时内容营销和品牌个性、品牌礼遇、关系地位和关系能量之间有着显著的正相关关系。

表10　品牌 < 内容时内容营销与品牌资产相关关系表

Pearson 相关	
	内容营销
品牌 < 内容,品牌个性	0.569 **
品牌 < 内容,品牌礼遇	0.573 **
品牌 < 内容,关系地位	0.586 **
品牌 < 内容,关系能量	0.548 **

* p < 0.05 ** p < 0.01

表11　品牌 = 内容时内容营销与品牌资产相关关系表

Pearson 相关	
	内容营销
品牌 = 内容,品牌个性	0.606 **
品牌 = 内容,品牌礼遇	0.566 **
品牌 = 内容,关系地位	0.569 **
品牌 = 内容,关系能量	0.503 **

* p < 0.05 ** p < 0.01

在品牌 < 内容时,内容营销分值和品牌个性、品牌礼遇、关系地位和关系能量的相关系数值分别为0.569、0.573、0.586、0.548。并且均呈现出0.01水平的显著性。说明此时,内容营销和品牌个性、品牌礼遇、关系地位和关系能量之间有着显著的正相关关系。

品牌=内容时,内容营销分值和品牌个性、品牌礼遇、关系地位和关系能量的相关系数值分别为 0.606、0.566、0.569、0.503。并且均呈现出 0.01 水平的显著性。说明此时,内容营销和品牌个性、品牌礼遇、关系地位和关系能量之间有着显著的正相关关系。

(五) 回归分析

在对数据进行相关分析后,为了进一步判断假设是否成立以及对比不同契合程度下内容营销对品牌资产的影响,分别在不同契合度下进行回归分析。将不同契合度作为虚拟变量,分别探究它们对品牌个性、品牌礼遇、关系地位和关系能量的影响。对假设 1 的验证如表 12、表 13 和表 14 所示。对假设 2 的验证如表 15、表 16 和表 17 所示。对假设 3 的验证如表 18、表 19 和表 20 所示。对假设 4 的验证如表 21、表 22 和表 23 所示。

表 12　　　　品牌>内容时,内容营销与品牌个性的回归情况(假设 1.1)

	非标准化系数		标准化系数	t	p	VIF	R^2	调整 R^2	F
	B	标准误	Beta						
虚拟变量	1.434	0.267	–	5.361	0.000**	–	0.465	0.46	97.375 (0.000**)
品牌>内容	0.669	0.068	0.682	9.868	0.000**	1			

因变量:品牌>内容,品牌个性

D–W 值:1.965

* $p<0.05$ ** $p<0.01$

从表 12 可以看出,模型 R 平方值为 0.465,模型通过 F 检验。公式为:品牌个性 = 1.434 + 0.669 * 虚拟变量。虚拟变量(品牌>内容)的回归系数值为 0.669,P 值小于 0.01,意味着当品牌>内容时,内容营销会对品牌个性产生显著的正向影响关系。假设 1.1 得到证明。

表 13　　　　品牌=内容时,内容营销与品牌个性的回归情况(假设 1.2)

	非标准化系数		标准化系数	t	p	VIF	R^2	调整 R^2	F
	B	标准误	Beta						
虚拟变量	1.148	0.34	–	3.38	0.001**	–	0.367	0.361	64.956 (0.000**)
品牌=内容	0.694	0.086	0.606	8.06	0.000**	1			

因变量:品牌=内容,品牌个性

D–W 值:1.967

* $p<0.05$ ** $p<0.01$

从表 13 可以看出,模型 R 平方值为 0.367,模型通过 F 检验。公式为:品牌个性 = 1.148 + 0.694 * 虚拟变量。虚拟变量(品牌=内容)的回归系数值为 0.694,P 值小于

0.01，意味着当品牌＝内容时，内容营销会对品牌个性产生显著的正向影响关系。假设1.2 得到证明。

从表 14 可以看出，模型 R 平方值为 0.324，模型通过 F 检验。公式为：品牌个性 = 0.742 + 0.752 * 虚拟变量。虚拟变量（品牌＜内容）的回归系数值为 0.752，P 值小于0.01，意味着品牌＜内容时，内容营销会对品牌品牌个性产生显著的正向影响关系。假设1.3 得到证明。

表 14　品牌＜内容时，内容营销与品牌个性的回归情况（假设 1.3）

	非标准化系数		标准化系数	t	p	VIF	R^2	调整 R^2	F
	B	标准误	Beta						
虚拟变量	0.742	0.405	-	1.832	0.07		0.324	0.318	53.625 (0.000**)
品牌＜内容	0.752	0.103	0.569	7.323	0.000**	1			

因变量：品牌＜内容，品牌个性

D－W 值：1.938

* p＜0.05　** p＜0.01

对三种不同契合程度的内容营销对品牌个性的影响进行对比可知，当契合度最低时，即品牌＜内容时，消费者对品牌个性的感知程度最高；当契合度最高时，即品牌＞内容时，消费者对品牌个性的感知程度最低。

从表 15 可以看出，模型 R 平方值为 0.421，模型通过 F 检验。公式为：品牌礼遇 = 1.053 + 0.714 * 虚拟变量。虚拟变量（品牌＞内容）的回归系数值为 0.714，P 值小于0.01，意味着当品牌＞内容时，内容营销会对品牌礼遇产生显著的正向影响关系。假设2.1 得到证明。

表 15　品牌＞内容时，内容营销与品牌礼遇的回归情况（假设 2.1）

	非标准化系数		标准化系数	t	p	VIF	R^2	调整 R^2	F
	B	标准误	Beta						
虚拟变量	1.053	0.312	-	3.371	0.001**		0.42	0.416	81.401 (0.000**)
品牌＞内容	0.714	0.079	0.649	9.022	0.000**	1	1		

因变量：品牌＞内容，品牌礼遇

D－W 值：1.836

* p＜0.05　** p＜0.01

从表 16 可以看出，模型 R 平方值为 0.320 模型通过 F 检验。公式为：品牌礼遇 = 1.382 + 0.623 * 虚拟变量。虚拟变量（品牌＝内容）的回归系数值为 0.623，P 值小于

0.01，意味着当品牌＝内容时，内容营销会对品牌礼遇产生显著的正向影响关系。假设 2.2 得到证明。

表 16　　　　品牌＝内容时，内容营销与品牌礼遇的回归情况（假设 2.2）

	非标准化系数		标准化系数	t	p	VIF	R^2	调整 R^2	F
	B	标准误	Beta						
虚拟变量	1.382	0.339	-	4.083	0.000**	-	0.32	0.314	52.689 (0.000**)
品牌＝内容	0.623	0.086	0.566	7.259	0.000**	1			

因变量：品牌＝内容，品牌礼遇

D-W 值：1.654

* $p<0.05$ ** $p<0.01$

从表 17 可以看出，模型 R 平方值为 0.329，模型通过 F 检验。公式为：品牌礼遇＝0.876＋0.713＊虚拟变量。虚拟变量（品牌＜内容）的回归系数值为 0.713，P 值小于 0.01，意味着品牌＜内容时，内容营销会对品牌礼遇产生显著的正向影响关系。假设 2.3 得到证明。

表 17　　　　品牌＜内容时，内容营销与品牌礼遇的回归情况（假设 2.3）

	非标准化系数		标准化系数	t	p	VIF	R^2	调整 R^2	F
	B	标准误	Beta						
虚拟变量	0.876	0.38	-	2.304	0.023*	-	0.329	0.323	54.832 (0.000**)
品牌＜内容	0.713	0.096	0.573	7.405	0.000**	1			

因变量：品牌＜内容，品牌礼遇

D-W 值：1.801

* $p<0.05$ ** $p<0.01$

对三种不同契合程度的内容营销对品牌礼遇的影响进行对比可知，当契合度最高时，即品牌＞内容时，消费者对品牌礼遇的感知程度最高；当契合度一般时，即品牌＝内容时，消费者对品牌礼遇的感知程度最低。

从表 18 可以看出，模型 R 平方值为 0.501，模型通过 F 检验。公式为：品牌＞内容，关系地位＝0.971＋0.781＊虚拟变量。虚拟变量（品牌＞内容）的回归系数值为 0.781，P 值小于 0.01，意味着当品牌＞内容时，内容营销会对关系地位产生显著的正向影响关系。假设 3.1 得到证明。

表 18   品牌 < 内容时，内容营销与关系地位的回归情况（假设 3.1）

	非标准化系数		标准化系数	t	p	VIF	R^2	调整 R^2	F
	B	标准误	Beta						
虚拟变量	0.971	0.291	—	3.339	0.001 **	—	0.501	0.496	112.317 (0.000 **)
品牌 > 内容	0.781	0.074	0.708	10.598	0.000 **	1			

因变量：品牌 > 内容，关系地位
D – W 值：1.734
* $p < 0.05$ ** $p < 0.01$

从表 19 可以看出，模型 R 平方值为 0.323，模型通过 F 检验。公式为：品牌 = 内容，关系地位 = 1.270 + 0.663 * 虚拟变量。虚拟变量（品牌 = 内容）的回归系数值为 0.663，P 值小于 0.01，意味着着当品牌 = 内容时，内容营销会对关系地位产生显著的正向影响关系。假设 3.2 得到证明。

表 19   品牌 < 内容时，内容营销与关系地位的回归情况（假设 3.2）

	非标准化系数		标准化系数	t	p	VIF	R^2	调整 R^2	F
	B	标准误	Beta						
虚拟变量	1.27	0.357	—	3.553	0.001 **	—	0.323	0.317	53.510 (0.000 **)
品牌 = 内容	0.663	0.091	0.569	7.315	0.000 **	1			

因变量：品牌 = 内容，关系地位
D – W 值：1.780
* $p < 0.05$ ** $p < 0.01$

从表 20 可以看出，模型 R 平方值为 0.344，模型通过 F 检验。公式为：品牌 < 内容，关系地位 = 0.936 + 0.715 * 虚拟变量。虚拟变量（品牌 < 内容）的回归系数值为 0.715，P 值小于 0.01，意味着着当品牌 < 内容时，内容营销会对关系地位产生显著的正向影响关系。假设 3.3 得到证明。

表 20   品牌 < 内容时，内容营销与关系地位的回归情况（假设 3.3）

	非标准化系数		标准化系数	t	p	VIF	R^2	调整 R^2	F
	B	标准误	Beta						
虚拟变量	0.936	0.369	—	2.541	0.012 *	—	0.344	0.338	58.612 (0.000 **)
品牌 = 内容	0.715	0.093	0.586	7.656	0.000 **	1			

因变量：品牌 < 内容，关系地位
D – W 值：1.765
* $p < 0.05$ ** $p < 0.01$

对三种不同契合程度的内容营销对关系地位的影响进行对比可知,当契合度最高时,即品牌>内容时,消费者对关系地位的感知程度最高;当契合度一般时,即品牌=内容时,消费者对关系地位的感知程度最低。

从表 21 可以看出,模型 R 平方值为 0.362,模型通过 F 检验。公式为:品牌>内容,关系能量 = 0.419 + 0.761 * 虚拟变量。虚拟变量(品牌>内容)的回归系数值为 0.761,P 值小于 0.01,意味着当品牌>内容时,内容营销会对关系能量产生显著的正向影响关系。假设 4.1 得到证明。

表 21　　品牌<内容时,内容营销与关系能量的回归情况(假设 4.1)

	非标准化系数		标准化系数	t	p	VIF	R^2	调整 R^2	F
	B	标准误	Beta						
虚拟变量	0.419	0.376	–	1.112	0.268	–	0.362	0.356	63.568 (0.000**)
品牌>内容	0.761	0.095	0.602	7.973	0.000**	1			

因变量:品牌>内容,关系能量

D - W 值:2.194

* $p<0.05$　** $p<0.01$

从表 22 可以看出,模型 R 平方值为 0.253,模型通过 F 检验。公式为:品牌=内容,关系能量 = 0.884 + 0.669 * 虚拟变量。虚拟变量(品牌=内容)的回归系数值为 0.669,P 值小于 0.01,意味着当品牌=内容时,内容营销会对关系能量产生显著的正向影响关系。假设 4.2 得到证明。

表 22　　品牌<内容时,内容营销与关系能量的回归情况(假设 4.2)

	非标准化系数		标准化系数	t	p	VIF	R^2	调整 R^2	F
	B	标准误	Beta						
虚拟变量	0.884	0.428	–	2.065	0.041*	–	0.253	0.246	37.943 (0.000**)
品牌=内容	0.669	0.109	0.503	6.16	0.000**	1			

因变量:品牌=内容,关系能量

D - W 值:2.003

* $p<0.05$　** $p<0.01$

从表 23 可以看出,模型 R 平方值为 0.300,模型通过 F 检验。模型公式为:品牌<内容,关系能量 = 0.564 + 0.715 * 虚拟变量。虚拟变量(品牌<内容)的回归系数值为 0.715,P 值小于 0.01,意味着当品牌<内容时,内容营销会对关系能量产生显著的正向影响关系。假设 4.3 得到证明。

表 23　　品牌＜内容时，内容营销与关系能量的回归情况（假设4.3）

	非标准化系数		标准化系数	t	p	VIF	R^2	调整 R^2	F
	B	标准误	Beta						
虚拟变量	0.564	0.407	-	1.385	0.169	-	0.3	0.294	47.986 (0.000**)
品牌＜内容	0.715	0.103	0.548	6.927	0.000**	1			

因变量：品牌＜内容，关系能量

D－W 值：1.891

* $p<0.05$ ** $p<0.01$

对三种不同契合程度的内容营销对关系能量的影响进行对比可知，当契合度最高时，即品牌＞内容时，消费者对关系能量的感知程度最高；当契合度一般时，即品牌＝内容时，消费者对关系能量的感知程度最低。

六、结论与反思

（一）结论

学术界已就内容营销相关范畴取得诸多研究成果。本研究在此基础上，从内容营销中内容信息和产品品牌之间不同的契合程度的角度入手，探索怎样的契合度有利于内容营销，有利于品牌资产。研究以"百雀羚"不同契合程度的内容营销广告作为研究对象，以品牌个性、品牌礼遇、关系地位与关系能量四个维度为因变量，根据调查数据进行相关性分析并检验不同契合程度的内容营销对于因变量的影响，以作为内容营销与品牌资产的相关研究的补充。

1. 品牌与内容的契合度低，即品牌＜内容时，品牌个性感知度最高

研究结果显示，当契合度最低时，即品牌＜内容时，消费者对品牌个性的感知程度最高。因此降低品牌与内容的契合度能提高消费者对品牌个性的熟识度和敏感性，有利于建立品牌个性与自我个性的联系。同时已有研究证实消费者更青睐于挑选品牌个性与自我个性相一致的品牌，因此，降低品牌与内容契合度，有利于增加品牌资产。对于品牌管理者来说，选择品牌与内容契合度较低的内容营销方式，能够塑造在个性上与消费者达成一致的品牌形象。

2. 品牌与内容的契合度高，即品牌＞内容时，品牌礼遇感知度最高

研究结果显示，当契合度最高时，即当品牌＞内容时，消费者对品牌礼遇的感知程度最高。故品牌管理者为提升品牌的友善程度，增加商家的品牌资产，应当选择品牌与内容契合度高的内容营销方式。

3. 品牌与内容的契合度高，即品牌＞内容时，关系地位感知度最高

研究结果显示，当契合度最高时，即品牌＞内容时，消费者对关系地位的感知程度最

高。高契合度的内容营销在一定程度上能唤起消费者过去消费该品牌所产生的信任和亲密,并进一步加强关系地位维度的影响,促进消费者购买品牌的意愿。对于品牌管理者来说,适当提高品牌和内容的契合程度能提升关系地位维度,进而增加商家的品牌资产。

4. 品牌与内容的契合度高,即品牌 > 内容时,关系能量感知度最高

研究结果显示当契合度最高时,即品牌 > 内容时,消费者对关系能量的感知程度最高。高契合度的内容营销能够不断为品牌创造新鲜感,提升顾客在未来持续购买该品牌的意愿。品牌管理者可以通过提高内容营销中品牌和内容的契合程度来增加关系能量,进而增加品牌资产。

本课题对不同契合程度的内容营销对品牌资产四个维度影响情况进行了量化分析,为品牌使用者提供了理论参照。研究表明,有效的营销手段能够从不同角度增加品牌的附加值,从而增加一个品牌的品牌资产。本研究可为商家选取最合理内容营销方式,塑造最合适的品牌形象的提供理论支撑。

(二) 研究局限与展望

1. 数据样本规模和质量的局限

此次调查仅回收有效问卷 114 份,且样本多集中分布在华中地区高校和中年群中。而"百雀羚"受众则是面向全国各地的各年龄层次的消费者。样本的局限可能会对数据结果产生影响。后续调研中应当进一步完善样本的质量,以减小误差。其次,本次研究将"百雀羚"的三份不同契合程度的内容营销作品放在同一问卷中,导致测量问卷中问项较多,调查对象易产生厌烦心理而影响填答结果。后续研究中应当设计更加合理的问卷,形成更好的对比效果。

2. 内容与品牌契合度分类标准的局限性

本次研究在划分产品内容与品牌契合程度时过多依赖于调查者的主观感知,缺少科学严谨的划分标准,导致分类界限不明确对量化分析产生影响。在后续研究中可以寻求更科学的分类标准来进行测量。

3. 维度量化方面的局限性

本次研究仅对品牌资产四个维度与产品内容契合度高低的相关性进行了量化分析,对于该四个维度对品牌资产影响的重要程度尚未解答,不能得到综合这四个维度的条件下,何种契合度的内容营销更为优质。在后续研究中可以进一步寻求产品与内容不同契合程度对各维度的影响作用及各维度对品牌资产的影响作用,从而为品牌管理者提供更加精准的建议。

主要参考文献

[1] 李蕾. 内容营销理论评述与模式分析 [J]. 东南传播,2014,(07):136 – 139.

[2] Pulizzi J. Get Content Get Customers: Turn Prospects into Buyers with Content Marketing [J]. Amacom,2009.

[3] Hardey M. Generation C: Content,Creation,Connections and Choice [J]. Interna-

tional Journal of Market Reacher, 2011, 53.

[4] Harad K C. Content Marketing Strategies to Educate and Entertain [J]. Journal of Financial Planning, 2013, 26 (3): 18 – 20.

[5] 周懿瑾, 陈嘉卉. 社会化媒体时代的内容营销: 概念初探与研究展望 [J]. 外国经济与管理, 2013, 35 (6): 61 – 72.

[6] 陈姝, 王正斌, 刘伟, 等. 感知产品创新性对品牌资产的影响机制研究 [J]. 预测, 2015, 34 (3): 21 – 27.

[7] FOG K, BUDTZC. MUNCHP, et al. Storytelling: Branding in Practice [J]. Public Relations Review, 2006, 32 (1): 89 – 90.

[8] DOORN J V, LEMON K N, MITTALV, et al. Customer Engagement Behavior: Theoretical Foundations and Research Directions [J]. Journal of Service Research, 2010, 13 (3): 253 ~ 266.

[9] 贺爱忠, 蔡玲, 高杰. 品牌自媒体内容营销对消费者品牌态度的影响研究 [J]. 管理学报, 2016, 13 (10): 1534 – 1545.

[10] 赖元薇. 全球品牌利用社交媒体内容营销提升品牌忠诚度的机制研究 [D]. 对外经济贸易大学, 2017.

[11] Aaker D. A., Keller K L. Consumer evaluations of brand extensions [J]. Journal of Marketing, 1990, 54 (1): 27 – 41.

[12] 钟帅, 章启宇. 基于关系互动的品牌资产概念、维度与量表开发 [J]. 管理科学, 2015, 28 (02): 69 – 79.

[13] Aaker David A. Building strong Brands [M]. New York: Free Press. 1996.

[14] 梁辉煌. 消费者自我概念与品牌个性一致性对品牌偏好的影响研究 [D]. 湖南大学, 2007.

[15] 陈晓红. 品牌个性与消费者自我概念的一致性及其对品牌忠诚的影响 [J]. 社会心理科学, 2007 (z2): 119 – 122.

[16] Blackston M. The qualitative dimension of brand equity [J]. Journal of Advertising Research, 1995, 35 (4): 2 – 7.

绿色产品研发的经济后果

——基于格力光伏空调的案例研究

张 寅

会计学院 会计学专业 1502 班 指导老师：吴德军

摘 要：20 世纪以来，全球性环境污染和资源短缺问题日趋严重，绿色产品以其节能环保的特点逐渐引发人们的关注。本文从格力电器公司背景出发，探讨了格力电器绿色创新的历程、创新的投入与产出，然后从公众关注度、销售市场、资本市场、竞争者及相关市场和社会责任信息披露等五个维度对格力电器推出光伏直驱变频空调后的反应进行分析。进而通过对反应的研究，证明了绿色产品研发在给格力电器带来环保效益的同时会对相关市场产生了不同程度的影响。最后，本文针对绿色产品研发的企业提出了创新的启示和建议。

关键词：绿色创新；绿色产品研发；格力电器；光伏空调

一、引言

（一）研究背景与意义

工业革命以来，经济社会日益高速发展，人类的活动范围不断扩大。一方面，高速的工业发展创造了巨额社会财富，给人们的生活方式带来了翻天覆地的变化；另一方面，传统的粗放式经济增长方式对自然环境产生了不可逆转的影响。环境与生态问题已经成为了经济社会发展的瓶颈[①]。

十八届五中全会提出"创新、协调、绿色、开放、共享"的新发展理念。2018 年中国起征环境保护税。一系列环保政策和法律的实施，在供给侧，倒逼实体企业走向转型之

---

① 瓶颈（bottleneck）：原指公路上行驶的车辆遇到狭窄的路段，会因为车辆密度增大而形成堵塞，流量随之减小。引申至经济学中，就是指经济发展至一定阶段后限制其发展的因素。

路，以绿色产品研发顺应政策享受绿色产品补贴，同时避免环保处罚相关支出。在需求侧，绿色创新的观念逐渐深入人心，消费者用于绿色产品的支出不断扩大。

在此背景下，格力电器作为行业技术领先者，较早地开始了绿色产品的研究和开发。格力的光伏直驱变频空调在 2014 年正式上线，这一产品将耗电量高的空调同新能源技术结合，最终实现降低使用成本和提高光伏利用率的双重目的。

目前大部分企业高管认为企业进行绿色产品创新的作用局限于环保效益，给企业带来的收益远不足以支撑绿色研发的支出。但本文认为，基于溢出效应理论，绿色创新除了会带来基本的环境绩效，还会给创新主体带来一定的经济绩效，最终有利于企业的长远发展。

（二）文献综述

绿色创新指有利于资源节约，环境保护的各种产品、服务和制度的创新。Chen（2006）认为绿色创新包括产品创新和流程制度创新，包括了减少资源消耗、降低或避免污染排放以及提升废物回收利用的能力。Rennings（2000）将绿色创新的概念进一步扩大，认为绿色创新还包括能够解决环保问题的新服务、新的管理体系甚至新的商业模式。

绿色产品创新能够给企业带来环保效益，同时也会带来一定的经济后果。Lee 和 Min（2015）在研究中证明了绿色研发投资与企业 CO_2 排放呈现负相关关系。Rennings（2000）也证明了绿色创新能够有效地帮助企业减轻其对环境的负面影响。而对于经济后果，最早是由 Judge 和 Douglas（1998）区分了环境绩效与经济绩效，并证明采纳绿色创新战略的企业取得了更好的经济绩效和环境绩效。Chen（2006）和 Eiadat（2008）得出了相似的结论：绿色创新能够降低企业对环境的负面影响，提升企业的财务表现，帮助企业获取竞争优势。

在绿色创新引发经济后果的内在运行机制的研究上，主流观点认为绿色创新通过环境绩效间接地引发经济绩效。Shrivastava（1995）在研究中发现绿色创新战略是通过提升环境绩效间接促进经济绩效。李怡娜和叶飞（2013）同样研究发现，由于绿色创新的投资较大，但回收期较长，因此短期内难以见到经济效益，可能存在一些滞后效应。具体分析，通过环境绩效间接影响经济绩效有两种方式。第一种是降低成本，Banerjee（2001）认为绿色创新战略使得企业通过各种绿色组织活动来降低运营成本、改进流程从而提升经济绩效。第二种观点则认为绿色创新是通过改善企业社会形象影响财务绩效，Amores – Salvadó 等（2014）进一步证实了公司的环境保护形象可以调节绿色产品创新与企业财务绩效之间的正向关系。

但是，也有研究认为绿色创新与企业竞争能力的关系并非总是一致的。第一种观点认为企业实施绿色创新会分散企业在其核心业务上的注意力和投资，加重企业的负担，降低企业的竞争力。第二种观点的持有者 Rennings 和 Rammer（2010）认为虽然环境管制驱动的绿色创新能够增加销售，降低成本，但是对于为了满足环境治理标准进行的绿色创新，其获取的盈利优势较低，只有那些能够帮助企业节约资源或实现废物再利用的创新才能获取较高的盈利能力。第三种观点认为绿色创新的类型及其驱动因素都会影响上述关系的方向和显著性，Ghisetti 和 Rennings（2014）发现对于那些能够降低每单位产出的能耗的绿色创新可以促进企业竞争优势的形成，但是仅具有外部性的绿色创新则会降低企业竞争地位。

分析已有文献发现，现有针对绿色创新经济后果的研究主要集中在绿色创新的环保绩效和财务绩效，证明了绿色创新会给企业带来正向的环保绩效和财务绩效。但对于绿色产品研发引发的社会影响、资本市场以及竞争者相关市场等方面影响的研究相对较少。本案例将在资本市场反应、公众关注度变化等方面进行补充研究。

（三）研究思路与内容

本文将以格力的光伏直驱变频空调绿色创新为例，对其创新前后的公众关注度变化，资本市场反应，销售市场反应，竞争者以及相关市场反应进行实证分析。

具体分析，将以"太阳能空调"与"变频空调"两词条的百度指数变化趋势描述公众市场关注度变化；以创新产品时间为节点，计算估计窗口正常收益率，进一步计算事件后窗口的超额累计收益率[①]，从而描述资本市场的反应；以空调收入、成本、毛利和毛利率的四年内的变化描述销售市场的反应；以市场竞争者的销售额变化描述相关市场的变化。最后，根据各项数据的变化得出研究结论，在此基础上给出研究启示。

二、格力公司及其绿色产品研发现状

（一）格力电器公司简介

珠海格力电器是一家集研发、生产、销售、服务于一体的国际化家电企业。自1991年成立，1996年上市以来，格力电器不断推进技术创新，提升自身产品竞争力。迄今为止，已经成为国内家电行业尤其是空调行业的龙头企业，连续15年位于家具行业纳税排行第一。2005年至2017年，格力空调连续12年领跑全球，作为中国空调的一张世界名牌，已经成功打入国际市场。

1. 市场地位

国内家电空调行业目前的主要占有者包括格力，美的，海尔等品牌。统计2011年至2017年的空调内外销数据，见表1，通过表1品牌份额数据，绘制柱状图1和图2。

表1　　　　2011～2017年中国空调内外销市场重要品牌份额

空调内销份额（%）	2011	2012	2013	2014	2015	2016	2017
格力	39	44.9	44	43.3	43.4	42.7	38.6
美的	26.3	21.4	23	24.1	24.4	18	22.4
海尔	7	8.6	9.5	9.8	9.3	9.4	9.9
CR2	65.3	66.3	67	67.4	67.8	60.7	61
CR3	72.3	74.9	76.5	77.1	77.1	70.1	70.9

---

① 超额累计收益率（cumulative abnormal return）：超额收益率通常由宣告发放股利、并购、公司营利预告以及利率上升等事件引起，数值上等于实际收益率减去预期收益率，而超额累计收益率是对超额收益率的求和。

续表

空调外销份额（%）	2011	2012	2013	2014	2015	2016	2017
格力	22.5	24.8	23.5	20.5	20.4	21.3	22.2
美的	28.2	25.2	25.3	25.4	27.1	27.8	27.9
CR2	50.7	50	48.8	46	47.4	49.1	50.1

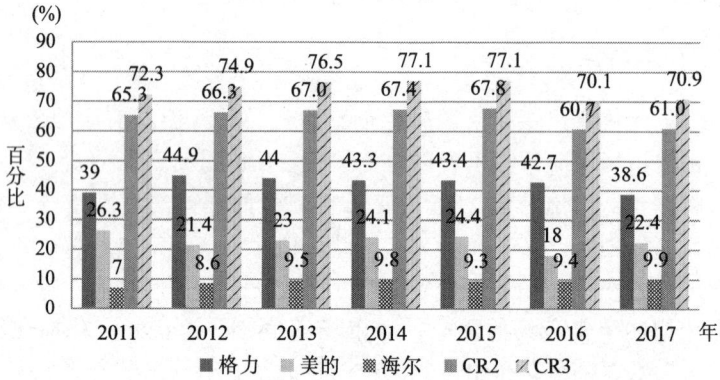

图1 2011～2017年中国空调内销市场重要品牌份额及份额变化

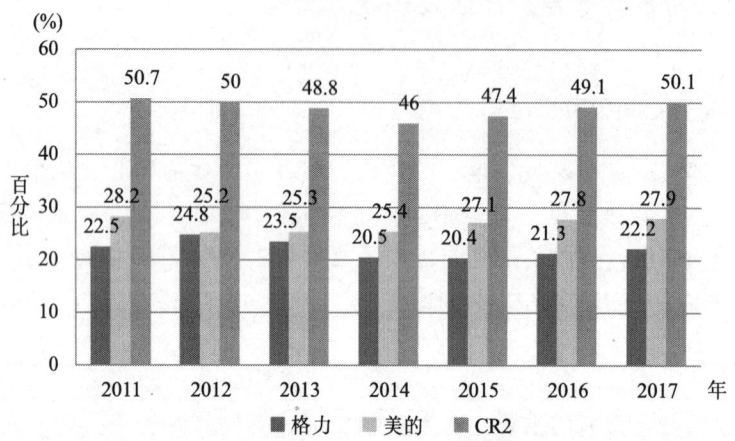

图2 2011～2017年中国空调外销市场重要品牌份额及份额变化

可以观察出，内外销市场呈现出稳定的双寡头格局，内销CR3连续七年均超过70%，内销市场中，格力占据绝对优势；在外销市场上，格力和美的市场份额占比总和长期维持在50%左右，美的的市场份额略高于格力。

2. 技术实力

格力电器在市场中，一直以"格力，掌握核心科技"广告语宣传产品，以差异化战略占领市场。截至2016年12月31日，格力集团获批建设"空调设备及系统运行节能国家重点实验室"，累计共申请发明专利10 000余项。到2016年已经拥有15项"国际领先"的核心技术，其技术实力占据着优势地位。

3. 资金实力

格力电器隶属珠海国资委，1996 年在深交所上市实现资本增值，以 2016 年年报为例，格力电器年营业收入超 1 000 亿元，年末现金流量净额达 656 亿元。在贷款盛行，诸多家电企业困于资金匮乏的今天，格力依然保持着充沛的现金流，其资金实力足够支撑相应的巨额研发支出。近年来，格力的科研投入均超过 40 亿元，是中国家电行业唯——家科研投入不设上限的企业。

（二）格力电器的绿色产品研发历程

格力电器长期坚持自主研发，致力于创新产品的研发和生产。而在创新产品的研发中，格外注重绿色产品创新。

针对空调能耗高的特点，格力在 2013 年 6 月推出产品直流变频离心机，与传统离心式冷水机组相比能够节能 40% 以上，在当时是节能技术的领先者。同年 12 月 13 日其自主研发的"光伏直驱变频离心机"被专家组一致认定为国际领先。实现了永磁同步变频离心机和新能源的结合，同时依靠发用电一体化群控管理系统进行智能化管理和调度，自此开创了中央空调零耗能时代，标志着光伏空调技术逐步走向成熟。

2013 年，雾霾的概念在国内兴起，大气污染引发广泛关注。雾霾天气多发冬季，主要原因系冬季燃煤供暖产生的颗粒物排放。针对解决燃煤供暖污染严重的问题，格力在 2013 年以"双极压缩变频热泵技术"向公众推出无污染供暖模式。采用这一技术，在解决冬季供暖问题的同时实现了环保效益。

2018 年，格力在传统变频空调的基础之上推出变容中央空调。当家庭使用一台内机时，变容空调优于传统的变频空调，外机仅运行单缸，减少双缸低频运行状态。通过这一技术，格力电器再度实现行业首创，在创新层面继续领先竞争对手。

（三）格力绿色创新的研发投入与产出

1. 研发投入

2011 年格力电器用于空调相关技术的研发费用超过了 30 亿元，2012 年则超过 40 亿元。总体来说，格力的科研投入年均超过 40 亿元，是中国家电行业唯——家科研投入不设上限的企业。在科研方面的人工投入，逐年保持上升态势。

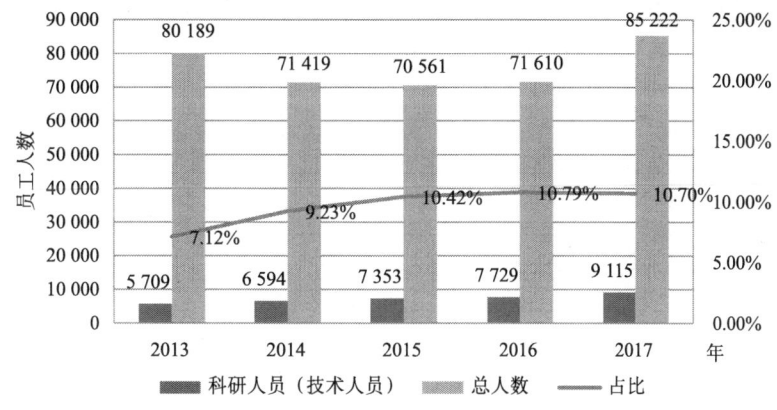

图 3　格力电器 2013 ~ 2017 年员工数量变化

图 3 为格力电器员工人数数量，从格力电器年报中披露的数据整理得出。可以看出从 2013 年至 2017 年，格力电器总员工人数呈现先下降后上升的变化趋势，波动范围约为 10 000 人，总人数维持在 70 000 至 80 000 人之间。而其科研人员的数量却逐年呈现上升态势，年均上涨约 500 人。

而与同行业美的集团相比，格力的员工人数绝对数上虽然不占据优势，但在相对数上，科研人员占总员工数量的比重始终都高于美的集团。由此可以推断，格力电器在创新人才支出方面，始终保持高投入高增长，在同行业中处于领先地位。

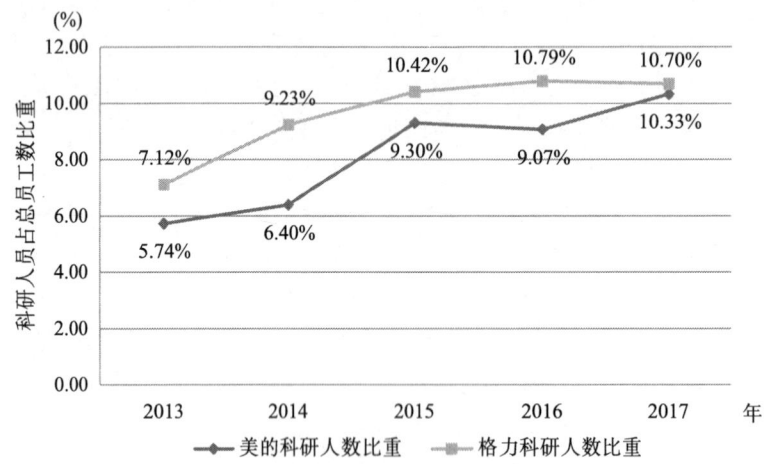

图 4　格力电器，美的集团 2013～2017 年科研人员比重变化

2. 研发产出

格力将掌握核心技术作为公司使命，长期致力于核心技术的研发，迄今为止，累计申请并持有发明专利 10 000 多项。

在国家专利局的专利检索服务系统上，以"公开（公告）日：201X0101 201X1231 AND 申请（专利权）人 =（珠海格力 格力电器 珠海凌达压缩机 珠海凯邦电机 格力暖通制冷设备 格力（武安）精密装备制造 格力机器人）AND 发明类型 =（"I"）AND 公开国家/地区/组织 =（CN）"作为检索式，形成一次检索结果再对检索结果增加检索式"AND 关键词 =（绿色 环保 废水 节约 污染 废弃 清洁 太阳能 光伏 节能 新能源）"进行二次筛选，得到了 1493 条绿色发明专利数据，见图 5。

从图 5 中数据可以看到，格力电器的专利申请数量是呈现逐年上升的趋势的，而其中的绿色发明专利的数量也保持了上升趋势，占总申请数量的比例保持在 7% 左右，维持了相对稳定的比重。

三、格力光伏空调推出的经济后果

2014 年 3 月 12 日，格力电器在中央电视台投放广告对光伏直驱变频空调进行宣传，广告由董明珠和王健林联袂代言，向公众介绍了光伏空调的省电节能效果。此后一周内，"不用电的空调"引起了社会的广泛关注，对资本市场和销售市场、竞争市场以及当年度

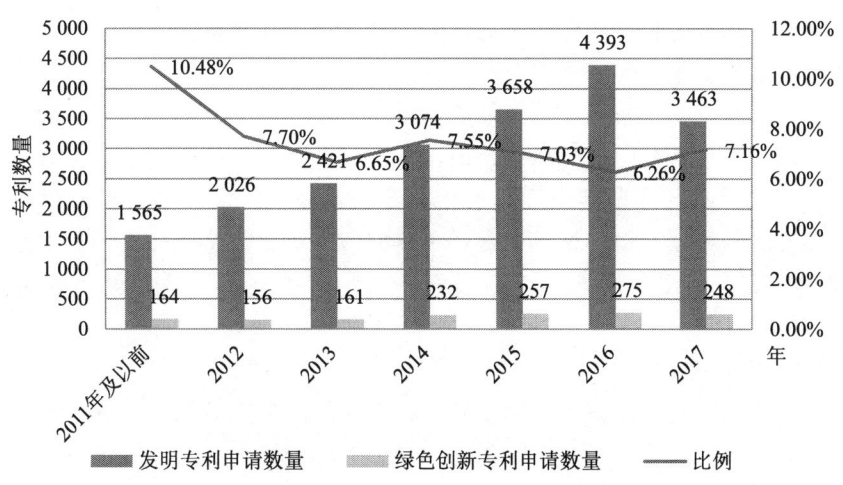

图 5　格力电器历年专利申请数量变化

社会责任信息披露为产生了不同程度的影响,下文将围绕这一事件的市场反应进行分析。

(一) 百度指数关注变化

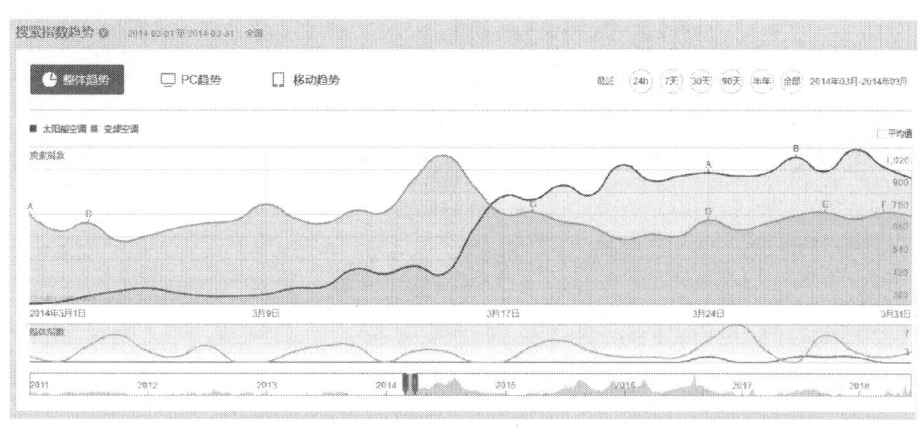

图 6　"太阳能空调"与"变频空调"百度指数变化

将百度指数作为公众关注度变化的参考标准。本文选取了 2014 年 3 月的数据,对比关键词"变频空调"和"太阳能空调"的关注度,可以明显观察出,在 2014 年 3 月 16 日以前,关键词"太阳能空调"的搜索量明显低于"变频空调",数量维持在 300 左右,占"变频空调"搜索量的 1/2。2014 年 3 月 12 日,格力在中央电视台投放广告宣传新产品光伏直驱变频空调,此后两天被多家媒体报道,引发了较为广泛的社会关注。这一关键词的搜索量随之快速上升,从 300 左右迅速上升至 1 000,在 3 月 16 日正式超过"变频空调"的搜索量,热度持续数周未下降。

(二) 资本市场变化

1. 事件研究法

事件研究法最早由 Ball 和 Brown (1968) 及 Fama et al (1969) 用来检验某些特定事

件的发生对资本市场证券价格的影响。具体来说是通过对这类事件发生前后一段时间样本股票超额收益率的变化来解释所选研究的特殊事件对于股票收益率的影响被广泛应用于研究半强式有效市场上对上市公司信息披露的反应。

事件对公司股票的影响，首先体现在股价上。事件对股价的影响主要体现在超额累计收益率，即实际收益率减去正常预期收益率。计算超额累计收益率，目前主要有三种模型，分别是均值调整模型、市场调整模型和市场模型。相比较而言，市场模型是应用最为广泛的计算模型，可以剔除市场中的系统风险，尽可能减少误差，因此本文选取此类方法。

2. 样本的选取及窗口的确定

本文中股票市场交易数据均来自国泰安公司提供的国泰安数据库。本文获取了格力电器（000651）和深证 A 股指数①（3001070）的收盘价格以及收盘指数作为样本。然后将格力电器的股价涨跌幅作为股票实际收益率 r_t，将深证 A 股指数的涨跌幅作为市场收益率 R_{mt}，r_t 和 R_{mt} 均可由收盘价格和收盘指数通过公式 4-1，4-2 计算得出。

$$R_t = \frac{P_t - P_{t-1}}{P_t} \qquad 4-1$$

$$R_{mt} = \frac{P_{mt} - P_{m(t-1)}}{P_{m(t-1)}} \qquad 4-2$$

2014 年 3 月 12 日，光伏直驱变频空调在中央电视台广告上向观众亮相。由于广告效应强烈，信号传递至资本市场较为迅速，故选取（-5，5）作为窗口。

Campbell 认为，对于小于（-30，30）区间的事件窗口，估计窗口可以是 120 天或更长，因此，本文选取（-125，-6）共计 120 个交易日作为估计窗口。

3. 实证分析结果

通过最小二乘法对收集到的股票收盘价格和市场指数涨跌幅数据进行回归，可以计算出市场模型回归系数 β 和截距 α。将市场收益率 R_{mt} 带入市场模型，可以计算出预期正常收益率 R_t。而超额收益率在数值上等于实际收益率减去预期收益率。若数值为正，则为正收益，若为负，则为负收益。进一步计算，累计超额收益率 CAR，等于超额收益率之和，表现为光伏直驱变频空调推出后的总影响。

计算出的结果 AR，CAR，AAR 见表 2，将 CAR 的计算结果绘制成折线图如图 7。

表 2　　　　　　　　　　　　AR，CAR，AAR 计算结果

日期	区间	AR	CAR	AAR
2014-03-05	-5	-0.02056	-0.02056	-0.02056
2014-03-06	-4	0.01873	-0.00183	-0.00091
2014-03-07	-3	-0.00436	-0.00619	-0.00206
2014-03-10	-2	0.006076	-0.00012	-2.9E-05
2014-03-11	-1	0.021251	0.021135	0.004227

① 由于格力电器是在深交所上市的 A 股企业，考虑到更能反映市场情况，故选取深证 A 股指数作为市场指数。

续表

日期	区间	AR	CAR	AAR
2014-03-12	0	0.014111	0.035246	0.005874
2014-03-13	1	-0.01828	0.01697	0.002424
2014-03-14	2	-0.01094	0.006033	0.000754
2014-03-17	3	-0.0071	-0.00107	-0.00012
2014-03-18	4	-0.01862	-0.01969	-0.00197
2014-03-19	5	-0.01479	-0.03448	-0.00313

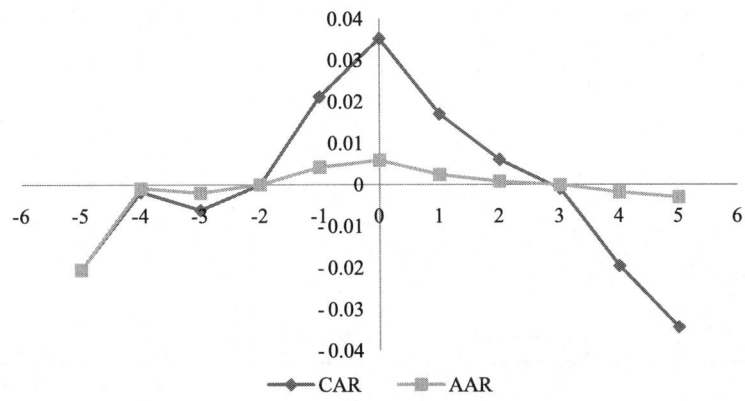

图 7 CAR, AAR 在事件窗口内的波动变化

从图中折线变化可以观察到，在事件窗口内，CAR 波动较大，数值在（-2,3）之间大于零，在（3,5）之间有所退热，呈现下降趋势。

为了检验上述结果是否由股价随机波动引起，对结果进行显著性检验，是否显著区别于 0。假设 H_0：$CAR_t = 0$，即股市对事件的反应不敏感，计算出的结果见表 3。从表中可以判断，超额累计收益率在个别窗口如（-1,2）通过了检验，但最大窗口（-5,5）以及事后窗口（0,5）并未通过 t 检验。由此可以进行推测，在光伏直驱变频空调在中央电视台推送广告的前期，给股市传递了利好信号，提升了投资者信心，从而使股价上涨产生超额收益。但随时间推移，投资者可能倾向于认为这是一项全新的产品，产品价格较高，消费者在短时间内难以接受，因此在市场上的受众少、销路窄，对公司的销售增长并无增益。最终股价随之呈现下降趋势，超额收益逐渐消失。

表 3　　　　　　　　　　　　不同窗口下 t 检验结果

事件窗口	Car 值（%）	T 值	P 值
(-5, -1)	0.0214	-0.2254	0.8327
(-1, 0)	0.3708	4.2550	0.1470
(0, 1)	-0.0042	0.5422	0.6827
(0, 2)	-0.0151	-0.2017	0.8588
(0, 3)	-0.0222	-0.8650	0.4507

续表

事件窗口	Car 值（%）	T 值	P 值
(0, 4)	−0.0408	−1.4905	0.2104
(0, 5)	−0.0556*	−2.0160	0.0999
(−1, 1)	0.0188**	4.7521	0.0415
(−1, 2)	0.0061**	3.3337	0.0446
(−2, 0)	0.0414	2.4274	0.1359
(−4, 0)	0.0558***	3.7981	0.0191
(−5, 5)	−0.0345	−0.0681	0.9470

注：*，** 分别表示在 10%、5% 的统计水平下显著。

（三）销售市场变化

格力在公司继 2013 年推出"光伏直驱变频离心机"之后，又于 2014 年新推出了具有颠覆性的空调产品"光伏直驱变频多联机"。考虑到光伏空调的影响主要影响的是 2014 年消费市场，于是选取了 2011 年至 2014 年销售数据，见表 4。

表 4　　　　　　　　　2011~2014 年格力空调市场销售变化

项目	2011 年	2012 年	2013 年	2014 年
空调营业收入（万元）	7 478 483	8 888 609	10 548 790	11 871 914
空调营业成本（万元）	6 096 020	64 411 76	6 908 532	7 147 221
空调毛利（万元）	1 382 463	2 447 433	3 640 258	4 724 693
空调毛利率	18%	28%	35%	40%
空调营业收入增长率	36%	19%	19%	13%
空调营业成本增长率	43%	6%	7%	3%
空调毛利率增长率	−4%	9%	7%	5%

由表中数据可以看出，从 2011 年到 2014 年，格力电器归属空调部分的营业收入，营业利润均处于快速增长趋势。其中，受到家电行业整体处在结构调整、转型升级的关口的影响，空调营业收入增速有所放缓，但仍维持在 12.54% 的高水平；而营业成本的对应增长率则由于管理改善、技术进步等因素的影响有所放缓。两者综合作用，2014 年格力电器的空调营业毛利率达到了 39.80% 的历史最高水平。

以多联机组为例，目前市面上格力出售的普通直流变频空调均价为 30 056 元，而光伏直驱变频多联机组的均价则为 42 367 元（数据来自阿里巴巴采购批发网报价），价格相比提高了约 40.96%。这也在一定程度上解释了上述 2014 年收入毛利变化的原因：销量受到价格上涨的影响而增长缓慢，所以营业收入保持了较低的增速。而售价较高，也给格力带来了更高的毛利率。

总的来看，受到家电行业结构调整，转型升级，价格因素的影响，销售市场对于格力推出的新产品的反应并不十分显著。

(四) 竞争对手及国内空调市场的变化

2011年12月8日,格力自主研发的首台太阳能变频空调在珠海格力下线,是我国太阳能空调的首代产品,在向市场推出后,各竞争对手也迅速做出了反应。12月10日,美的集团宣布首台Q-HAP太阳能空调研制成功。与此同时,青岛海尔的执行副总裁周云杰表示海尔的太阳能空调产品将于2012年上市。但在此阶段受到技术条件不够成熟,对太阳能电池板面积的高要求,价格昂贵等因素的影响,太阳能空调在国内尤其是家庭用户仍然难以普及。

2014年格力推出光伏直驱变频空调,作为太阳能空调技术发展到一定程度后的第三代产品,由于技术趋于成熟,在市场上引起了较为广泛的关注。见图8,本文选取了2012年至2015年格力电器、美的集团和青岛海尔的空调销售额数据进行比较分析。

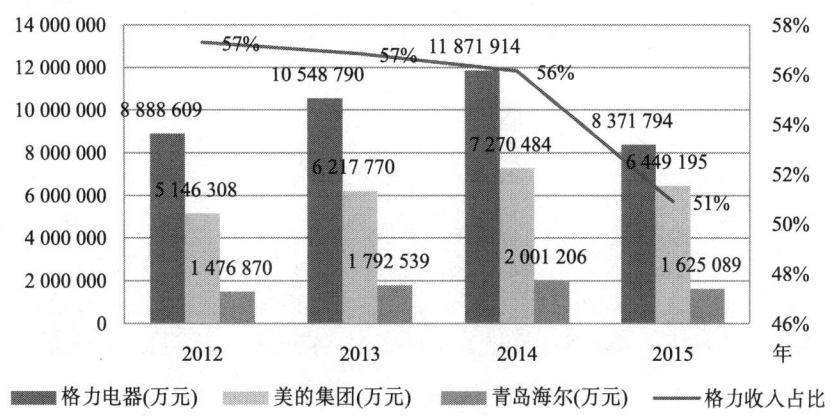

图8 2012~2015年格力、美的和海尔空调销售收入变化

从图中可以观察到,从2012年至2014年格力电器、美的集团和青岛海尔在空调销售额上始终处于上升态势。在光伏直驱变频空调推出的2014年,格力电器的销售额达到历史最高1 187亿元,行业前三市场份额中占比56%,其空调市场地位无可撼动。

2014年,格力推出了适用于家用中央空调的多联机,适用于大型建筑的离心机。这两项产品问世后,格力逐渐全面占领太阳能空调市场。此后,美的QHAP空调逐渐退出市场,海尔未能推出相应的产品,国内的太阳能空调市场由格力电器一家独大,市面上难寻其他品牌的太阳能空调。

(五) 格力的社会责任信息披露变化

本文选取了润灵环球社会责任评级作为社会责任报告评判标准。润灵社会责任报告评级体系从M、C、T、i,即整体性、内容性、技术性、行业性四个零级指标出发,综合运用15个一级指标和63个二级指标对企业社会责任报告进行打分。

其中,C—内容型零级指标下设环境指标,环境指标包括了"环境整体管理信息""预防污染信息""可持续资源使用信息"以及"减缓及适应气候变化信息"。因此C指标的得分变化相比其他三个指标更能反应光伏空调对于社会责任信息的影响。本文选取了润

表 5　　　　　　　格力电器 2009~2015 年社会责任报告润灵评级得分

年份	等级	评级展望	评级得分	M	C	T	i
2009	BB -	—	35.52	9.78	19.72	6.02	—
2010	BB	—	41.39	12.42	18.75	8.97	1.25
2011	BBB	—	51.60	17.81	20.16	8.53	5.10
2012	BB	消极	44.32	13.59	21.94	8.16	0.63
2013	BB	稳定	42.73	14.77	19.16	6.51	2.29
2014	BB	稳定	44.12	13.13	22.32	7.01	1.67
2015	BBB	积极	50.44	15.47	23.55	8.29	3.13

灵环球对格力电器 2009 年至 2015 年社会责任报告的打分情况,见表 5,并绘制成堆积柱形图图 9。

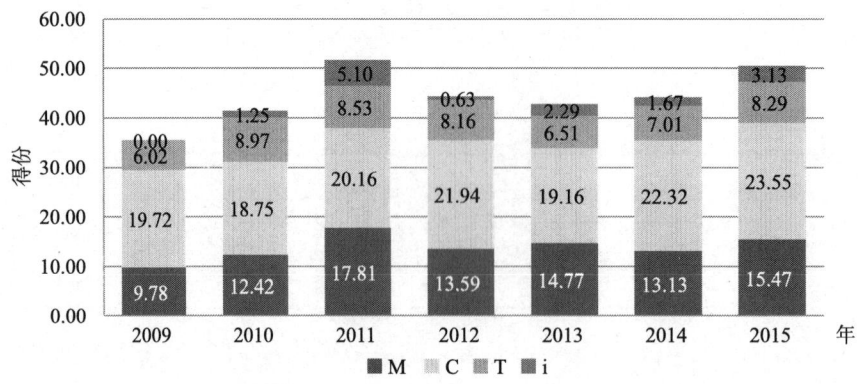

图 9　格力电器 2009~2015 年社会责任报告润灵评级得分变化

分析图中数据,观察发现 2011 年到 2013 年,格力电器社会责任报告得分呈现下降趋势。2014 年,格力推出光驱直驱变频空调,当年度的社会责任报告得分有了较大提高,从 42.73 上升至 44.12。其中主要影响指标是涵盖"环境"一级指标的 C 指标,Content 得分从 19.16 上升至 22.32,净增长 3.16 分。这表明格力电器在 2014 年度的绿色产品研发对社会责任报告质量产生了积极的改善作用,且主要通过提高"环境"指标得分发挥作用。在绿色产品推出的次年 2015 年,格力电器的社会责任报告得分继续上升至 50.44,净增长 6.32,获得"积极"评级展望。其中,C 指标上升幅度较去年有所下降,增长 1.23。据此可以推测 2015 年格力电器社会责任报告的"环境"指标增长较 2014 年增长有所放缓,光伏空调对 2014 年社会责任信息质量发挥了显著的正相关作用,但在 2015 年产生的影响相对较小。

四、案例研究启示

本次案例研究通过对格力推出光伏空调后百度指数词条的变化,销售收入成本的波动,超额累计收益率的计算,竞争者采取的反击行为,以及社会责任报告披露变化等方面的研究，得出以下结论：

1. 绿色产品研发在带来环境效益的同时能给企业带来经济效益。以光伏直驱变频空调为例，此绿色产品研发出后第一批应用于珠海格力的一座办公楼，应用新技术每年能大量节省电力资源，从而减少发电所需的能源，降低环境污染，实现节能减排的双重目的。其次，通过环境效益的中介效应，也给企业带来一定的经济效应。其一，节省电力即减少企业的管理费用，降低了生产经营必要的成本费用支出。其二，当光伏直驱变频空调推出到市场时，以绿色产品为卖点能够得到消费者的青睐，同时可以获得国家的专项能源补贴①，因而能以较高的价格赚取经济利润。其三，一项首创的绿色创新技术的提出在资本市场上传递出利好的信号，基于信号传导理论，能够提高投资者的信心，从而推动股价上升，实现公司价值增值。

2. 绿色产品的推出会引发较大范围的公众关注。随着社会公众的环保意识逐渐增强，消费理念发生转变，对于绿色产品的热衷程度不断提升。企业适时推出绿色产品，一方面，即使新产品价格相对较高，但恰好满足了消费者的需求，在替代效应足以弥补价差时，消费者会主动选择绿色产品。企业推进绿色产品研发，推动绿色产品进入市场，能以差异化特征吸引更多的消费者，获取更多市场份额。另一方面，企业的绿色产品的研发行为也能为社会所关注，有利于构建良好的企业形象，提升品牌声誉。

3. 部分绿色产品可能由于成本价格因素在消费市场上引起的反应较小。案例中的光伏空调上市后的第一个会计年度，空调营业收入增速小于前两年的收入增速。经过分析，一项重要原因是价格因素，光伏直驱变频空调的价格比传统空调要高出约40%，这一价差形成的原因主要是研发支出的分摊及生产成本的差异。所以，企业应着重考虑控制研究开发支出。基于产品定价理论，产品价格中的80%在其研发之时就被锁定，形成锁定成本（locked – in cost）②。如果在研发阶段未能考虑到控制锁定成本，最终产品的定价很可能会高于消费者的预期承受能力，反应在销售市场上就是销量平平。

4. 技术水平深刻影响绿色产品的研究和开发，先于竞争对手推出标准化的成熟产品才能抢占市场，立于不败之地。格力电器作为空调行业的技术掌握者，长期保持着年均40亿元以上的高额研发支出，技术研发人员逐年增长，比例不断提高。在对技术的高度重视的基础上，格力电器掌握着核心科技，才能在各大空调厂商之前，率先推出光伏空调的成熟产品。因此，企业主体在进行创新研究时，应格外重视研发方面的资本和人力投入，同时也应当注重研发的时效性，尽可能在竞争对手之前完成技术攻关、实现成果转化。

主要参考文献

[1] 曹洪军，陈泽文："内外环境对企业绿色创新战略驱动效应——高管环保意识的调节作用"，[J]，《南开管理评论》，2017（6）：95 – 103.

---

① 光伏能源补贴：国家税务总局发布公告，自2014年7月1日，国家电网公司购买分布式光伏发电项目电力产品，由国家电网开具普通发票，发电用户每月电力产品销售额超过2万的，按照应纳税额的50%减半征收增值税。

② 锁定成本（locked – in cost or designed – in cost）：是指那些还没有发生，但基于已有的决策，预期一定会发生的成本，这一成本主要发生在价值链的研究与开发支出阶段。

[2] 付强,刘益:"基于技术创新的企业社会责任对绩效影响研究",[J],《科学学研究》,2013(3):463-468.

[3] 何平林,石亚东,李涛:"环境绩效的数据包络分析方法——一项基于我国火力发电厂的案例研究",[J],《会计研究》,2012(2):11-17.

[4] 贺远琼,田志龙,陈昀:"企业社会绩效及其对经济绩效的影响",[J],《经济管理》,2006(7):6-10.

[5] 李怡娜,叶飞:"高层管理支持、环保创新实践与企业绩效——资源承诺的调节作用",[J],《管理评论》,2013(1):120-127+166.

[6] 张伟,李虎林,安学兵:"利用 FDI 增强我国绿色创新能力的理论模型与思路探讨",[J],《管理世界》,2011(12):170-171.

[7] 李怡娜,叶飞:"制度压力、绿色环保创新实践与企业绩效关系——基于新制度主义理论和生态现代化理论视角",[J],《科学学研究》,2011(12):184-194.

[8] 张小军:"企业绿色创新战略的驱动因素及绩效影响研究",[D],《浙江大学硕博论文》,2012.

[9] 任耀,牛冲槐,牛彤,姚西龙:"绿色创新效率的理论模型与实证研究",[J],《管理世界》,2014(7):176-177.

[10] 张钢,张小军:"国外绿色创新研究脉络梳理与展望",[J],《外国经济与管理》,2011(8):25-32.

[11] 王建明,陈红喜,袁瑜:"企业绿色创新活动的中介效应实证",[J],《中国人口资源与环境》,2010(6):111-117.

[12] 杨东,柴慧敏:"企业绿色技术创新的驱动因素及其绩效影响研究综述",[J],《中国人口资源与环境》,2015(S2):132-136.

[13] 杨静,刘秋华,施建军:"企业绿色创新战略的价值研究",[J],《科研管理》,2015(1):18-25.

[14] Chen, Y. - S., Lai, S. - B., & Wen, C. - T. (2006). The Influence of Green Innovation Performance on Corporate Advantage in Taiwan. Journal of Business Ethics, 67 (4), 331-339.

[15] Jing - Wen Huang, Yong - Hui Li. How resource alignment moderates the relationship between environmental innovation strategy and green innovation performance [J]. Journal of Business & Industrial Marketing, 2018 (3).

[16] Lee, K. - H., & Min, B. (2015). Green R& D for eco - innovation and its impact on carbon emissions and firm performance. Journal of Cleaner Production, 108, Part A, 534-542.

[17] Rennings, K., & Rammer, C. (2010). The Impact of Regulation - Driven Environmental Innovation on Innovation Success and Firm Performance. Industry & Innovation, 18 (3), 255-283.

财务视角下数字家庭医生企业盈利模式研究

——以平安好医生为例

王宇飞　周思敏　廖素菲

会计1702　注会1702　会计1701　指导老师：张敦力

摘　要： "数字家庭医生"是提供在线健康咨询及健康管理的付费医疗服务平台，是医疗卫生体制改革在新时代的产物。如今大多数"数字家庭医生"企业陷入"高流量、低盈利"的发展困境，盈利模式亟待优化。平安好医生是我国数字家庭医生行业中的领头者，以财务视角对其盈利模式展开的研究主要从企业的内外部环境、盈利模式构成要素和企业价值创造三个方面进行。研究中运用了盈利模式五要素的分析方法剖析企业的财务战略，依据价值最大化理论，并借助自由现金流、资产负债率等财务指标对企业的财务状况进行分析，发现企业在业务领域、产品定位、前期投入和资源获取方面的问题。研究表明，政府应深化"互联网＋医疗"模式，制定明确的管制及扶持政策；企业应进一步拓宽医疗服务范围，利用科技力量进行效率革命，完善家庭医生服务闭环。

关键词： 移动医疗；财务视角；平安好医生；盈利模式

一、引言

（一）研究背景及意义

随着医改的不断推进，"大健康"理念推动形成了"预防—治疗—OOO调养"一体化的医疗新模式，结合"互联网＋医疗"的数字家庭医生企业应运而生。然而，如今大部分同类企业都已陷入"高流量、低盈利、甚至亏损"的窘境，作为行业的领先者的平安好医生也未能幸免，盈利模式亟待优化。

本文以此为例，基于财务视角构建盈利模式研究框架对平安好医生的盈利模式进行深入分析，找到目前存在的问题，从而提出优化建议。无论是研究上对盈利模式视角的拓宽还是现实中对医疗行业的推进，都能带来一些启示。

（二）研究内容与研究方法

本文将平安好医生作为案例研究对象，以财务视角为切入点，通过构建盈利模式的框架来研究。首先本文将从企业所处的内外部环境着手进行分析，然后分别分析企业盈利模式五要素和盈利模式的构成要素，以及盈利模式影响下的财务战略的改变，并利用价值创造理论，以此研究盈利模式对企业价值的影响，从而实现对平安好医生盈利模式研究来发现其盈利模式的利弊，为我国互联网医疗企业盈利模式带来启示。

根据以上的研究思路，研究框架大致如图1。

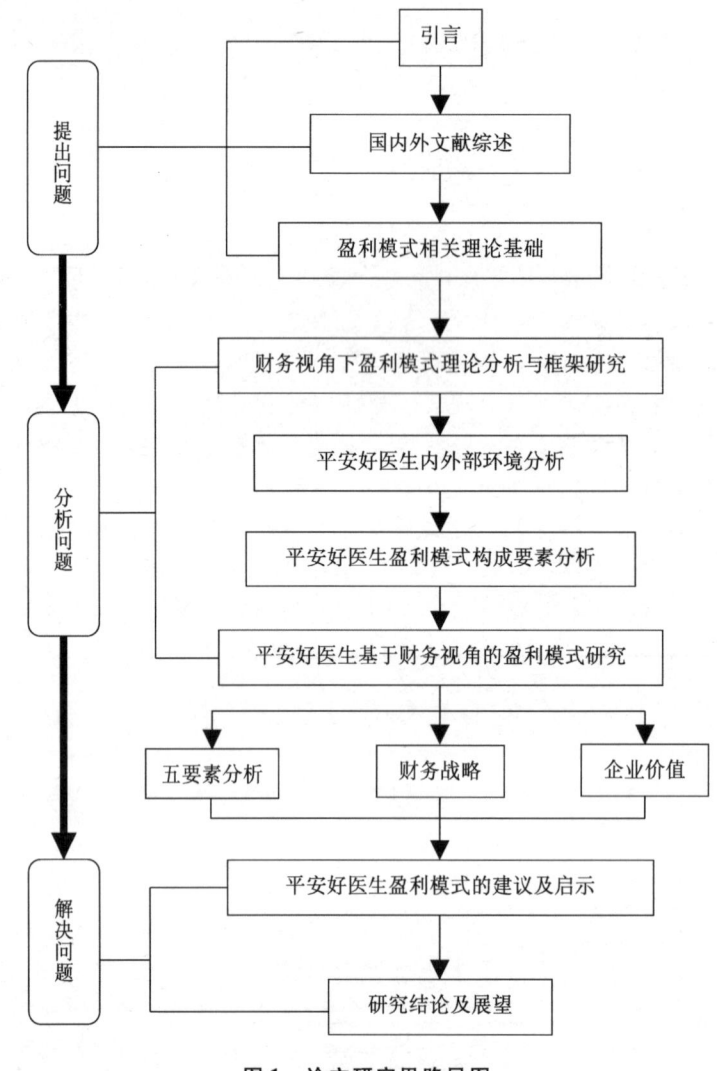

图1 论文研究思路导图

本文研究方法涉及文献分析法、案例分析法和定性与定量结合分析法。利用学校图书馆提供的大量文献和网上海量数据资料为案例分析做好准备。主体部分在对"平安好医生"的案例分析上，分析过程中将采用定性与定量结合分析法，以求多角度对其进行分析评价。

二、文献综述及相关理论基础

（一）国内外文献综述

在国内，尤其是"大健康"的理念提出以来，对互联网医疗的探讨研究一直是热点问题。在发展状况的方面，陈曦教授辨析当前学术界对互联网医疗定义，划清四种主要形式，整个行业的发展问题以及未来研究方向。在未来展望的方面，王小川提出了构建新型医联体"家庭数字医生"的想法，将数字家庭医生作为切口，通过先进数字技术将个性化的医疗服务主动推送到每一个患者。在对国外的研究方面，李建梅教授分析发现目前移动医疗在国外普及度非常高，发展势头良好，在欧美一些地区早已经算是成熟的行业，其中有许多值得借鉴的地方。

（二）相关理论基础

本文主要使用的是盈利模式理论和价值创造理论。前者使用的是彭策学者总结出来的观点，将盈利模式划分为利润对象、利润点、利润杠、利润来源、利润屏障，将价值创造作为核心，即"一个核心、五个基本点"。企业盈利模式的核心是价值创造，为衡量企业的盈利模式另一方面。

三、财务视角下盈利模式理论分析及研究框架

（一）盈利模式与企业价值、财务战略关系的理论分析

从宏观角度把握，企业在发展扩张的过程中，一个稳定的盈利模式将一定程度上决定企业的业务动态；具体来看，作为评估企业综合价值的重要指标，企业的成长率、折现率、自由现金流量将会很大程度上受到其财务战略的影响，这也意味着企业的财务战略将会对企业的财富价值产生深远影响。如图2。

（二）财务视角下盈利模式研究框架的构建

首先，需要对企业的内外部环境进行客观分析，当企业所处环境发生变化时，企业需要对其现有盈利模式做出改善与调整，以顺应环境变化与自身发展。

其次是依据盈利模式研究理论对五个盈利指标要素开展进一步的研究，在对评估分析时利用各类财务数据和指标对企业的盈利模式进行客观评价。

再基于盈利评价视角对企业盈利模式的具体构成要素进行分析，通过资源配置理论对企业的长期财务战略进行研究，最后从财富获取的视角对提升企业综合实力进行分析，估算企业的整体价值，并以企业的价值创造能力作为评判企业盈利模式的标准之一。

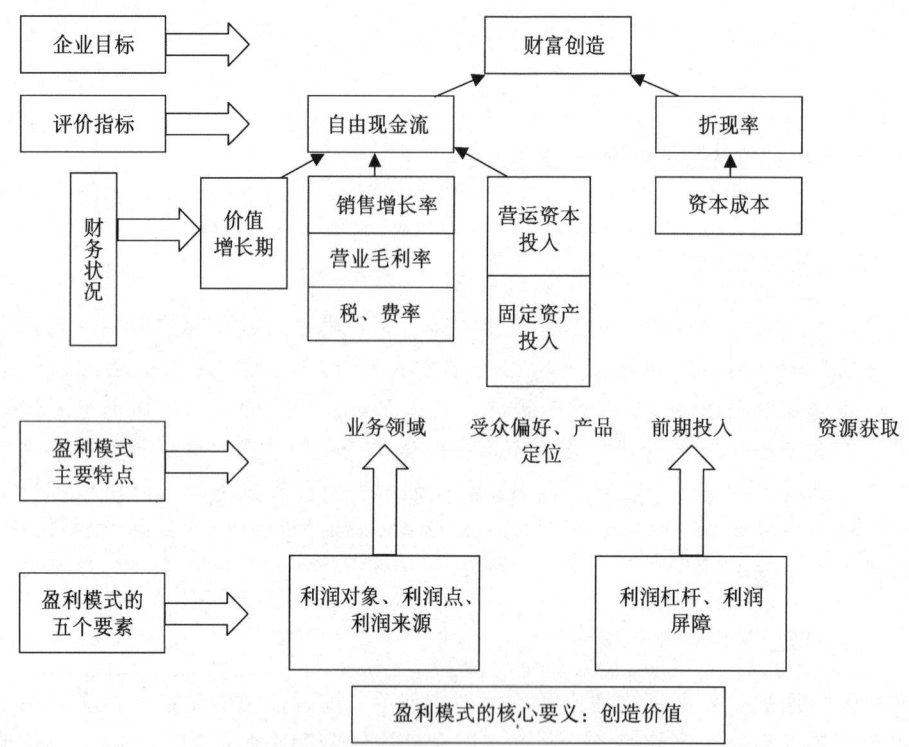

图 2 财务视角下价值最大化企业的盈利模式

四、案例分析

（一）平安好医生的发展现状

1. 平安好医生的成长历程

"平安好医生"是平安健康发布的在线健康咨询及健康管理 app，于 2015 年 4 月上线，在 app 系统中，医生源为核心因素，负责提供实时询访和健康督管服务。2016 年 8 月 15 日，在注册用户超过 1 亿人后，平安好医生成为拥有国内最高覆盖率的移动医疗 app。2018 年 5 月 4 日，平安好医生登陆港交所，创下 2018 年以来港股最大规模 IPO。

2. 平安好医生的股权结构

平安好医生的控股股东包括安鑫有限公司、平安集团、乐锦煊有限公司等。其中，安鑫有限公司直接持有平安好医生 46.2% 股权，是最大股东。

就在提交 IPO 申请前，平安好医生获得了软银集团的投资，旗下的远景基金以 4 亿美元的价格换得了 7.41% 的股份，平安好医生的估值达到 53.98 亿美元。

3. 平安好医生的业务结构

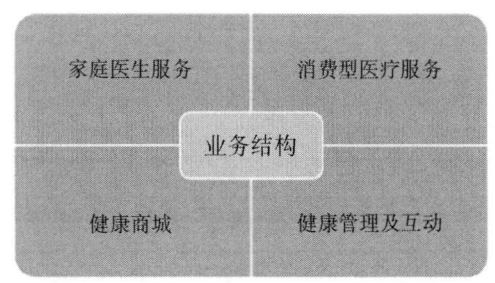

（二）平安好医生内外部环境分析

1. 平安好医生外部环境分析

（1）政治环境分析。根据《2016～2017年中国移动医疗健康市场研究报告》，2016年的最后一个季度，国内消费者规模已接近3.0亿元。而在2017年，包括微医、丁香园在内的17家互联网医疗企业先后获得各政府颁布的互联网医院"牌照"。无论是在用户规模还是政府支持力度上，都表明数字家庭医生拥有一个良好的发展前景。

（2）经济环境分析。中国在医疗健康产业的建设力度正稳步加大，有关资料表明，现阶段国内于医疗健康服务领域的支出总额已超过35 000亿元，占GDP的5.56%。

如图3，在国家医改背景下，我国的移动医疗市场规模逐年攀升，用户规模增长迅猛。截止到2016年底，移动医疗市场规模达到74.2亿元，环比增长率为63.1%。我国移动医疗用户规模达到2.94亿人，环比增长率为93.4%。

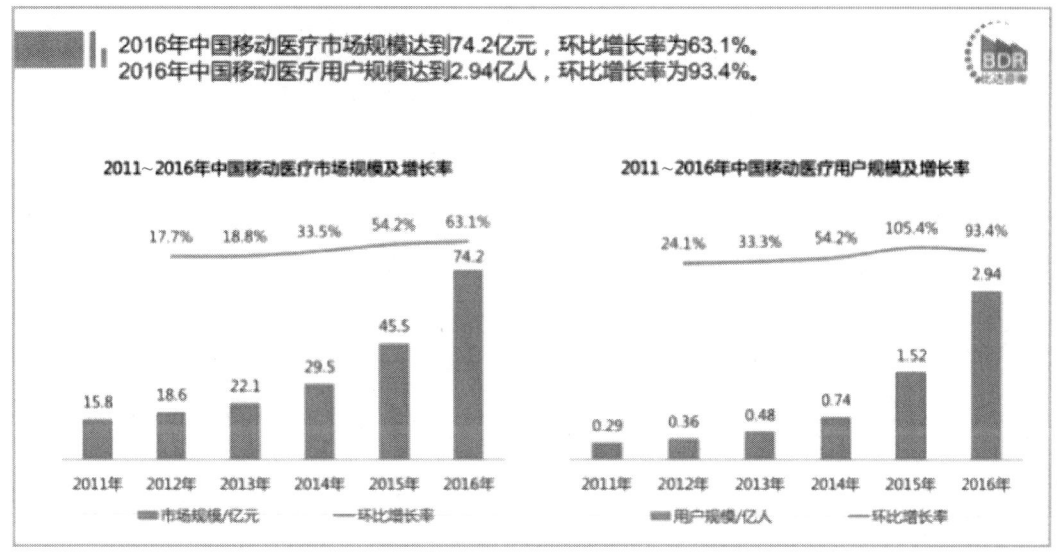

图3 中国移动医疗市场及用户规模

（3）社会环境分析。我国的人口基数大，随着老龄化问题的不断涌现，一些如"三高"等慢性病的增加，独生子女政策为孩子施加养老负担，医疗服务行业的空间有了很大程度的提升。

近来一些老年病出现了年轻化的趋势，而年轻人更倾向选择"数字家庭医生"等移动医疗 APP 进行健康咨询，这也为"数字家庭医生"产业的发展给予了较大的利好。

（4）科技环境分析。随着智能手机的普及，人们在日常生活中能够非常方便的访问"数字家庭医生"平台，而大数据分析等技术的研发，有效了提高平台的医疗服务水平，并降低医疗差错。

2. 平安好医生内部环境分析

（1）平安好医生的竞争优势。凭借着平安集团的支持，到 2016 年，以平均月活跃用户和日均在线咨询量计，平安好医生已经成为全国最大规模的互联网医疗平台。企业凭借其庞大用户群、完善的医疗服务的网络以及强劲的技术实力形成了实质性的竞争壁垒。

（2）平安好医生的竞争劣势。如图 4，从其上市的招股书中的财务数据来看，自 2015 年以来的三年内，平安好医生净亏损分别为 3.24 亿元、7.58 亿元和 10.02 亿元，预计 2018 年企业仍将继续产生"大额亏损净额"。这主要是因为平安好医生处在初期积累用户阶段，需要大量资本投入市场。而个人用户的变现能力不足，付费率低等问题，也是阻碍平安好医生在此阶段盈利的主要原因。

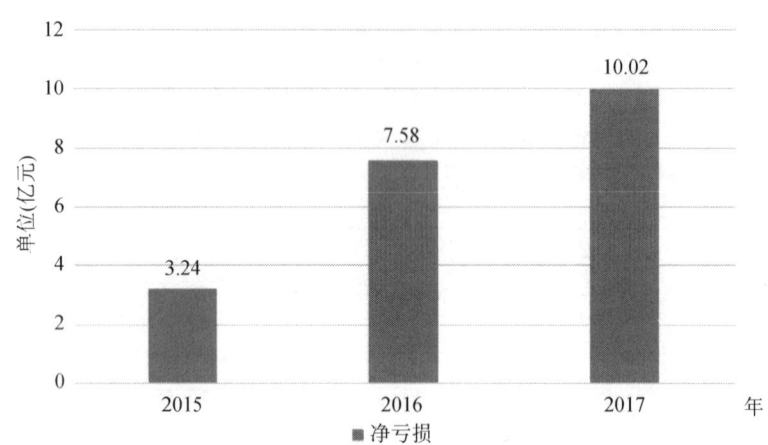

图 4　平安好医生近三年来的净亏损

（3）平安好医生 SWOT 分析。如图 5 所示。

（三）平安好医生盈利模式构成要素分析

1. 利润对象

作为全国最大规模的互联网医疗平台，平安好医生为了更好地为利润对象提供服务，充分调动可用资源，自聘了一千人的全职医生团队作为核心服务圈层，同时签约 5 万名社会化医生作为服务外圈，显著提升了医患沟通的效率。

2. 利润点

（1）便捷快速的操作使用。平安好医生将医生作为核心资源，以移动医疗 APP 为依托，通过在线问诊功打造医患沟通的平台。同时，企业利用强大的互联网，已将挂号前的初步导诊、检查预约等查询化功能置于其中。

W	S
1. 企业的未来发展具有高成长性。 2. 在企业职员中，高学历的科技人才占有较大比例，企业整体的研发创新能力较强。 3. 作为新兴企业，容易受到风险投资人的关注，而平安好医生今年于港IPO也为企业带来了巨大的流动资金，有利于企业更快地发展。	1. 前期在市场推广和广告费用方面的巨额支出让企业连续几年处于亏损状态。 2. 个人用户的变现能力不足、付费率较低。 3. 主营业务不够明确。
1. 国家对相继出台了许多法律法规以促进创新型企业的蓬勃发展。 2. 十八大以来，"科技创新"的理念为数字家庭医生的发展奠定了坚实的基础。 3. 全民上网的时代为企业推广减少了很大支出。	1. 不容乐观的盈利状况。 2. 议价能力的威胁。 3. 在众多移动医疗App的激烈竞争中，难以使大部分民众成为企业的忠实客户。
T	O

图 5 平安好医生 SWOT 分析图

（2）努力提升的服务质量。企业凭借着突出的入口流量优势，不断地提升服务质量，以形成"互联网＋医疗"服务的生态产业链。目前，它合作的对象涉及药商、金融保险机构和健康管理企业，同时积极与国内外相关领域专家合作，一心为消费者提供更加完善的服务。

（3）不断完善的产品追求。依据受众特质，差异化地满足各类消费群体需求。其利用自有医疗团队及创新技术研发出的互联网＋AI 的独特商业模式，能为用户提供更好的产品体验。同时，更多的客户被不断完善的平安好医生所吸引，为企业带来了更大的利益。

3. 利润来源

平安好医生作为"数字家庭医生"企业的代表，其利润来源主要有四大块。家庭服务业务板块主要提供各种医疗服务，消费型医疗方面提供多种整合医疗健康机构服务的标准化服务方案，健康商城则为用户提供医疗产品、健身产品及个人护理用品，健康互动为用户推荐个性化内容以协助用户保持健康的生活方式。

4. 利润杠杆

平安好医生的利润杠杆主要体现在两个方面，一是平安好医生对无形资产及业务拓展的研究；二是产品及服务的推广销售，即通过让企业产品被更多消费者所使用，从而为企业带来更高的利润。

5. 利润屏障

（1）公司业务快速发展。平安好医生组成了大型医疗生态产业网络，竭力对客户自身健康情况、日常生活习惯等个性化数据进行有效归类，构建起资源充裕的信息共享平台。

以"平安好医生"中的平安健康险为例，其在成立以来的五年时间里，与超过 2500 家规模化医疗机构达成合作共识，未来，平安好医生还将与健身、中医理疗等各种线下的医疗机构合作。

(2) 产品服务全面升级。平安好医生通过大数据等新技术打造了独家的人工智能助理，高效、准确地辅助自有医疗团队完成在线咨询。企业未来将通过研发技术、深化保险公司合作方式不断发展公司的业务。同时，随着公司规模的扩大，不断降低运营杠杆。

(3) 优质人才队伍。自创建以来，平安好医生便十分重视人才培养培训体系的完善，努力优化企业的人才结构，而优质的人才队伍也成为支撑企业快速发展的核心竞争力之一。

(四) 平安好医生基于财务视角的盈利模式分析

1. 盈利模式构成要素的财务分析

(1) 利润对象分析。截至 2018 年 6 月，平安好医生的累积注册用户数超过 2 亿人。然而要想充分利用客户资源给企业带来长期的有效收入，还需要着重研究如何加强用户黏性，实现长期稳定的利润来源。

(2) 利润点和利润来源分析。2017 上半年平安好医生的收入来源主要是消费型医疗和健康商城，至 2018 年上半年，除健康商城所占收入比重继续增加外，其余经营板块的收入也有了一定增长。

大数据时代互联网平台为平安好医生提供了海量的用户群体，平安好医生借此提供的医疗服务也延伸到了母婴护理、国际医疗等内容。服务种类不断增多，特别是医药电商的增多为平安好医生带来了新的利润点。

(3) 利润杠杆分析。企业成本费用的主要构成是营业成本、销售费用和管理费用。

对于"数字家庭医生"企业而言，研究创新，探索新型业务领域是企业发展的动力，且产品研发出来后需要经过市场推广销售才能将利润点转化为利润来源。如表1所示。

表1　　　　　　　　　平安好医生近年来的重要财务指标

	截至 6 月 30 日		
	2018 年	2017 年	同比变动
	人民币千元	人民币千元	%
收入	1 122 839	448 589	150.3%
营业成本	(813 921)	(261 722)	211.0%
毛利	308 918	186 867	65.3%
销售及营销费用	(471 735)	(278 704)	69.3%
管理费用	(375 994)	(285 395)	31.7%
其他收入	8 269	4 501	83.7%
其他收益/(亏损)净额	33 870	(77 878)	不适用
经营亏损	(496 672)	(450 609)	10.2%
财务收入/(费用)净额	54 876	(2 511)	不适用
应占合营企业亏损	(2 367)	(2 521)	6.1%
除所得税前亏损	(444 163)	(455 641)	-2.5%
所得税费用	-	(408)	-100.0%
期内净亏损	(444 163)	(456 049)	2.6%
归属于——本公司所有者	(444 163)	(456 049)	-2.6%
非国际财务报告准则调整	(387 928)	(363 997)	6.6%

资料来源：平安健康医疗科技有限公司 2018 年中期报告。

此外，如表1所示，平安好医生2018年上半年的管理费用为376.0百万元，同比增长31.7%。剔除上市相关费用，其他行政费用为人民币297.5百万元，占比26.5%，同比下降34.0个百分点。

（4）利润屏障及综合分析。由表1可知，从2017年至2018上半年间，平安好医生完成了企业收益的增长，但其经营性利润、净利润均为负值，其主要原因为过高的销售市场以及管理费用。平安好医生正居于快速成长的阶段，为完成战略布局，持续性的投入便成了必要条件，在未来，前期投资若未能被及时转变为有效财富，或不能借助合理的管制方式和规模经济将各类开支压缩至较低水平，平安好医生依然无法摆脱持续亏损的可能性。

2. 平安好医生盈利模式驱动下的财务战略

（1）投资战略。

①资源配置。近年来平安好医生不断地收购高科技型的中小公司以提升技术研发及市场开拓能力，同时也涉及新的业务领域，打造新的利润点。

②盈利定位。平安好医生将盈利定位于远期的价值生成，凭借优质的收益来源和目标拓展业务领域，期待在未来将庞大的客户流量转化为经济价值，获得可观的利润。

③投资战略财务特征。

A. 业务板块单一，需要发现更多的利润突破点。在四大收入板块中，健康商城的收入所占比重最大，企业财务战略一定程度上受到其盈利模式的限制，业务板块仍有待多元化，因而需要对其现有盈利模式进行新的探索。

B. 货币资金与应收账款的比重较大。由表1可知，平安好医生的货币资金与应收账款占据了资产总额中的较大比重，说明其未利用充分的货币资金进行投资。企业对其技术研发的投入不足导致其无形资产所占比重相对较低，从而不利于企业对其服务平台的及时更新与维护。若企业现有债务人的财务状况发生恶化，使应收账款不能够按时收回或产生坏账，将对其的盈利状况与生存经营产生不利影响。

（2）融资战略。

①平安好医生的融资方式和期限。

A. 平安好医生的长期融资方式。平安好医生长期融资主要为直接融资，目前基本没有长期负债。同时，企业还面临着医药电商等领域的投资，所以开始定向发行股票以筹得所需资金。

B. 平安好医生的短期融资方式。如表2所示，平安好医生主要通过流动负债来进行融资，融资方式具体为通过应付账款、其他应付款项以及合同负债，流动负债总额为1 830 382元。

表2　　　　　　　　　　　　平安好医生的负债情况

负债		2018年6月30日	2017年12月31日
非流动负债			
应付账款及其他应付款项	20	45	44
非流动负债总额		45	44
流动负债			

续表

负债		2018年6月30日	2017年12月31日
应付账款及其他应付款项	20	1 152 270	1 297 479
合同负债	6	678 067	640 595
流动负债总额		1 830 337	1 938 074
负债总额		1 830 382	1 938 118

资料来源：平安健康医疗科技有限公司2018年中期报告。

总体而言，平安好医生的财务费用较低，企业更偏向于通过吸引风险投资者及投资机构进行现金和股权投资。

②平安好医生的资本结构分析。由表3可知，从2015年至2018年，企业资产负债率逐年抬高，流动资产成为其主要资产。如果公司在未来时间内无法清偿到期的债务，将对公司的经营业绩、声誉以及经营活动造成不利影响。

表3　　　　　　　　　平安好医生的资产状况

	2018-6-30	2017-12-31	2016-12-31	2015-12-31
流动资产	9 500.214	5 853.053	4 039.817	253.002
总资产	12 430.077	5 972.08	4 187.67	307.089
总负债	1 830.382	1 938.118	1 813.375	417.543
资产负债率	14.72%	32.45%	43.30%	135.83%

资料来源：新浪财经。

③融资战略财务特征。

A. 其他应付款比重较大。平安好医生主要以权益融资为主，辅以一定的流动负债。其流动负债中其他应付款占比较大，非流动负债主要由应付关联方款项组成。

B. 非流动负债应付账款、其他应付款占比最大。如表4，平安好医生的非流动负债由应付账款、其他应付款项构成，并无其他类型的长期借款。

表4　　　　　　　　　平安好医生的负债明细表

负债			
非流动负债			
应付账款及其他应付款项	20	45	44
非流动负债总额		45	44
流动负债			
应付账款及其他应付款项	20	1.152270	1 297 479
合同负债	6	678 067	640 595
流动负债总额		1.830337	1 938.074
负债总额		1.830382	1 938.118

资料来源：平安健康医疗科技有限公司2018年中期报告。

3. 平安好医生盈利模式可提升企业价值

（1）平安好医生的自由现金流量。过高的销售和管理费用使得平安好医生的净利润为负。为了稳固市场地位、扩大利润对象，企业需要不断进行研发创新以保证其平台的更新与活力，这也导致平安好医生在前期投入较大，如表5所示。

表5　　　　　　　　　　平安好医生的流动资产、流动负债情况

	2018-6-30	2017-12-31	2016-12-31	2015-12-31
流动资产	9 500.214	5 853.053	4 039.817	253.002
流动负债	1 830.337	1 938.074	1 813.328	417.499

资料来源：新浪财经。

流动负债的大幅变化影响平安好医生的营运资本。如表5，平安好医生2015年度流动负债的增加额大幅增长，所以企业2015年的营运资本也得到了大幅提高。

平安好医生的盈利模式影响投资战略，而轻资产投资战略又影响资本支出。企业的投资战略使得无形资产支出额有了较大幅度的增加，同时，企业扩展了新的利润点及利润来源。

平安好医生的投资、融资战略都影响了其自由现金流量，对平安好医生而言，投资战略占据主导地位。

（2）平安好医生的企业价值创造。平安好医生2014年到2018年上半年的营业收入增长率处于较高水平，其对信息技术和医药电商领域的投资，使其利润点、利润对象等都有所完善，同时向来受到风险投资者青睐的平安好医生，近年来的几次成功融资为其未来发展提供了有效保障。

根据市销率法对平安好医生进行估值的公式如下：

企业价值 = 市销率 × 营业收入

如表6所示，由于企业营业收入的快速增长，其价值有了大幅提升，由此可知，企业现有的盈利模式虽存在一定问题，但总体而言依然能够提高企业价值。作为"数字家庭医生"行业的领头者，平安好医生的发展前景让投资者对其信任有加，同时，企业可以通过尝试不断优化、完善其盈利模式来实现营业收入的更快增长，采取有效控制手段降低成本费用，力求在不久的将来实现扭亏为盈。

表6　　　　　　　　平安好医生的企业价值计算　　　　　　　　（单位：百万元）

	2018-6-30	2017-6-30
市销率	15.49	13.54
营业收入	1 122.839	448.589
企业价值	17 392.77611	6 073.89506

资料来源：东方财富网。

五、对"数字家庭医生"企业发展的启示

(一) 政府层面

1. 推动构建新型医联体,重点深化"互联网+医疗"模式

随着我国医疗体制改革的深入,医疗联合体的建设也在整体稳步推进,而要实现医联体普惠全民的目标,最重要的一环便是鼓励互联网行业为医疗助力。因此,政府应当积极将医联体与数字家庭医生相结合,放宽医生资源流动的门槛,使数字家庭医生与医院的合作能够深入到分级诊疗的深度,形成"核心医院+基层卫生服务机构+数字家庭医生"三级供给模式,通过技术方式将数字家庭医生作为个性化医疗服务入口推送至患者甚至每个中国家庭身边,将最大程度地推动医疗服务的供需平衡,推动医联体建设和"数字家庭医生"企业共同发展,实现共赢。

2. 制定明确的管制及扶持政策,助力打造成熟的商业模式

互联网医疗行业当前仍旧处于盈利模式的探索阶段,尚未形成一套完善、成熟的商业模式,其发展仍存在着许多的弊端和问题。对此,政府一方面要继续针对管制政策上仍存在的一些不明确、不清晰的问题加以具体化、规范化,制定统一的行业标准和规范,从而解决消费者的疑虑、减少医患纠纷;另一方面,政府还要从医疗服务的核心出发,如支持在线诊疗等业务的发展、推动医保接入互联网医院、改变人们对医疗服务的消费观念,从而助力"数字家庭医生"打造成熟完整的商业闭环。

(二) 企业层面

1. 进一步拓宽医疗服务范围,扩大企业的目标市场

作为在行业内占据龙头地位的互联网医疗健康平台,平安好医生在扩大国内受众群体的同时放眼世界,与东南亚最大的互联网平台Grab建立合作,深入挖掘东南亚医疗健康市场巨大的发展潜力,为实现"打造全球最大的医疗健康生态系统"目标迈出关键一步,为同行业其他企业拓展市场提供蓝本。

在此方面,平安好医生对于其他"数字家庭医生"企业发展的启示可概括为两点:第一,为满足用户医疗健康内容消费需求,企业可尝试打造医疗健康内容消费平台业务,如及时发布最新的健康资讯、邀请专家进行健康直播等,通过该模块业务吸引大量高黏度用户;第二,积极开辟海外医疗健康市场,通过与海外互联网及医疗企业强强联手,积极走向世界,促进全球医疗服务资源的整合,同时为企业长足发展提供强有力的保障。

2. 利用科技力量进行效率革命

作为互联网产业的一部分,企业科技的力量不容小觑。"数字家庭医生"企业若想在未来实现可持续发展,必须将企业核心放在新产品和新技术的研发上,包括引进互联网行业人才、重点布局与研究医疗人工智能、提升医疗信息化等,充分利用科学技术第一生产力的作用。同时,借助科技力量为消费者提供卓越的医疗服务体验,让消费者意识到健康的重要性以及医疗服务的价值,提升消费者的付费意愿,从而增强企业的盈利

能力。

3. 积极探索独特的商业模式,完善家庭医生服务闭环

"数字家庭医生"要想培育完善的盈利模式,必须积极探索更加成熟的商业模式,努力搭建数字家庭医生+医疗健康管理的完整服务闭环,尽最大的可能使医疗用户借助互联网医疗的平台同医院、医疗检测机构及各类智能医疗健康服务的供应商连接起来,进而将从疾病的预防治疗到病后恢复调养的各个环节打通,通过此种方式扩大收入来源,并推动整个互联网医疗产业的可持续发展。

六、研究结论及展望

"大健康"理念的产生、互联网大数据的迅速发展、医疗联合体的逐步完善等有利的外部环境为"数字家庭医生"企业的崛起提供了良好契机。作为国内互联网医疗行业的龙头企业,平安好医生在海外市场拓展、完善医疗服务、科学技术创新、优化盈利模式、完成公司上市等方面做出了许多积极有益的探索,为同行业的其他"数字家庭医生"企业的未来发展方向和路径提供了重要的借鉴意义。通过从财务视角分析平安好医生的盈利模式,明确其盈利模式的构成要素及财务状况,结合研究结果对政府、行业整体提供针对性意见,相信未来互联网医疗行业"数字家庭医生"企业将迎来更加灿烂的明天。

主要参考文献

[1] 邱凌月:"平安好医生:常年亏损仍冲刺港股上市"[J],《股市动态分析》,2018(5):57.

[2] 董莉:"平安好医生:互联网健康从0到1"[J],《IT经理世界》,2015(12):12-15+5.

[3] 王小川:"构建新型医联体'数字家庭医生'"[J],《团结报》,2018年4月14日.

[4] 肖斌,陆晓琳:"基于'互联网+'的新型医联体建设分析"[J],《山东社会科学》,2016(S1):241-242.

[5] 金春林:"我们需要建什么样的医联体"[J],《中国卫生资源》,2018(1):1-2.

[6] 陈曦:"互联网医疗研究现状及未来展望"[J],《人民论坛·学术前沿》,2017(24):40-47+95.

[7] 吴佳男:"移动医疗下一步:合力打造服务闭环"[J],《中国医院院长》,2017(24):66-69.

[8] 汪茜:"财务视角下'互联网+医疗服务'企业盈利模式研究"[D],《云南财经大学学位论文》,2018年.

[9] 孟潘,朱天宇:"一种基于智能手机的新移动医疗系统模式"[J],《计算机应用研究》,2013(7):2055-2060.

[10] 陈曦:"互联网医疗研究现状及未来展望"[J],《人民论坛·学术前沿》,2017 (24):40 - 47 + 95.

[11] 邓勇,王宏喆,霍达,张泉源:"移动医疗APP产业发展典型风险及规避探讨"[J],《中国卫生经济》,2016 (7):8 - 11.

[12] 李建梅:"国内外移动医疗应用现状及启示"[J],《电脑与信息技术》,2017 (6):64 - 66.

[13] 以平安好医生 APP 为例分析移动医疗 APP 的现状和未来发展趋势程潇刘与齐中国医药导,China Medical Herald,2017 (26).

[14] 金萍华,潘霁:"互联网医疗信息的'仪式性搜索'和'功能期待'"[J],《安徽大学学报(哲学社会科学版)》,2012 (3):125 - 130.

[15] 刘丽杭,陈小玲,阳历:"移动医疗服务发展的现状、问题及对策"[J],《中国全科医学》,2011 (28):3302 - 3304.

[16] 金建清:"基于财务管理角度探讨新型医联体建设"[J],《经贸实践》,2018 (15):90.

[17] 梁怡凡:"移动医疗APP的盈利模式探索"[J],《中国市场》,2015 (25):137 + 140.

[18] De Boer Maaike J, Versteegen Gerbrig J, Van Wijhe Marten. Patients' use of the Internet for pain - related medical information. [J]. Patient Education and Counseling, 2007 (1).

[19] Dyer K A, Thompson C D. Medical internet ethics: a field in evolution. [J]. Studies in health technology and informatics, 2001 (Pt 2).

[20] Dutta - Bergman M J. Health Attitudes, Health Cognitions, and Health Behaviors among Internet Health Information Seekers: Population - Based Survey [J]. Journal of Medical Internet Research, 2004 (2): e15.

降杠杆背景下国企市场化债转股实施效果研究

——以中国铝业为例

许霞萱 李 青 李雅雯

会计学院会基1601班 指导教师：郭 飞 黄 勇 张文兰

摘 要：近日，中共中央办公厅、国务院办公厅印发《关于加强国有企业资产负债约束的指导意见》（下称《意见》），明确提出深入推进市场化债转股，推动国有企业降杠杆、化解国有企业债务风险的指导任务。自2016年开启的第二轮市场化债转股与20世纪末的第一轮债转股有明显不同，前者给予银行更大的主动性，并鼓励国有与社会资本参与其中。目前社会各界对市场化债转股的定价机制、实施过程、退出机制等有较为深入的研究，但是对市场化债转股的实际效果明显少于前者。本文选取了中国铝业股份有限公司与2017年9月份对其四个子公司进行市场化债转股的案例，运用案例研究法、文献阅读法、财务分析法、数学建模法，从公司的相关财务状况与非财务状况以及市场的反应等方面进行分析，剔除了行业经济环境影响，对中国铝业债转股前后进行对比，评估国有企业实施市场化债转股的实施效果。得出了以下结论：（1）债转股实施效果短期来看可以改善企业偿债能力，但是长远来看并不能改善公司营运能力与治理结构；（2）行业供需不匹配，升级优化困难；（3）债转股可为企业提供股权优化途径，但若想取得实际效果，还需公司持续探索。基于以上研究结论和发现的问题，我们广泛收集资料，提出了相关建议，期望能够抛砖引玉，引起社会人士更多的思考与辩论。

关键词：市场化债转股；财务分析；公司治理；市场反应

一、理论分析与文献回顾

（一）文献综述

1. 债转股研究现状

（1）国外研究现状。债转股最早在20世纪80年代的美国出现，以此应对金融风险。

随后，债转股开始出现在更多国家和地区。债转股出现伊始，Vihang R. Errunza（1989）通过对理性均衡模型的研究，认为债转股也是一种债务资本化。在债转股的定价机制领域的研究，Cornett（1989）转股双方应当充分理解相关机制，沟通利益诉求，确定债转股合适的数量及定价。比较了 Black – Scholes 期权公式、相对比率估价法、现金流贴现估价法，并认为第一种方式更加科学。针对债转股的绩效方面，Peavy（1985）则通过研究股东资金回报率分析了债转股的政策效应，并研究了债转股的收益回报效应，他认为股东会得到更可观的收益，在债转股完成后。Elhanan Heloman（1989）为了评估债转股政策效果，通过对几个经过了债转股的高负债国家在实施债转股的效果进行了评估。Klingeble 和 Danniela（1990）通过研究，认为债转股在化解银行不良资产、企业债务重组等方面发挥了重要作用。Berglof, Erik（1995）年提出要完善债转股在企业经济转型中和内部控制人、银行之间所扮演的角色问题，这样才能最大可能完善公司治理。Shinjiro Takagi（2003）研究认为在日本经济泡沫后的经济复苏阶段，债转股发挥了积极作用。这事实上也是对推动我国在 20 世纪末的债转股进程和改革现代企业制度提供了很多启示。然而，Yutaseki（2002）指出了债转股后，原有债务人成为股东，放弃了较低的财务风险后，却因债转股企业从自身利益出发，过分关注业绩，损害了这部分债转股投资方的利益。Bowe（1993）则更加关注债转股后股权退出的定价，指出国家必须完善市场定价机制和产权市场规则，这样才能使债转股有更好的效果。

综上所述，我们可以发现，因为债转股较早地出现在了国外一些国家，因此国外相关学者对债转股的研究更早，并且研究领域主要集中在债转股的定价机制、绩效评估和退出机制上。而在债转股的绩效研究上，学者观点不一。可以说这些研究也极大地启示了我国第一轮债转股的进程。而在研究方法上国外学者用了博弈模型或者侧重理论研究既有建立博弈模型进行分析，也有侧重理论的分析。在学术研究上，也给了我国学者很大的借鉴意义。

（2）国内研究现状。

①第一阶段。因为我国债转股的出现晚于一些国外国家，因此我国对债转股的研究也起步较晚。我国有关债转股研究分为两个阶段。第一阶段，在 20 世纪末，我国开启了第一轮债转股，虽然受限于当时的市场情况，第一轮债转股并未达到预期效果。但是，我国学者也自 2000 年来开始了对债转股的研究。北京大学中国经济研究中心宏观组（2000）就从研究国有企业资产负债率高企的原因出发，阐述了债转股实施的目的、其实施效应是否为正向、怎样通过债转股摆脱困境。而张维迎（2000）也客观地分析了债转股的运行机制和后续可能效果。指出若不能将与股权匹配的控制权实际的交付给债转股投资方则使得公司资产—债务结构并没有实质性的转换。连建辉也在 2002 年指出必须妥善处理债转股的各个细节，否则，将不利于国有企业的进入、退出及国民经济的重组。有类似观点的还有梁建华（2003）。在研究方法上，我国学者也构建了博弈论模型，李华民（2000）研究了债转股的效率和可能出现的几种均衡情况，此外，还有蒲勇健（2001）、黄兴年（2001）等。夏蜀（2002）认为债转股必然存在在国有企业中，因为在国企特有的产权制度中，根据代理成本理论分析得出，债转股可以化解企业金融风险。林山（2002）也指出债转股虽能在一定程度上减轻企业债务负担但却无法解决企业经营问题。孙俊英（2002）

对我国上世纪第一轮债转股反思后，认为采用债转股可以通过优化财务杠杆，从而优化企业的债务结构以及增加企业的价值。

②第二阶段。第二阶段则为2016年我国开始第二轮债转股，并吸取了第一轮债转的经验，不再以政府主导，而是引入市场机制，开展市场化债转股。在降杠杆的宏观政策背景下，我国政府进行了多种方式降杠杆，周万阜就在2016年通过比较几种不同的帮助企业降低杠杆率的方式，得出债转股是经济新常态下最合适的手段。在相关政策建议方面，刘秀霖（2016）更加注重商业银行对债转股对象企业的条件筛选，只有具有成长性的优质企业才能进行债转股。这些研究也对我国相关政策的完善出台提供了重要的借鉴意义。王华萍（2016）则与政策相关的完善顶层设、技术准备、法律体系、是市场化债转股可以顺利进行的重要条件和辅助支持。樊志刚，金昱（2016）认为债转股后，如果企业经营状况并未好转银行和相关投资人会因为股东利益—风险共担的身份而遭受巨大损失。此外，周万阜（2016）认为在本轮债转股中，要始终坚持市场化、法制化的。孟祥君（2017）认为本轮债转股的关键是建立市场化定价机制，既可以通过转股后转给AMC管理，也可以参照投贷联动模式及大资管路径开展市场化债转股。因此在当前背景下，市场化债转股若能成功推行，对我国降杠杆、资本市场的平稳发展有巨大裨益。

2. 文献评述

基于上述总结整理，我们不难发现，国外文献研究在研究时间上开始早于中国国内学者的研究；在研究方法上，都注重于构建模型、引入相关公式和理论进行定量和定性的研究；在研究内容上，国内外文献的研究领域大体可以分为：债转股的定价问题、绩效评估问题、退出机制的研究，并且更多的和公司治理、经营业绩、企业价值、产权结构等有紧密的联系。

正如古语所云：纸上得来终觉浅，绝知此事要躬行。和理论研究相契合的，更有国内外企业的积极尝试和各国政府的科学总结，使得市场化债转股的相关理论充分指导实践，并为我国第二轮市场化债转股提供了诸多宝贵经验。

（二）理论分析

1. 财务分析理论

财务分析以企业财务报告及其他相关资料为主要依据，对企业财务状况和经营成果进行评价和剖析，从而改进企业管理工作和优化经济决策。但也有研究显示，由于过分依赖财务报表、无法保证其准确性、财务报表的滞后性等问题使得财务分析法有一定的局限性。但我们也引入了现金流量指标和非财务指标，试图使得整体的分析尽可能合理且科学。

2. 公司治理理论

随着现代企业制度和产权法人的发展，公司治理成为现代公司研究、资本市场研究领域的重要组成部分。根据邱慈孙（2000）年提出：公司治理是一种制度安排（张维迎）；公司治理结构是要解决委托代理问题；公司治理的基本特征在于构建激励约束机制。

Jensen and Meckling, 1976，正式提出了代理成本学说，他们认为代理成本是在信息不对称情况下，企业融资结构问题的学说。在现代企业管理中，有三种代理成本：（1）委托人激励代理人的成本;(2)代理人付出一定的成本担保不侵害委托人权益;(3)实际效果出现偏差时会有的剩余损失。威廉姆森认为:不同的融资结构对应不同的代理成本也决定了不同的治理结构,唐海英(2004)指出在理论上,对企业来说,债务成本是小于股权成本的。虽然在债券融资中可能会出现经营者过分追求风险的可能,但是因为债务人有破产清算与债务重组的权利,因此会提升管理层的努力程度,减少破产风险,降低代理成本。而股权融资则会增加股东和经营者之间的代理成本,产生逆向选择和道德风险问题。但是她同样提出了,在我国的国企中,出现了代理成本的悖论。因此债转股可能在一定程度上降低我国国企的代理成本。

3. 股权制度与我国混合所有制改革

股权是企业股东享有的对企业经营的决策权,是一种权力分配方式。唐海英(2004)提出不同的权利分配方式对应不同的企业组织结构,并对公司治理产生不同影响。股权制度也是我国当前混合所有制改革的重要改革部分,多元化的股权结构,有利于改变我国部分国企一股独大的局面。杨红英,童丽(2015)提出国有企业混合所有制改革必须改善公司治理,"首先要树立'多元化'思维,通过构建治理权分享机制,使得多元的利益相关者参与公司治理。"

4. 理论分析综述

综上所述,我们在对中国市场化债转股事件进行研究时,也考虑到了其对公司治理的影响,但因为公司治理是一个非常复杂并且定义十分多样的概念,为了使我们的研究更加深入,不至于过于宽泛,我们选用了威廉姆森和张维迎对其的狭义定义。根据理论分析,我们认为,由于我国国企的独特产权制度和国企与银行的关系,债转股能够降低代理成本,提高国企资源利用效率,提高公司业绩。同时,市场化债转股使得公司股权多元化,促进了国企混合所有制改革,是当前降杠杆的大势所趋也有助于我国国企公司治理的改善。

二、研究背景与意义

(一)研究背景

从20世纪90年代末开始,我国进行了债转股的初步探索。当时,在"拨改贷"政策推行后,国有企业的资金来源由政府拨款变为银行贷款,国有企业大量从商业银行贷款,债台高筑,企业杠杆率居高不下,同时金融系统累积了大量不良资产。为了降低金融机构的金融风险、降低企业的资产负债率、改善企业治理结构,国务院于1999年颁布了《关于实施债权转股权的若干意见方案》指导债转股工作,政府出资成立了四大金融资产管理公司(AMC),帮助了601家国有企业成功完成债转股,企业的杠杆率和银行的不良资产率均稳步降低。然而,由于当时证券市场欠发达、金融资产管理公司经验不足、现代管理制度并未在企业中真正推行,第一次债转股的实施效果没有达到政策的理想预期。总的来说,90年代末的债转股尝试对此次的市场化债转股提供了宝贵的经验教训和借鉴意义。

近年来，从宏观经济形势来看，一方面，全球经济缓慢复苏，外贸需求疲软，加上贸易保护主义抬头，国际经济环境更趋复杂，另一方面，我国经济增速放缓，经济发展结构性矛盾突出，经济下行压力较大。目前，我国企业杠杆率高企，债务规模增长过快，债务负担不断加重。与此同时，银行不良贷款急剧增加。但在现阶段，我国资产管理公司承接能力薄弱，加上价格谈判需要耗费的时间成本巨大，不良资产的难题很难得到解决。

在这样的背景下，2016年10月10日，国务院发布了《国务院关于积极稳妥降低企业杠杆率的意见》及其附件《关于市场化银行债权转股权的指导意见》，以缓解企业债务压力，正式吹响了新一轮市场化债转股的号角。随后，中央和地方一系列配套政策文件的出台更明确了市场化债转股的实施路径，促进市场化债转股从政策层面走向实施层面。

从实施效果来看，市场化债转股取得了一定的成效。根据国家发改委的数据，截至今年6月底，已有109家具有优质资产的高负债企业达成债转股框架协定，签约金额高达17220亿元，涉及资金3469亿元。在债转股的实现方式上，实践中诞生了多种适合不同企业的运作模式。然而，另一方面，市场化债转股存在以下问题：一是签约意向多而落地率低，二是存在"明股实债"问题，三是债转股企业以国有企业为主，民营企业比重很少。

（二）研究意义

1. 理论意义

本次市场化债转股政策文件的出台，引发了学术界的极大兴趣，各界的理论研究不断增加。而对20世纪末债转股的研究也不少，与20世纪末的债转股相比，本次新一轮债转股有明显的特征，更注重市场化、法制化。同时，随着债转股实施的时代背景的变化，新一轮债转股面临的宏观环境更复杂，现有的文献研究多停留于政策理论层面，对市场化债转股的实施效果的研究相对较少。本文在已有研究的基础上进一步展开，研究市场化债转股能否破解企业发展困局，解决财务危机，改善治理结构，提高企业竞争力，从而为市场化债转股的落地提供理论支撑，进一步完善债转股相关理论。

2. 实践意义

从我国现阶段经济状况看，实体经济增速放缓、后续增长乏力、产能过剩、杠杆过高以及结构性问题突出，地方性政府债务、财务金融风险一直未找到较好的解决出口。在此情况下，去产能、去杠杆、调结构以及解决企业融资难、融资贵问题成为当前经济工作的重点。随着市场化债转股政策文件的出台，越来越多的大型国有企业和地方龙头企业被纳入债转股范围。本文通过对中国铝业股份有限公司的案例分析，研究其市场化债转股方案的实施效果，为后续实施债转股的企业和银行提供参考与借鉴，进一步推动市场化债转股的落地。

三、研究设计与方法

（一）案例企业选择

中国铝业股份有限公司作为我国有色金属行业的龙头企业，同时在全球铝行业居于前列，其市场地位的重要性不言自明。

中国铝业规模庞大，截至 2018 年 6 月 30 日，公司拥有资产高达 2 亿多，雇员人数达 64806 人。公司组织架构庞大，拥有 8 家子公司及 39 家子公司，其中全资子公司 18 家，控股子公司 21 家，另有参股公司 13 家。

在进行债转股之前，中国铝业杠杆率居高不下，长期维持在 70% 以上，截至 2017 年 9 月 30 日资产负债率为 72.22%。以 2016 年旗下四家子公司的资产负债率为例，中铝山东 56.10%、中州铝业 56.54%、包头铝业 70.05%、中铝矿业 90.95%，特别是包头铝业和中铝矿业已经超过 70% 的警戒线，偿债风险较大。

（二）研究思路

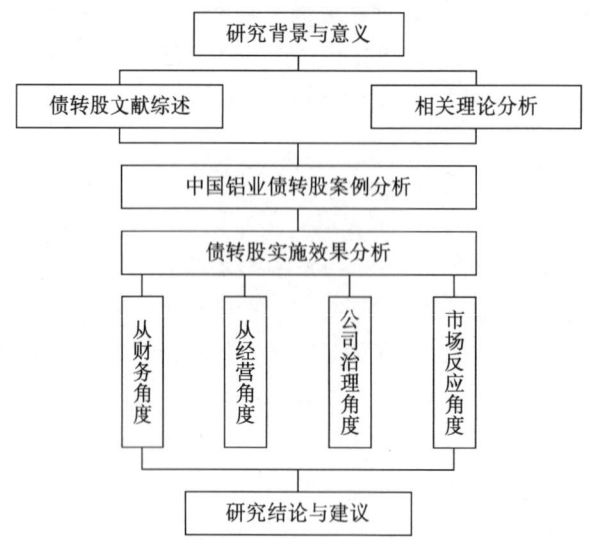

四、案例企业债转股方案介绍

（一）案例企业概况

中国铝业股份有限公司（以下简称"中国铝业"）是中国铝业集团公司控股下的公司。中国铝业于 2001 年成立，主要从事铝土矿、煤炭等资源的勘探开采，氧化铝、原铝和铝合金产品的生产、销售、技术研发，国际贸易，物流产业，火力及能源发电，是全球第二大氧化铝供应商、第三大电解铝供应商和第五大铝加工材供应商，同业综合实力位居全国第一。中国铝业股票分别在纽约证券交易所（股票代码：ACH）、香港联合交易所（股票代码：2600）和上海证券交易所（股票代码：601600）三地挂牌上市，企业信用等级连续三年被标准普尔评为 BBB + 级。

2008 年金融危机以来铝行业遭受重创，市场需求量下滑，铝行业产能过剩、库存严重的问题日益凸显。近年来，随着全球经济回暖，铝产品供求状况有所改善，部分产能得到消化;另一方面,由于全球贸易保护主义的加强及货币政策的收紧,国际铝行业的不确定性增强。国内方面,我国是全球最大的铝产品生产国和消费国,铝产品应用广泛,市场广阔,但受国内供给侧改革的影响以及环保政策日趋严格,企业仍旧面临着不小的去库存、降杠杆的压力。

(二) 债转股方案介绍

由上述分析可知,企业最能有效化解短期债务危机的方法即为债转股,因此,中国铝业确定了两步走的整体方案,如表1所示。

表1　　　　　　　　　　中铝公司债转股两步走步骤解析

第一步:子公司层面债转股增资扩股
确定债转股对象: 　　中国铝业内部经过层层筛选,选出四家持续盈利、资产负债率高的全资子公司包头铝业有限公司(简称包头铝业)、中铝山东有限公司(简称中铝山东)、中铝矿业有限公司(简称中铝矿业)、中铝中州铝业有限公司(简称中州铝业)作为债转股对象。
确定战略投资者: 　　中国铝业根据国务院发布的《国务院关于积极稳妥降低企业杠杆率的意见》及《关于市场化银行债权转股权的指导意见》(国发[2016]54号文,简称54号文)中对实施机构的具体要求,筛选引入华融瑞通股权投资管理有限公司(以下简称"华融瑞通")、中国人寿保险股份有限公司(以下简称"中国人寿")、深圳市招平中铝投资中心(有限合伙)(以下简称"招平投资")、中国信达资产管理股份有限公司(以下简称"中国信达")、中国太平洋人寿保险股份有限公司(以下简称"太保寿险")、中银金融资产投资有限公司(以下简称"中银金融")、工银金融资产投资有限公司(以下简称"工银金融")及农银金融资产投资有限公司(以下简称"农银金融")作为债转股实施机构。
确定子公司层面债转股: 　　八名投资者对四家全资子公司进行增资扩股,华融瑞通出资人民币50亿元、中国人寿出资人民币40亿元、招平投资出资人民币15亿元、太平洋人寿出资人民币5亿元、中国信达出资人民币5亿元、中银金融出资人民币5亿元、工银金融出资人民币4亿元、农银金融出资人民币2亿元。完成第一阶段增资。
第二步:中国铝业层面进行股份回购
中国铝业拟定向发行约21.19亿股股份,以127.13亿元的交易对价,向8家机构购回中铝山东等4家子公司股权。本次定向增发价格为公告前60个交易日均价的90%,为6元/股。交易完成后,4家子公司将再次成为中国铝业100%持股的全资子公司。在此次定增交易之前,上述8家机构合计持有中国铝业旗下包头铝业25.67%股权、中铝山东30.80%股权、中铝矿业81.14%股权和中州铝业36.90%股权。

五、债转股实施效果分析

第二轮债转股实施以来,众多企业完成签约,但面对高签约低落地的现实状况,债转股对企业产生的经济效果可能会偏离普遍认可的"降杠杆、增利润、调利息成本、减融资成本"的预期,同时对于债转股是否真正意义上从长远改善了企业的各项财务、经营、公司结构等指标还有待考察。本文从中铝公司进行债转股的四家全资子公司包头铝业、中铝中州、中铝矿业、中铝山东入手,结合财务角度、经营活动角度、公司治理结构角度三个方面,通过四家子公司2016年年报、2017年年报、2018年半年报,经过行业调整后得到以下数据,进而分析企业在债转股前后各项指标的变动,讨论债转股本身所带来的后续经济效果。

（一）从财务角度分析

关于债转股对四家子公司财务方面的影响，我们从企业的债务能力、营运能力、盈利能力以及成长能力四方面分析，具体如下：

1. 偿债能力

2016 年 12 月中铝公司实施债转股第一步，我们比较 2016 年与 2017 年、2018 年数据来观察债转股前后偿债能力的变化。偿债能力衡量了企业用其资产偿还短期债务的能力，具体来说，我们流动比率、速动比率、资产负债率代表企业的偿债能力，主要考虑到了企业的短期偿债情况。我们预期债转股的进行明显对债务的减少起到了正向作用，债权转换成股权，直接带来偿债能力的增强，应当体现为流动比率升高、速动比率升高（不可过高）以及资产负债率的下降，处理后数据如表2所示。

表2   四家子公司流动比率、速动比率、资产负债率分析

		行业平均	包头铝业	中铝中州	中铝矿业	中铝山东
流动比率	2016 年	1.65	-1.14	-0.95	0.06	-0.97
	2017 年	2.21	-0.98	-0.51	-1.01	-0.9
	2018 年	1.87	-0.46	-0.38	-0.6	-0.05
速动比率	2016 年	1.27	-0.94	-1.04	-1.01	-1.04
	2017 年	1.74	-0.83	-0.94	-1.52	-0.95
	2018 年	1.40	-0.35	-0.61	-1.10	-0.53
资产负债率	2016 年	0.50	0.09	0.38	0.41	0.08
	2017 年	0.48	-0.19	-0.09	-0.20	-0.18
	2018 年	0.49	-0.23	-0.05	-0.20	-0.15

数据来源：CSMAR 数据库；子公司 2016 年年报、2017 年年报、2018 年半年报。

对四家子公司偿债能力的三项指标的计算经过了行业调整，如对于包头铝业来说，其单独的 2016 年流动比率为 0.51，该值减去行业平均值即经过行业调整 0.51 - 1.65 = -1.14，得到表中数据。

通过上表 2016 年与之后的数据显示，在进行债转股后除了中铝矿业外，其余三家子公司流动比率、速动比率均上升，说明整体来说企业的短期偿债能力增强，但四家子公司数据变化不一致；2016 年与 2017 年数据对比，四家子公司的资产负债率都有明显的下降，主要是因为 2017 年 12 月的债转股对企业反映在全部资产中的负债比率有立竿见影的效果，短期来看摆脱债务困境效果显著，但 2017 年与 2018 年的数据进行比较可以发现资产负债率整体呈现下降趋势不明显。总体来说，债转股对企业短期偿债能力影响为正向，子公司之间表现较为一致，与预期结果基本一致。

2. 营运能力

企业的营运能力体现了企业占用资产进行利润赚取的能力，我们选用应收账款周转率、存货周转率、总资产周转率三项指标来代表，一般来说企业对资产的周转越快，周转能力越强则流动性越高，偿债能力也越强。债转股使企业债务减少，有更多的自由现金流进行投资，维护企业运营周转，带来更多利润。我们预期债转股实施后，企业应收账款周转率增加、存货周转率增加、总资产周转率增加，处理后的数据如表3所示。

表3　　　　四家子公司应收账款周转率、存货周转率、总资产周转率

		行业平均	包头铝业	中铝中州	中铝矿业	中铝山东
应收账款周转率	2017年	20.54	32.97	46.43	-9.80	3.37
	2018年	25.85	18.07	-13.42	-20.18	-18.8
存货周转率	2017年	6.26	1.92	-3.37	-4.43	-1.52
	2018年	6.07	-2.17	-4.54	-5.10	-2.91
总资产周转率	2017年	0.68	0.42	0.10	-0.19	0.37
	2018年	0.76	0.78	-0.38	-0.50	-0.25

数据来源：CSMAR数据库；子公司2016年年报、2017年年报、2018年半年报。

对四家子公司营运能力的三项指标的计算经过了行业调整，如对于中铝山东来说，其单独的2017年资产周转率为1.05，该值减去行业平均值，即经过行业调整1.05-0.68=0.37，得到表中数据。

由表中2017年、2018年数据对比可以看出，四家子公司均表现出应收账款周转率、存货周转率下降，而中铝中州和中铝矿业的总资产周转率也有下降的表现。由此可以看出债转股的实施并未在短期带来营运效率的提高，利润也并未表现出增加的趋势，可能因为利润、企业资产周转情况并不是一个突变量，其对债转股的实施敏感性较差，说明债转股的实施对企业周转速度与获利能力在短期内呈现消极影响，四家子公司数据较为一致，与预期结果相悖。

3. 盈利能力

公司的盈利能力直接反映了企业获取利润的能力，盈利情况也直接地体现了企业的经营情况，从一定程度上代表了企业收益的水平。我们选取了毛利率、净资产收益率、销售净利率三项指标来代表，债转股减轻了企业的债务负担，使企业专注于经营管理与获得利润来提高利润率，以此展现给投资者企业收益情况良好的结果，而一般来说，负债的增加即借入资金的增加会导致资金使用效率的上升，体现为净资产收益率的上升。我们预期债转股后企业毛利率提高、净资产收益率下降、销售净利率上升，处理数据如表4所示。

表4　　　　四家子公司毛利率、净资产收益率、销售净利率

		行业平均	包头铝业	中铝中州	中铝矿业	中铝山东
毛利率（%）	2017年	13.60	-1.34	-1.36	1.63	-0.05
	2018年	12.32	-0.30	-2.98	-0.16	0.65
净资产收益率（%）	2017年	8.83	1.86	-5.57	-7.71	-1.31
	2018年	8.31	-3.58	-6.57	-6.46	-3.30
销售净利率（%）	2017年	4.67	0.86	-1.94	-3.73	-0.63
	2018年	3.22	0.92	0.47	1.92	3.56

数据来源：CSMAR数据库；子公司2016年年报、2017年年报、2018年半年报。

同上述方法，经过行业水平调整之后得到表中数据。

由上述 2017 年和 2018 年的数据对比可看出，包头铝业、中铝山东毛利率提高，但中铝中州与中铝山东毛利率均下降；除中铝矿业外，其余三家子公司净资产收益率均下降，四家子公司的销售净利率均上升。数据反映的结果与预期存在一定的偏差，企业营业收入均有增加但毛利率有相反变化的趋势，说明企业可能存在盲目扩大生产、扩大销售规模的可能，而净资产收益率有下降的趋势，说明负债的减少使企业资金使用效率降低。债转股对企业盈利的增加影响不明显，且拉低了资金使用的效率。

4. 成长能力

企业的成长能力体现为企业扩展经营、壮大实力的能力，我们选取了总资产增长率、所有者权益增长率两项指标，我们预期经过债转股企业获得了来自投资者的增资，有更好的条件进行投资，经营规模扩张速度加快，因此应当有总资产增长率提高、所有者权益增长率上升，处理数据如表 5 所示。

表 5　　　　　　　　　四家子公司总资产增长率、所有者权益增长率

		行业平均	包头铝业	中铝中州	中铝矿业	中铝山东
总资产增长率（％）	2017 年	10.49	-2.28	-7.55	-7.61	-8.66
	2018 年	1.83	-2.24	4.11	2.19	9.61
所有者权益增长率（％）	2017 年	20.58	64.74	57.93	701.05	50.22
	2018 年	2.28	-13.81	-0.47	-0.47	2.81

数据来源：CSMAR 数据库；子公司 2016 年年报、2017 年年报、2018 年半年报。

同上述方法，经过行业水平调整之后得到表中数据。

由上表 2017 年与 2018 年数据可知，四家子公司总资产增长率均上升，所有者权益增长率均下降，说明企业的经营规模在债转股后却有扩大，因为企业获取各渠道的增资，用于壮大企业实力，但持续增长能力并未改善，债转股对可持续增长率并无贡献。

（二）从经营活动角度分析

考虑到对于四家非上市公司的数据可得有限性，以及会计期间的匹配性，我们在对经营活动层面进行分析时仅选取"经营活动产生的现金流量净额"一个指标。如表 6 所示。

表 6　　　　　　　　　四家子公司经营活动产生现金流量净额

		行业平均	包头铝业	中铝中州	中铝矿业	中铝山东
经营活动产生的现金流量净额	2017 年	1 171 654 314.00	-216 187 130.50	-410 376 068.90	33 664 682.14	-420 580 471.80
	2018 年	582 280 202.80	-347 220 955.50	-572 516 943.30	-319 121 068.20	-310 532 462.90

数据来源：CSMAR 数据库；子公司 2016 年年报、2017 年年报、2018 年半年报。

同上述方法，经过行业水平调整之后得到表中数据。

由上表数据可看出包头铝业、中铝中州经营活动产生的现金流量净额减少，中铝矿

业、中铝山东经营活动产生的现金流量净额增加，经营活动产生的现金流量净额增加说明企业的支付能力增强但同时又说明企业现有的经营活动未充分吸收资金，其受到各个企业自身情况的限制，债转股对经营活动产生的现金流量净额无显著的积极或消极影响，根据四家子公司实际情况的不同有不同的结果。

（三）从公司治理角度分析

正如前文文献所言，公司治理是一个内涵丰富、定义多样的研究领域。学术界有从制度学说角度、产权学说角度等对其进行定义和研究。前文我们从公司业绩、公司营运能力等财务指标，描述了中国铝业四个子公司的财务状况、经营状况。为了使我们的研究更加全面、完整，我们从市场化债转股对中国铝业的公司治理影响展开进一步分析。公司治理领域下，经常包含股权结构、激励机制、代理成本等理论，但因为四家子公司为非上市公司，我们无法取得其有关激励机制等问题的相关资料，而学界对代理成本也缺乏相关评估方式。因此我们根据现有关于股权多元化对公司治理结构的相关研究结论，主要从母子公司的股权结构方面评估债转股是否对公司治理起到作用。

前人研究显示，不同的股权结构对应不同的权力分配方式对应不同的公司治理结构，改善公司治理是推动混合所有制改革的重要步骤。正如杨红英和童丽（2015）提出国有企业混合所有制改革必须改善公司治理，首先要树立"多元化"思维，通过构建治理权分享机制，使得多元的利益相关者参与公司治理。在本案例中，中国铝业股份有限公司（下称"母公司"）的四个子公司在本次市场化债转股时引入了八个投资方：华融瑞通、中国人寿、招平投资、中国信达、太保寿险、中银金融、工银金融和农银金融。这使得四个子公司股权结构呈现多样化，引入了多方资金，可能会激发其资源利用效率。但是根据国泰安数据库提供的数据，从2017年3月至2018年6月，我们并未发现其母公司的前十大股东及持股比例在有明显变化。

因此，我们认为，本次债转股四家子公司可能会因为股权多元化而有更好的治理结构，但值得注意的是，这个结论的前提是，新引入的八家投资方确实也得到了与其股份相对应的决策权（控制权）。而对于中国铝业股份有限公司（母公司），我们并没有发现其股东结构有有效变化，因此无法证明本次债转股对母公司治理结构有较明显改善。

（四）从市场反应角度分析

为了更加全面的分析本次债转股对中国铝业的影响，我们还将研究范围扩展到了市场对公司政策的反应上。本文利用事件研究法分析债转股投资意向书公告发布对中国铝业股份股价的影响。

事件研究法目的在于考察当一件事情发生时，是否会对公司股价产生影响。一般来说，二级市场上的上市公司价值变化可以利用相关证券价格走势变化来说明。

①事件及事件期间的界定。0——事件发生日；［T1，T2］——事件期；［T0，T1］——估计期；［T2，T3］——事后期。常用的事件窗口有［-10，10］、［-20，20］、［-30，30］等，本文选择的事件窗口为［-20，20］，选取的事件为2017年12月4日——中国铝业股份有限公司在其官网上发布的有关市场化债转股的公告日。但是由于中铝公司

表 7 母公司前十大股东及持股比例变化

持股排名	统计截止日期	股东名称*	持股数量*	持股比例(%)	统计截止日期	股东名称	持股数量	持股比例(%)
1	2017-06-30	中国铝业公司	4 889 864 006	32.81	2018-06-30	中国铝业集团有限公司	4 890 776 306	32.82
2	2017-06-30	香港中央结算有限公司	3 930 412 464	26.37	2018-06-30	香港中央结算有限公司	3 932 863 195	26.39
3	2017-06-30	中国证券金融股份有限公司	468 725 899	3.15	2018-06-30	中国证券金融股份有限公司	730 041 753	4.9
4	2017-06-30	包头铝业(集团)有限责任公司	238 377 795	1.6	2018-06-30	包头铝业(集团)有限责任公司	238 377 795	1.6
5	2017-06-30	中国信达资产管理股份有限公司	147 253 426	0.99	2018-06-30	中央汇金资产管理有限责任公司	137 295 400	0.92
6	2017-06-30	中央汇金资产管理有限责任公司	137 295 400	0.92	2018-06-30	中国信达资产管理股份有限公司	133 385 331	0.89
7	2017-06-30	华夏人寿保险股份有限公司—万能保险产品	111 388 355	0.75	2018-06-30	中国建设银行股份有限公司—博时主题行业混合型证券投资基金(LOF)	70 000 000	0.47
8	2017-06-30	全国社保基金一零二组合	65 888 966	0.44	2018-06-30	广东粤财信托有限公司—粤财信托·粤中3号集合资金信托计划	69 000 000	0.46
9	2017-06-30	香港中央结算有限公司	58 281 657	0.39	2018-06-30	香港中央结算有限公司	52 598 276	0.35
10	2017-06-30	中国人寿保险股份有限公司—传统—普通保险产品—005L-CT001沪	49 893 438	0.33	2018-06-30	陈兰琴	36 955 959	0.25

数据来源：CSMAR 数据库、十大股东文件、治理综合信息文件。

于 2017 年 9 月 12 日至 2018 年 2 月 26 日停牌，因此我们将 2017 年 9 月 12 日停牌前 20 天定为估计期 [-20, -1]，将 2018 年 2 月 26 日复牌后 20 天定为事后期 [1, 20]。

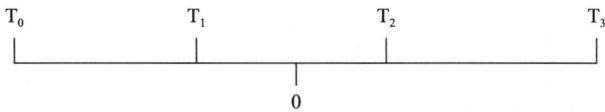

②计算中国铝业股份和市场指数的日实际收益率锡业股份日实际收益率为：

$$R_t = \frac{P_t - P_{t-1}}{P_{t-1}}$$

其中，P_t 为锡业股份在第 t 日的收盘价，$t \in [-20, 20]$。

市场指数日实际收益率为：

$$R_{mt} = \frac{I_t - I_{t-1}}{I_{t-1}}$$

其中，I_t 为锡业股份在第 t 日的收盘价，$t \in [-20, 20]$。本文选择沪深 300 指数进行分析。

③分析超额收益率和累计超额收益率。

超额收益率（AR）= 个股收益率 - 指数收益率

累计超额收益率（CAR）= $\sum AR$

由图 1 数据分析结果，我们发现，中国铝业累计超额收益率在 [0, 20] 期间，也就是事件宣告日之后，累计超额收益率较之前出现了大幅下跌，并且从中国铝业之后的股价走势可看出，并没有明显回升。从实证结果可以看出，资本市场对债转股投资意向书公告的反应是负面的，投资者对中国铝业股份的期望价值是下降的。

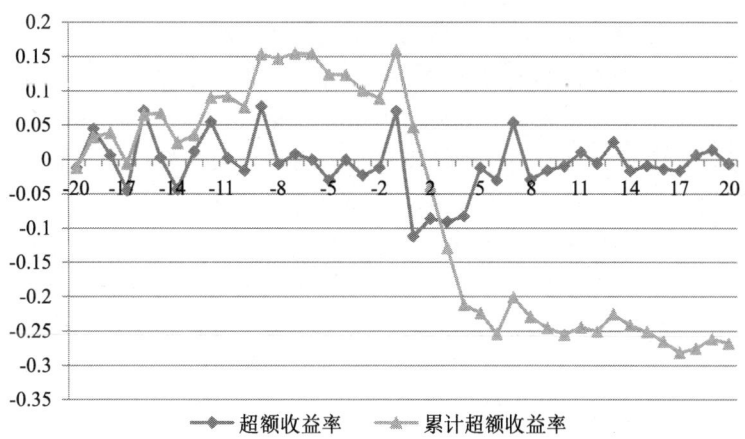

图 1 事件日前后中国铝业股份超额收益率及累计超额收益率折线图

六、研究结论与对策建议

（一）研究结论

本文对案例企业中国铝业的债转股策略进行了详尽介绍，从各子公司的财务状况、经营状况、企业治理结构情况入手进行分析，结合了财务分析理论以及企业市场化债转股政策，剔除了行业经济环境影响，并运用理论与案例相结合的方法，对中国铝业债转股前后进行对比，考察债转股对企业后续各方面的经济效果，从而说明债转股的实施效果。由此本文主要得到了以下结论：

1. 债转股实施效果具有局限性

通过对中国铝业四家子公司债转股前后的各项财务绩效指标进行分析，我们发现债转股对企业短期治理效应较为明显，债转股发生后，带来了子公司普遍的偿债能力提高，杠杆率下降，总资产增长率上升，规模扩大，营业收入增加的局面，但我们认为从长期来看债转股的治理效果并不明显，尽管债转股能有效缓解关键的财务危机，帮助企业摆脱负债困境，但未对企业后续生产经营与盈利带来明显改善，对毛利率、资产周转率均无积极影响，由此可见债转股一定程度上存在局限性，打破局限性不仅依赖于政策的完美落实，也取决于企业自身治理结构的优化。

2. 行业供需短缺升级优化困难

受国际经济政治环境影响，国内外铝价齐上涨，国内铝行业存在库存内高外低，内剩外缺的问题，当前国内铝业市场低迷整体，中国铝业发展必然受到行业影响。近几年，再生铝市场逐渐壮大，铝行业对环保的要求趋于严格，再生铝对原生铝的替代性发展也将成为对中国铝业发展的巨大考验。面对行业存在的问题与挑战，债转股的优势暂未体现，反而降低了企业生产经营活动对现有资金的占用以及企业可持续增长率，想要突破企业发展瓶颈，就要充分考虑行业影响，从多方面入手进行优化升级。

3. 债转股提供企业股权结构优化途径

我们根据现有关于股权多元化对公司治理结构的相关研究结论，主要从母子公司的股权结构方面评估债转股是否对公司治理起到作用。通过引入八家优质投资者前后母公司股权结构的分析，我们发现，本次债转股四家子公司可能会因为股权多元化而有更好的治理结构，我们认为中国铝业在子公司层面开启新型混改模式，优质的投资者成为子公司股东，多元化社会资本的引入带来了对子公司治理结构的优化；但对于中国铝业股份有限公司（母公司），我们并没有发现其股东结构的有效变化，因此无法证明本次债转股对母公司治理结构有较明显改善。

（二）对策建议

1. 健全完善债转股法律法规与落地力度

企业在参与进行第二轮债转股的过程中，不乏出现"非完全性市场化债转股"或是"明股实债"的情况，大量企业钻空子，试图逃脱政策法规的约束，达到粉饰报表的目的，说明债转股政策还需要进一步的完善与改善，制定出切实可靠的政策规定，从国家到地方切实落实，政策规范一致，并进行有效的监督管理，建立社会信用体系，加大惩罚力度，保障企业相关利益方的利益。

2. 加强债转股对象的经营与治理

债转股仅仅是作为一种对企业治理经营的调节工具与手段，另一方面还要依赖于债转股企业自身内部治理的良好运作，很多的债转股企业都是上市公司旗下的全资子公司，站在债权人的角度，只有对优质的公司进行投资才能有高收益，因此债权人也往往倾向于选择更优质的公司。从债转股后股权结构的变化来说，股权的多样化对原有控股股权有稀释作用，只有企业本身的经营运作优良才能达到与原来一致甚至超出原来的盈利水平。站在多方面角度都可以说明，只有完善优化债转股对象的内部治理结构才能最大化发挥债转股的积极效应。

3. 充分结合债转股与企业改革

债转股不能只是流于形式，而要从根本上对企业的治理结构进行优化和改善，如果债转股只是表面上短期解除债务危机，企业在后续经营中还是难免会陷入困境，因此要充分利用债转股政策提供的股权结构变化机会，通过多样化的股权结构优化公司治理，将债转股与企业改革紧密结合，达到一箭双雕的效果，提高企业的可持续性。

4. 强调市场作用，削弱行政干预

相对于第一轮政策性债转股，国家起主导作用，带有显著国家行政方便的制约，但过多的行政干预势必影响债转股的实施效果；因此，第二轮市场化债转股的实施，应当切实发挥市场自由、公平的特点，由市场主导债转股走向，政府起监督作用，做到债转股实施的客观、平等，营造一个良好的降杠杆环境。

七、本文贡献与不足

（一）本文贡献

1. 随着第二轮市场化债转股的深入推行，债转股再次进入了公众的视线。当前我国学者的研究主要集中在：债转股定价模式、债转股退出机制、债转股落地模式等，虽然也有文献对市场化债转股的某些经济后果进行了研究，但是总的来说，呈现出数量少、范围窄的特点。因此，本文着眼于市场化债转股的公司经营业绩、成长能力、公司治理等角度，可能会成为本文的创新点。

2. 第二轮市场化债转股与混合所有制改革是当前我国政府为了促进金融安全而开展的两大主要手段，因此，我们对市场化债转股落地之后的部分效果进行了研究。得出了债转股虽然能在短期内降低企业杠杆率，但是如何发挥对企业长期经营发展的作用还有待考证与调整，此观点可能会成文本文的贡献。

（二）本文不足

1. 本文研究方法仍有待改进。在对公司业绩进行评价时，我们选取了财务分析方法，但由于财务分析方法主要依赖于财务报表，因为财务报表的一些特性而使得财务分析方法存在固有的局限性。我们也为了尽量减少这一问题，引入了现金流量表和一些非财务指标，尽量完善我们的结论和判断。

2. 本文旨在研究市场化债转股的经济后果，虽然我们在进行数据处理时考虑到了剔除行业因素的影响，但采用案例分析法，仍不能具备大样本分析的更为严谨的特性，无法避免的可能会使得结果受到其他因素的影响。

3. 数据获取渠道较少，数据资料不够详尽。我们通过各种途径对研究对象的相关数据进行了搜集，但是部分数据仍然囿于企业披露制度、公司特定、个人能力等原因无法获得。譬如我们在对公司治理领域的研究时，寻求各种方式，但终究无法取得四家子公司除财务报表、审计报告外的更加详细的资料。因此在一些指标的处理上，我们采取了尽可能合理的推测，或者寻找其他的尽可能科学的、具有理论基础的研究思路。

主要参考文献

[1] 李健：" 市场化债转股的运作模式、实施困境与改革路径研究" [J]，《金融监管研究》，2018（7）：16－32.

[2] 王国刚：" 市场化债转股的特点、难点和操作选择" [J]，《金融研究》，2018（2）：1－14.

[3] 谢莉莉：" 采用多种模式推进市场化债转股" [N]，《金融时报》，2018 年 1 月 15 日.

[4] 庞东梅：" 以市场化债转股支持实体经济降杠杆" [N]，《金融时报》，2018 年 1 月 10 日.

[5] 郭志国，贾付春：" 地方 AMC 市场化债转股推进路径研究" [J]，《金融发展研究》，2017（9）：86－88.

[6] 郭树华，李晓玺，许又丹：" 市场化债转股的特征、难点与破解" [J]，《南方金融》，2017（11）：59－65.

[7] 李厚渊：" 市场化债转股财务风险及其防范" [J]，《财会通讯》，2017（23）：116－118.

[8] 于海，谢凯彦，杨吉峰，鞠世鹏，刘相兵：" 商业银行市场化债转股问题研究" [J]，《西南金融》，2017（7）：36－40.

[9] 韩东：" 去杠杆、降成本、增活力、促发展——某企业集团市场化债转股的思考" [J]，《中国总会计师》，2017（4）：45－47.

[10] 陈莹莹，彭扬：" 驰援去杠杆 市场化债转股路径渐明" [N]，《中国证券报》，2017 年 2 月 22 日.

[11] 周礼耀：" 创新实践市场化债转股" [J]，《中国金融》，2017（2）：18－20.

[12] 殷剑峰：" 去杠杆及债转股的作用" [J]，《中国金融》，2016（19）：18－20.

[13] 尹燕海：" '债转股' 利弊及新一轮债转股取向探讨" [J]，《金融会计》，2016（6）：73－77.

[14] 刘纪鹏，何广亮："新一轮债转股应坚持市场化取向"[J]，《清华金融评论》，2016（6）：85-86.

[15] 娄飞鹏："商业银行不良贷款债转股的历史经验及实施建议"[J]，《西南金融》，2016（6）：52-56.

[16] 吴晓灵："用市场化思维和手段去杠杆兼谈对债转股手段的运用"[J]，《清华金融评论》，2016（5）：43-45.

[17] 樊志刚，金昱："实施债转股的原则与条件"[J]，《中国金融》，2016（8）：31-33.

[18] 周万阜："理性看待和实行债转股"[J]，《中国金融》，2016（8）：34-36.

[19] 曹晓丽："财务分析方法与财务分析中存在的问题"[J]，《财经问题研究》，2014（S2）：73-75.

[20] 张先治："财务分析理论发展与定位研究"[J]，《财经问题研究》，2007（4）：81-86.

[21] 丁少敏："国有企业债转股问题研究"[J]，《中国工业经济》，2003（8）：5-13.

[22] 黄金老："论债转股的理论和政策问题"[J]，《金融研究》，2000（1）：63-70.

[23] 周天勇："债转股的流程机理与运行风险"[J]，《经济研究》，2000（1）：22-29+80.

中部地区基金小镇监管风险研究

——以咸宁贺胜桥基金小镇为例

吴佳琪　李咏红　林芊芊　黄梓宸　张思睿

会计学院会计学专业（注册会计师方向）1502班　指导老师：陈正林　白小滢

> **摘　要**：为顺应中部崛起战略和金融创新改革，湖北省咸宁市于贺胜桥镇成立了我国中部地区第一个基金小镇。相较于沿海发达城市，咸宁市建设和运营基金小镇的硬性条件不突出，政府监管问题尤为值得注意。本课题小组运用了实地调研和专家访谈的方式对咸宁市基金小镇进行了调研，从建设中部基金小镇的新模式出发，分别从基金小镇层面的监管和基金层面的监管进行了研究，针对监督的考核机制、风控体系、地方政策和投融资的监管问题给出了建议，对中部城市建设和发展基金小镇有一定的参考意义。
>
> **关键词**：基金小镇；监管；金融风险

一、咸宁基金小镇发展战略与模式分析

（一）发展战略分析

由于缺少强大的经济基础作为支撑，贺胜桥金融小镇没有采取其他基金小镇依托发展的"城市经济综合实力→吸引产业自发布局→集聚积累金融资源→高端人才落户→创新创业→打造基金小镇→产融结合发展"的路径，而是根据咸宁市大力发展绿色生态才略的战略目标，针对"创新驱动、绿色崛起"的战略要求以及产业转型升级发展的市场需求，充分把握长江经济带产业基金等省级战略咸宁实施的机遇，制定"绿色崛起，金融领先"的战略目标，采用"三零三大一个承诺""立足为'先'，定位于'全'"的战略。

（二）特色发展模式分析

目前大部分能顺利运转的金融小镇都分布在东部地区，尤其是毗邻北京、上海、杭州

等经济发达地区。凭借地理优势，这些基金小镇在成立初期，可通过自身地区的经济实力来吸引企业入驻，在逐渐集聚起来的金融资源上吸引高端人才前来创新创业，最后形成产融结合的结构。但贺胜桥小镇地处四线城市咸宁，失去了地位吸引力，政府便反其道而行之，结合咸宁自身"创新驱动、绿色崛起"的战略要求，自主创造了全新的"基金小镇3.0模式"。

首先由政府引导母基金的出资，再通过市场化运营，让社会资金自主流向对地区发展有利的新型产业，基金继而则会就近投资于这些产业的所处或周边地区。同时，政府通过优惠互利的政策、事先建设好的生态环境与高档生活建设，吸引优质企业将目光落在贺胜桥金融小镇并最终落户于此。具体的运营分工图如图1所示，由咸宁市人民政府金融领导小组办公室负责统筹规划，下属的咸宁市金融办按照其制定的政策进行执行监管；日常工作中，不同方面的工作与建设也是由相关行业的专业人士操刀运营。

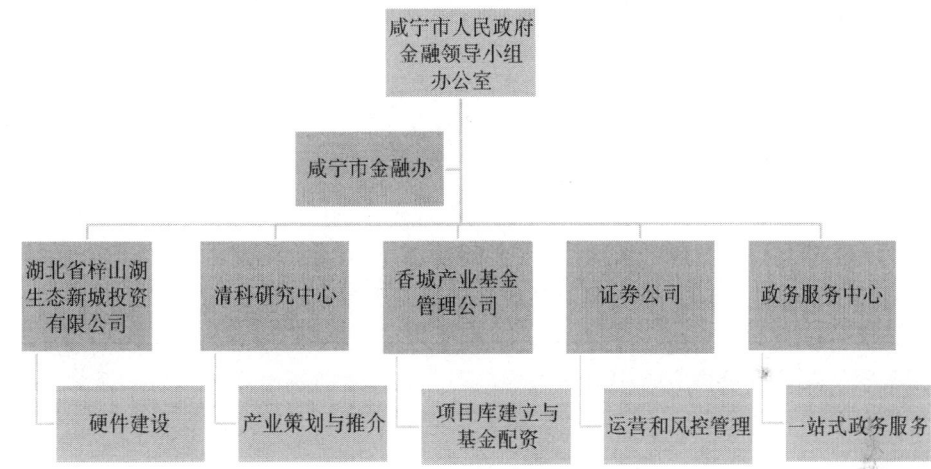

图1 贺胜桥小镇运营分工图

二、咸宁基金小镇监管问题分析

（一）基金小镇监督考核机制分析

1. 监督考核机制现状

（1）考核主体单一。湖北省特色小镇项目均由湖北省发展与改革委员会负责进行统一考核，但这种考核主体单一、考核体系单一的考核模式缺陷颇多。首先，考核主体单一可能会导致考核结果的片面性。政府的考核结果往往是一家之言，缺乏一定的群众基础与社会意见，且有时因为所谓的政府部门面子问题往往会使考核结果大打折扣。其次，考核主体单一会致使考核结果缺乏一定专业性依据。由于特色小镇产业定位的差异性，其考核必然涉及许多专业性、技术性很强的知识。有鉴于特色小镇产业定位的差异性，需要对不同产业和行业的复杂前景、不同文化内涵进行评估，政府部门要独立完成这些评估，就需要更多的专业知识。再者，由同一部门主导省内所有特色小镇考核带来的后果是考核体系的标准化，会使对基金小镇的考核忽略了它的一些特性考核，有失公平性与有效性，考核结果并不全面。

（2）考核内容局限化，独特性引领功能缺失，极易追求指标极端化。以2017年12月12日发布的《湖北省特色小镇创建工作实施方案》中披露的湖北省特色小镇评价标准为参考的评估体系，对金融小镇的考核评价主要从规划引领、建设质量、保障措施三方面展开。规划引领作为一个指标分块一方面可以引领市政府做出更合理、全面的规划，但由于此块在评分中占比较大，很有可能会客观上引导规划者们向至善至美方向计划，且这种规划可能是极端化发展地，缺乏一定成本、人力等客观现实条件考虑的。

在评价标准建设质量一块中，我们可以看到该考核机制赋予了产业形态、服务设施、体制机制等方面更高的权重，宜居环境作为一个客观环境也占有一席之地，而优秀文化指标在考核中分量较小。我们可以总结为政府对基金小镇的考核内容聚焦于小镇的开发建设、要素聚集、基础设施公共服务、发展绩效等硬实力方面，而不重视对小镇品牌文化、小镇知名度推广等软实力的度量。此类考核内容易导致小镇各方建设主体纷纷只追求硬性指标数据，不仅会造成盲目追求相关数据最大化而不讲究资源节约、效率优先的局面，而且会使小镇忽视因地制宜、建设独特性基金小镇这一核心概念。

2. 中部基金小镇对应风险规避措施建议

（1）引入第三方考核主体、主导基金小镇项目政府自设单独考核体系。行政主导的评估考核体制存在着局限性，难以充分体现和集中社会的意见，不容易发现潜在的问题。而引入第三方评估机构，可以增强考核的客观性、独立性与专业性，因为第三方考核更多反映了社会公众的意见，也更有利于充分发挥群众的积极性。且针对考核体系太过于标准化、太笼统的问题，可以由负责项目的当地政府单设一个特别工作组来针对基金小镇的自身特点设计基金小镇考核体系，这样省省级的特色小镇考核结果与市级的基金小镇考核结果双重结果配套可以对基金小镇考核更加全面。

（2）考核内容应引入软实力评估、应根据发展阶段情况调整侧重点。在考核内容上除了一贯强调的硬实力指标，省发改委还应该加重对小镇形象的设计、推广和文化传承等情况进行考核，这些都是涉及基金小镇核心竞争力的重要方面。且政府在考核过程中应根据基金小镇特殊的产业类型与发展路径，对各项考核指标权重进行动态调整，如前半段着重考核投入建设情况，后期则应注重产出情况、特色内涵与社会影响力等方面的考核，如此做到不盲目追求、不只牢牢盯紧发展规模等指标。

（二）基金小镇风险控制监管体系分析

优惠政策的制定有利于基金小镇吸引各类基金与基金公司进驻咸宁贺胜桥，但究竟该吸纳哪些企业进入小镇，之后对小镇内的基金与企业该实施怎样的监管更是关系到基金小镇运作效果的重点问题。

1. 咸宁基金小镇风险控制监管现状

（1）合作国内知名证券公司负责运营和风控。贺胜桥基金小镇由咸宁市人民政府金融领导小组办公室作为总指挥，提供政策指导和顶层设计，同时积极吸纳多元化的主体参与到小镇建设和运营过程中，其中在小镇的运营与风控方面就采取吸纳合作知名证券公司的形式，总体来说保障了一定对已存基金、入驻企业的金融监管能力。

（2）小镇运营初期企业准入审核力度很弱，后期逐渐加强。咸宁在金融基础、民间资本活跃度、创业创新活动和经济产业基础与沿海发达地区存在一定差距，高端金融人才的储备也不足，因此先天条件决定了贺胜桥金融小镇在一开始的规划期与第一阶段建设去没有明显从全国众多金融小镇中脱颖而出，咸宁金融办为了提高入驻率与签约数，造成了第一批入驻小镇的除了世裕股权投资基金等有名公司外，还有一些名不见经传、资质较差的基金公司的情况。但后期随着小镇全方位建设逐渐得到越来越多的认可、中部地区经济发展日益稳定前景光明以及小镇主导方做精做强的决心坚定，对于准入门槛的把控更严格，入驻企业质量有了明显的提升。

（3）金融发展服务统一平台正在建设中。咸宁市金融服务统一平台已上线了如录入、调出、查找企业注册信息等部分功能，但更多模块如企业自身的财务情况、旗下基金产品的投资构成、业绩情况追踪等功能仍在加紧建设当中，但可以确定不久之后一个功能较为齐全强大的信息平台就可以被应用与对贺胜桥金融小镇中基金企业的日常监管了。

2. 中部基金小镇对应风险规避措施建议

（1）针对贺胜桥基金小镇的特点，建立双重监管制度体系，提高金融效率。建立了专业的金融监管队伍之后，贺胜桥金融小镇还应加大对财富类、投资类公司的监管力度，防范可能出现的风险；以大数据和云计算技术为核心建立起初始审核监管、过程动态监管的双重监管制度体系，建立起信息化思维，为入驻小镇的每个企业提供一个独特的ID，进行数字化监管。如为金融创新与金融监管的良性互动带去更多制度保障。

此外，通过线上数字化监管，贺胜桥基金小镇可以随时查阅和统计企业相关信息，从而实现对申报企业的"零公里"审批、对入驻企业的无纸化监管，从根本上节约了基金业务人员处理烦琐流程的时间，减少金融成本、提高金融效率。

（2）尽可能集中更多功能于一个平台，节约工作成本，提升工作效率。嘉兴南湖在对金融企业的监管方面建立了线上监管服务平台与监管预警平台，两大平台所需企业信息有很大一部分是重合的，平台功能的目的是接近的，平台建设的工作有些部分是同样的，所以从理论上可以将二者合二为一，赋予贺胜桥金融小镇发展金融服务统一平台更多的功能，不仅可以节约建设成本，同时也可以提高日后的监管效率。除了监管功能之外，发展金融服务统一平台也可以为入驻的投资类企业推送相关资讯，使投资人掌握最新监管动态，解决对监管信息掌握滞后的问题。

（3）当地政府应就金融服务开展制定明晰行政法规。政府出台相关立法，明确界定非法集资、高利放贷、地下钱庄与民间借贷的界限；进行严谨的金融机制改革，拓宽国家金融机构的金融业务，提高业务效率，切实为企业集资者搞好服务，积极拓展新兴金融风险管理平台。

（三）基金小镇母基金监管分析

除了落户和投资奖励、税收减免等优惠政策，咸宁贺胜桥基金小镇还以政府引导基金为核心进行招商引资，由此设立子基金提高投资收益。咸宁市政府于2016年发起设立了咸宁香城产业基金管理有限公司，与贺胜桥基金小镇配套运作。该政府引导基金具有政策导向性，不以经济利益为首要目标，目的是促进战略新兴产业发展，重点是扶大、扶强、扶优与特定地区即咸宁的企业或项目。

1. 基金现行效果分析

（1）湖北省各市州投资、消费、进出口规模及增速。如图2所示，由2017年湖北省各市州投资、消费、出口规模及增速可知，投资增长是拉动经济增长的第一动力，消费对经济增长的贡献率次之。其中武汉市投资、消费和出口规模在全省占据绝对优势。咸宁市的投资、消费、进出口规模和增速均不占优势，可能的原因有两个。一方面可能是因为咸宁本身的经济发展基础较为薄弱，短期内产业基金不能有效地发挥作用，香城产业基金的经济回报差强人意。另一方面有可能是因为其他市州也设立了产业基金，虽然没有与基金小镇配套使用，但是运行效果也非常良好，香城产业基金的优势不明显。

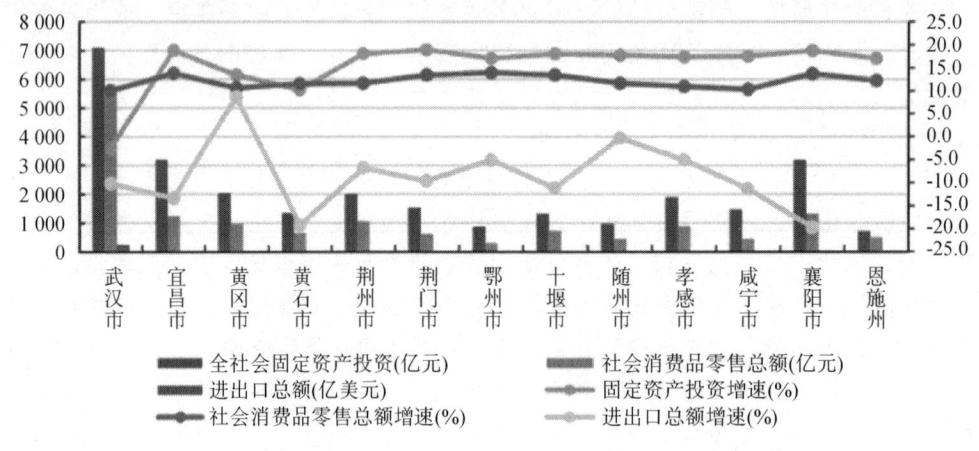

图2　2017年湖北省各市州投资、消费、进出口规模及增速

（2）与其他市州的经济对比。本文将设置对照组对比咸宁市建立了香城产业基金后的产业发展变化。

对照组的选择：本文将选择湖北省内两个与咸宁市相近的却没有设立类似产业基金的城市进行比较。考虑到区位要素、经济政策扶持力度等因素，选择黄冈市和荆州市与咸宁市进行对比。由于黄冈市和荆门市的产业基金都于2017年下半年设立并投资，经济效果具有延迟性，本文将采用2015年、2017年的数据进行横向和纵向分析比较，如表4所示。

表1　　　　　　　2015～2017年咸宁、黄冈、荆州产业产值构成与全国比较

城市	咸宁	黄冈	荆州	全国
2017年产业产值构成与全国比较				
生产总值/亿元	1 234.9	1 921.8	1 922.2	827 122
增长率/%	8.1	7.6	7.5	6.9
第一产业/%	15.7	21.7	20.3	7.9
第二产业/%	48.4	38.9	44.1	40.5
第三产业/%	35.9	39.5	35.6	51.6

续表

城市	咸宁	黄冈	荆州	全国
2015 年产业产值构成与全国比较				
生产总值/亿元	1 035.0	1 589.2	1 590.5	676 708
增长率/%	8.0	13.0	13.7	6.9
第一产业/%	17.5	23.9	23.4	9.2
第二产业/%	49.0	38.9	44.6	42.7
第三产业/%	33.5	37.2	32.0	48.1

从 2017 年的数据分析可知，从总体经济发展水平来看，咸宁市的经济增长率远高于全国的经济增长率以及黄冈和荆州的生产总值增长率，说明咸宁市的经济发展潜力良好。但是生产总值较低，经济发展仍有较大的上升空间。从产业结构上来看，虽然咸宁市的第一产业比重水平远高于全国的产业水平，具有较大的转型发展空间，但是相较于黄冈、荆州地区布局较为合理。第二产业和第三产业占 GDP 的比重相较于黄冈和荆州来说都较高，发展良好。相较于 2015 年，咸宁市的产业结构改善效果没有其他两个地区明显，第一产业比重降低水平低于其他两个地区。咸宁市"十三五"规划转型升级为由工业和服务业主导，但第三产业比重增加幅度也不及其他两个地区。

从重点产业来看，如表 5 所示，咸宁目前已形成电力资源、纺织服装、冶金建材等六大支柱产业，主要分布在第二产业，新兴产业如生态旅游、电子信息产业等规模较小。相较于以电子信息产业、文化旅游、现代服务产业为支柱的黄冈、以电子信息产业为支柱的荆州，咸宁市的支柱产业领域分布在第二产业，且普遍存在高耗能、高污染的环境问题。此外，咸宁市的第三产业规模较小。总体而言，咸宁市的转型升级力度不足，产业发展将受到限制且存在部分产业产能过剩问题，经济增速有可能放缓。因此，咸宁市的产业转型升级压力较大。

表 2　　　　　　　　　　咸宁、黄冈、荆州产业结构比较情况

城市	产业结构简介
咸宁	咸宁市不断推进新型工业化建设，加快对传统产业转型升级，加大力度淘汰落后产能，着力扶持打造新兴工业，使工业结构得到明显改善。目前已形成电力资源、纺织服装、食品饮料、机电制造、森工造纸、冶金建材六大支柱产业
黄冈	黄冈市围绕"三个支柱，七大重点"产业发展战略，实施一系列优惠政策，做大农副产品加工、文化旅游、医药化工三个支柱产业，各达到千亿元规模；发展壮大食品饮料、现代服务产业，各达到 500 亿元规模；培育发展纺织服装、装备制造、光电信息、汽车配件、船舶重工产业，各达到 200 亿元规模。总规模达到 5 000 亿元以上
荆州	荆州市主要产业中，农产品加工、医药化工、电子信息、装备制造、建材、纺织产业为其支柱产业

总体而言，咸宁建立基金小镇、设立香城产业基金配以咸宁市政府的发展战略，产业转型升级力度有较大改善，但是相较于黄冈、荆州地区仍有较大的进步空间。在咸宁香城

产业基金在建立后对咸宁的经济发展起到了一定的作用,但相较于其他地区的进步程度来说,作用并不明显。

2. 咸宁与国外政府引导基金管理模式比较

政府引导基金往往存在政府和市场的边界不清的问题,若政府对基金的干预过多除了上文分析的产业投资风险,在投资阶段还可能因为政府的强制性介入导致项目论证风险和项目管理风险,此外在组织结构方面的设计不当也可能导致专家理财风险以及行政干预风险。此部分将结合国外水平监管水平优秀的以色列YOZMA创业投资基金与香城产业基金的管理模型比较分析,探讨香城产业基金可能存在的监管问题,比较分析如表6所示。以色列YOZMA基金由1993年成立,目的是扶持国内高科技产业发展。

表3　以色列YOZMA创业投资基金与香城产业基金的管理模型比较

		以色列YOZMA基金	香城产业基金
组织架构		直接由创业投资管理公司运营	最高权力组织为管理委员会。另设有政策审查委员会、专家顾问委员会以及基金管理公司
运行方式		采用有限合伙制,设立创业投资管理公司营运,政府作为有限合伙人放弃管理职能,市场化运作	注册设立咸宁市香城产业基金管理公司,董事理事或监事由市财政厅委派,但总经理及其他高管人员按市场机制选聘,市场化运作
融资		政府投资额占子基金份额的40%,其余由民间资本和国际资本构成	政府投资占子基金份额的20%,其余由民间资本构成
投资阶段	投资时机	早期阶段	企业的初创期
	投资范围	技术创新型企业	跟咸宁有关的企业
	子基金投资范围	通信、IT、生命生物科学、医药技术等领域	信息技术、先进装备制造、新材料、生物医药、节能环保、新能源等六大新兴产业;农业;金融服务、现代物流、电子商务等行业
投资后监管机制	行政监管	除了政府监管,还委托专业基金管理公司和托管银行进行监管	缺乏专业基金管理公司和托管银行
	定期报告	设立公开透明的信息披露机制,定期报告、公开审计报告等	只有对由政府部门组成的决策机构的定期报告规定
	绩效评价制度	采取专业基金管理团队绩效评价	缺少专业的绩效评价和即时性的风险评估

通过基本的信息比较,总结归纳出以下香城产业基金存在的潜在的监管问题:

(1) 政府定位不清晰,影响市场化运作。从组织架构上来看,YOZMA基金完全交由创业投资管理公司负责营运,实现了基金的市场化运作。但是香城产业基金的决策机构即管理委员会、政策审查委员会、专家委员会都是由政府组成,例如对母基金的融资投资退出方案、母基金和及基金的项目审核和追踪审查等都由政府完成。此外，在运行方式方面，YOAMA 基金以市场机制聘请专业管理团队，政府不参加董事会。但是香城产业基金的决策结构都是由政府部门构成，导致政府在基金运行的过程中权利和作用过大，政府的社会管理者和经济人身份容易混淆，容易导致对基金的管理活动的干预。

（2）投资方向不明确，财政风险较大。在投资时机上，产业基金与创业投资基金和天使投资基金不同，应在企业的成长期进行投资。在初创期就进行投资，偏离了产业基金的功能职责，承担更高的风险，从而导致财政需要进行项目失败兜底的风险增大。在投资范围方面，YOZMA 基金的投资具有政策导向性，但是香城产业基金设立之初是为了扶持咸宁的新兴行业，在相关的文件出台后除了战略性新兴产业，还对当地的特色农业、金融服务、科技服务等都进行了投资，偏离了当初的政策目标。投资的产业没有针对性，资金分散使用，可能没能达成预想的集聚效果。

（3）投资后监管机制不完善。在监管机制方面，基金的决策机构由政府直接指定、基金管理类公司的董事会、监事会也有政府指派，这将导致对香城产业基金的监督将几乎完全依赖政府，专业团队包括专业基金管理公司和托管银行的监管权力缺失。定期报告的缺乏将导致信息不对称，无法对基金进行有效的监督，有可能会产生寻租腐败行为。

3. 中部基金小镇对应风险规避措施建议

（1）建立健全政府引导基金的要素匹配机制。在财力方面要量入为出，合理规划基金的规模，控制财政风险。另外，政府引导基金的资金来源渠道应分散化、多元化，撬动社会力量、降低基金风险，实现风险与收益的统筹。在事权方面，政府应当综合考虑政府定位、政府目标以及资源匹配程度，明确政府的职能定位。同时，政府在引导基金的事权范围应当得到有效的界定和控制，不能以行政手段干预引导基金的运行。

（2）促进政策性与市场化的统一。政府引导基金的政策导向性与基金管理人的经济导向性存在一定的矛盾，政府要把握市场的真实需求，结合当地实际的实体支撑情况和产业基础进行相应的产业投向引导，做好前期可行性分析、科学合理布局。坚持市场化运行原则，基金的运作和日常管理要依托专业的基金管理团队。基金相应的工作体系和流程，包括行业信息和数据库、基金筛选流程等，应达到内部管理市场化，提高政府资金的利用率。

（3）完善多维监管体系。除了将政府引导基金委托给专业基金管理公司运营，政府还应该将资金委托给银行进行托管。而现在基金的内部监管主要依赖于由政府控制的决策机构，产业基金要走向市场化则应由政府、专业基金管理公司、银行等多方监管，其中产业基金的绩效评价需要参考专业基金管理公司的绩效评价，政府需指定准则规范要求基金进行定期报告。

（四）地方政策导致的金融风险分析

金融小镇作为一个地方性的支持政策，本身就会有政策保护的优势，这使得加大了对私募金融风险管控的难度，潜在监管问题如图 3 所示。基金小镇处于基于发展期，市场机制与政府管控的有效配合才能更好地完成协调与对接的工作，真正规避金融风险，推动私募金融产业的健康发展。

1. 基金小镇的私募风险分析

（1）来自于宏观金融市场建设不成熟的风险。

私募基金的合法地位一直没有得到有效的确认，一方面，这使得私募金融的操作流程显得过于随意难以有效规则化，使得投资分子更多的机会察觉到目前法律存在的漏洞而损害私募各方的权益，极大的弱化了政府对私募基金把控能力；另一方面，私募资金本身就具有灵活操作的特点，地方政府在基金小镇金融实体重组建设的过程中，过于谨慎的管控同样和会导致私募基金的灵活优势得不到有效的发挥，反而在投入成本过高的情况下，制约了当地产业的发展。

（2）私募基金本身运营机制的风险。私募基金相对于公募基金，募集范围更小、信息披露更加不透明。私募基金在运营上存在多重代理的结构，首先投资者和私募基金管理人就有一层代理关系，同时私募基金管理人和投资目标之间业存在一层代理关系。这样的多重委托代理机制会产生的风险主要来自于逆向选择于道德风险。很多时候，基金经理人有着多重的身份，既是基金的管理人也是资金的托管人。这种私募基金运营方式的缺陷就使得暗箱操作的可能性大大增强，有着极大的违规风险。而基金小镇的金融聚集模式是基于金融链的高度融合生态化以及产业链的配合，对每一个基金管理人的审核就变得非常重要。每一个金融链条的道德风险或者法律的控制不到位，都有可能导致整个金融链条进入不健康的运作模式进而影响到产业。

图3 地方政策导致的金融风险

2. 中部基金小镇对应风险规避措施建议

（1）地方政府的政策限制与开放并行。在国家金融体制不成熟的大背景下，地方政府想要建设金融小镇，必然需要自己根据当地的情况做适当的政策缩紧。在提出加快特色小镇建设政策的同时，也要针对区位特色小镇建设政策中未能有成熟市场背景支撑的部分做好合理的避险预案。防止政策保护成为潜在风险的保护伞，即使出台相关的地方法条以弥补国家金融政策跟不上金融市场发展而出现的漏洞。同时应该意识到监管的适度性，国外私募基金小镇的成功很大程度源于金融市场的高度自由化，这符合私募资金灵活性特点，也为私募基金的发展给出了良好环境。在国内，私募基金小镇还处于刚刚起步的阶段，政府在私募投资环节上也要适当地放宽，更多地去营造一种健康的金融市场环境，而在私募的具体操作上给予一定自由度。使得地方政府的政策大环境与金融小镇的内部市场化达到一个有效的平衡。既不会因为法律的缺失而导致风险，也不会因为过于干预而使得私募的优势削弱而达不到区位经济带动的目的。

（2）地方政府积极寻求与监管机构的合作。特色小镇作为一种新型的经济发展形式，可能成为我国未来产业结构中的重要组成部分。但由于金融小镇聚集对象的特殊性，对金融小镇的第三方监管重要性可能要远远超过其他产业形式的特色小镇。地方政府对金融的小镇建设的积极推进的同时，也要制定严格的标准把握信息披露情况，积极的配合国家第三方的监管部门实施相关措施。同时作为监管机构例如中国证监会，中国银监会等等。也要积极针对金融小镇的运作以及相关基金产品做出合理的风险评估，并根据其在国家政策推进的特殊地位做出区别于其他基金个体的调控方案。地方政府也要根据金融小镇初期的建设情况即使给出反馈。此外，能够针对当地的金融小镇设立特别监管机构也是一种有效的方案，这些监管机构不仅仅针对金融链的整合上给出管控，同时也密切观察金融链与产业链的结合情况，综合性一体化调配。

（3）基金管理人资格的严格审核。金融资本的聚集以及基金链的打造上，基金管理人制度，基金托管人的制度就隐藏着很大的道德风险，而且这种风险会对整个基金小镇的金融链条运行产生重大影响。首先我们针对基金小镇的基金管理人、基金托管人应该制定更加严格的资格审核程序，除了基金企业自身的选拔标准之外还应该有地方政府的一套规范流程。其次，地方政府还应该对基金小镇内金融企业的内部控制提出严格的要求，从源头和机会上双重规避基金公司运营本身产生的道德风险，避免损害投资者的利益，同时也为整个金融链的打造打下良好的基础。

主要参考文献

［1］吴娱："基金产业集聚区规划研究"［D］，《苏州科技大学学位论文》，2016 年．

［2］时晓楠："中国地方政府融资平台债务风险分析与对策研究"［D］，《对外经济贸易大学学位论文》，2015 年．

［3］封永鹏："我国地方政府融资平台风险及对策研究"［D］，《财政部财政科学研究所学位论文》，2014 年．

［4］陈旭炜："产业集群与中小企业融资：基于浙江的实证研究"［D］，《浙江大学学位论文》，2013 年．

［5］孙雪芬，包海波，刘云华："金融小镇：金融集聚模式的创新发展"［J］，《中共浙江省委党校学报》，2016（6）：80 - 84.

［6］唐丹，李品芳，胡馨："基于产业集群理论的嘉兴市现代服务业发展研究——以南湖区基金小镇项目为例"［J］，《当代经济》，2015（36）：120 - 121.

［7］陈子怡："中国版的'格林威治'金融小镇——贺胜桥镇"［J］，《中华建设》，2017 年．

［8］Anonymous. Communications Capital Group, Llc; Communications Capital Group, LLC Announces Completion of Additional Financing With RBS Greenwich Capital［J］. Computers, Networks & Communications, 2008.

[9] Raymond A. Mohl. Gerald W. McFarland. Inside Greenwich Village: A New York City Neighborhood, 1898 – 1918. Amtierst: University of Massachusetts Press. 2001. Pp. xii, 272. $29.95 [J]. The American Historical Review, 2002 (3).

[10] 咸宁市人民政府办公室关于印发咸宁市香城产业基金设立方案的通知 [Z]. 2016 – 06 – 07. http://www.pkulaw.cn/fulltext_ form.aspx? Db = lar&Gid = 6a4b06756e66e7903431f5159ee1cee6bdfb.

[11] 咸宁市统计年鉴 (2017 年) [Z], 2018 – 01 – 01, http://tjj.xianning.gov.cn/images/material/2017tjnj/indexce.htm.

[12] 湖北省人民政府办公厅关于印发湖北省特色小镇创建工作实施方案的通知 [Z], 2017 – 12 – 12, http://www.hubei.gov.cn/govfile/ezbf/201712/t20171220_ 1236425.shtml.

技术创新水平与企业绩效的关系探究

——基于创业板公司的实证研究

王军彦

会计学院财务管理专业 1502 班　指导老师：杨汉明

摘　要：本文采用研发费用率指标衡量技术创新的数量水平，专利授权数指标衡量技术创新的质量水平，从这两个维度来综合反映企业的技术创新水平，使用 2014～2016 年创业板公司的数据，用多元回归的方法探究企业创新水平和企业绩效之间的关联。研究结果表明，技术创新数量和质量水平均与公司绩效正相关，并且数量水平的影响存在一定的滞后效应，质量水平则不存在滞后性影响。

关键词：技术创新；企业绩效；多元回归；创业板

一、引言

信息时代的到来，科技的迅速发展，愈发激烈的市场竞争，无不促使企业加大对技术创新的重视。企业中的技术创新是指一个从新产品或新工艺设想产生到商业化应用的过程，是企业核心竞争力的来源。对于具有风险高、规模小、市场潜力大的特点的创业板公司则更是如此。从逻辑上来说，创业板企业的市场竞争力主要取决于自主创新能力的强弱，企业绩效与技术创新水平密不可分，而这一猜想则需要实证研究来证实。研究创业板企业绩效与技术创新水平的关系对于经营者配置资源以及政府部门制定产业扶持政策均有一定的参考价值。故本文聚焦于此，实证探究技术创新水平与创业板公司业绩的关系。

本文研究的关键在于如何衡量企业的技术创新水平。研发支出衡量了企业研发投入情况，以往的研究中常用研发支出来衡量技术创新。学者也证实了研发支出是衡量企业技术创新能力的有效指标。近年来，不少学者把专利数量作为度量研发产出率的指标来探究其与技术创新水平的关联，得出专利是衡量技术创新有效指标的结论。专利授权数的大小也代表了企业所取得的重大突破和当前创新能力的高低。Griliches（1991）曾指出，研究企业技术创新活动的经济效果时，不仅需要控制技术创新投入的影响，还要控制专利对公司业绩的影响。这说明了研发支出本身没有全面衡量技术创新的产出水平。而企业创新能力的高低不仅取决于投入金额的大小，也取决于专利授权数的高低。综上，笔者认为技术创新水平应从技术创新数量水平和技术创新质量水平两个维度来衡量。技术创新数量水平代表企业研发投入情况，使用研发费用率指标衡量；技术创新质量水平代表企业研发产出情况，使用专利授权数指标衡量。从技术创新数量水平和技术创新质量水平两个方面综合分析创新能力和企业绩效的关系。

二、国内外文献综述

（一）研发投入与企业绩效关系的研究

在衡量企业创新水平时，大量学者选用了研发投入这一指标。针对研发投入与企业绩效的相关研究，国内外学者较早就涉足这一领域，并对此进行了多角度、深层次的研究，得出了具有参考价值的研究结论。相关的研究归纳如下：

1. 研发投入与企业绩效的正相关研究

国外学者 Kumbhakar, S. C., Ortega 等（2012）同样认为，研发投入大小是影响企业经营效率的关键因素，企业研发部门的活动可以显著推动企业整体绩效的快速增长。相对于国外学者的研究，国内学者则开始地较晚。田利军、郭兰英和叶陈毅（2010）通过对2007 年至 2009 年中小型高新技术上市企业研发绩效数据的分析，发现研发投入强度与净资产收益率正相关。朱乃平、朱丽和孔玉生（2014）研究发现我国高新技术企业的研发费用率与企业的财务状况较显著正相关。

2. 研发投入与企业绩效的滞后效应研究

在研发投入与企业绩效的研究过程中，不少学者发现研发投入对企业绩效的影响存在滞后性。国外方面 Bitze（2008）运用修正后的柯布—道格拉斯生产函数成功验证了研发投入对企业绩效的影响具有累积效应，即验证了滞后效应的存在。

国内方面，李璐和张婉婷（2013）则选用我国制造业公司 2009~2012 年的面板数据，研究发现研发资金投入对企业绩效的正向影响具有滞后性，且滞后一期的影响最显著。朱建飞（2016）选取渔业类上市公司的面板数据为样本，结果表明研发投入对企业绩效有较长时间的滞后性影响。

3. 研发投入与企业绩效的非正相关及无滞后性研究

虽然不少的国内外研究均证实了研发投入与企业绩效存在正相关联系，并具有一定的滞后效应。但相当一部分学者仍对正相关性和滞后效应呈怀疑或否定态度。

Rouse 和 Boff（2002）对计算机行业进行研究，结果表明该行业研发投入的投资回报率极低，甚至有入不敷出的情况。Chamanski 等人（2001）则研究得出，由于存在信息不对称，如果经理人选择进行不道德的内部交易，研发投入与企业绩效和价值之间可能会呈负相关关系。就笔者所搜集到的资料来看，目前国外没有学者直接否定滞后性的存在，但 Lev 和 Sougiannis（2004）曾指出滞后期因企业所在行业的不同而不同，部分行业研发投入不存在滞后效应。

国内学者王烨和游春（2009）对中小板上市公司的研发投入对企业绩效关系进行实证研究，结果表明研发费用对企业的财务绩效没有显著的影响作用。除了无显著影响外，我国也有部分学者认为两者呈现负相关关系。如张俭和张玲红（2014）则通过对上市公司的研究，发现研发投入与当期和之后两期的企业绩效之间存在着明显的负相关关系。滞后效应方面，我国也有学者认为两者之间不存在滞后效应。程宏伟（2006）对高新技术企业的研发投入和产出之间的关联性进行研究，结果表明在短期内研发投入对企业绩效不会产生显著影响，并且研发投入不存在明显的滞后期。

（二）专利数量与企业绩效关系的研究

相较于研发投入的研究，关于专利数量和企业绩效的关系研究较少，相关文献也不多。但由于研发投入自身性质不能完全反映企业的技术创新水平，不少学者将专利数量作为代表企业技术创新水平的指标，研究其与企业绩效之间的关系。

国外学者对专利数量和企业绩效的关系存在争议。Hall（2001）等学者证实了专利与企业绩效的正相关关系的结论。也有学者持反对意见，Narin（1987）使用截面数据进行研究，结果表明专利数与绩效的关系不明显。根据笔者搜集到的资料，国外学者就专利数量对于企业绩效影响的滞后效应较少。Scherer 和 Comanor（1969），考虑到周期性的技术转化，对 57 家制药类企业进行了 3 年的滞后期实证研究，并证实了专利授权数和申请数对滞后期收入的正向影响。

国内学者对专利数量与企业绩效的关系的研究也没有形成一致的意见。曹勇，赵莉和张阳（2012）以高新技术企业为研究对象，发现发明专利更多的企业绩效更好。对此持反对意见的学者也不少，如苑泽明、严鸿雁等（2010）指出高新技术上市公司所拥有的专利数量和公司的绩效之间没有明显的关联。国内学者研究了专利数量的滞后效应，但也未形成统一意见。吕素敏和严鸿雁（2010）研究发现发明专利对高新技术上市公司之后两年的绩效有正向影响。但王美凤与陈昆玉（2011）以机械制造业公司为样本，研究发现专利授权数不存在滞后效应。

（三）文献评述

上述文献针对研发费用和专利数量对于企业绩效的影响及滞后效应有了详尽和深入的理论研究和实证分析，对医药业、制造业、高新技术行业等多个行业的数据进行了探究，选用的量化研究模型多样，如多元回归、GMM 等。但大部分学者在对企业技术创新水平进行衡量时，只将研发费用和专利数量其中之一作为企业技术创新水平的代表来进行研究，综合考虑两者影响的文献较少。此外，由于学者对研发投入的滞后效应研究结论并不统一以及专利数量的滞后效应研究的缺失，研发费用和专利数量的滞后效应的研究还有待完善。上述文献所涉及的行业仍不全面，部分行业如创业板、中小板还有待被研究。

本文拟将在一个模型中引入分别代表研发费用和专利数量的两个解释变量来衡量企业技术创新的水平，综合分析两个因素对公司绩效的影响，对企业技术创新水平的评估进行创新以完善此领域的研究。同时，本文将分别对两者的滞后效应进行研究，以丰富该领域的研究。在选择研究样本时，考虑到创业板上市公司多属于高新技术企业，技术创新活动对此较为重要以及我国创业板设立年限短,对此的研究较少,本文以创业板上市公司为研究对象。

三、实证研究设计

(一) 理论分析与研究假设

在技术创新和企业绩效的研究中,现代创新理论的提出者 Joseph Alois Schumpeter (1926) 认为,创新就是建立一种新的生产函数,把一种从未有过的关于生产要素和生产条件的新组合引入生产体系。就研发费用对企业绩效的影响机制的研究, Griliches (1981) 运用了柯布—道格拉斯生产函数将研发投入与企业生产力的关系进行实证研究,发现研发投入可以提升企业的生产效率。Gamer, Nam 和 Ottoot (2002) 发现研发投入可以通过影响企业的创新能力进而影响企业绩效。就专利数量而言,Hall (2001) 提出,企业获得的专利,作为技术创新的产出要素,代表了企业所取得的重大突破,一定程度上反映了企业创新能力的高低,从而使企业获得核心竞争力。总的来说,研发投入和专利数量都与企业的创新开发能力相关联,进而影响了企业的收益和企业绩效。故本文从这两方面综合衡量企业技术创新水平。

对于创业板上市公司而言,绝大部分企业属于高新技术行业和其他新兴行业,其高风险、市场潜力大的性质决定了研发投入、专利对公司收入的重要性。如果公司的研发力度较强,研发成功率高,则很可能领先于竞争对手而研发出更符合用户需求的产品,从而扩大市场份额,提高企业绩效。本文认为创业板公司的企业绩效与技术创新数量水平——研发投入、技术创新质量水平——专利数量均呈正相关关系,提出假设1。

假设1:企业绩效与技术创新水平的数量水平、质量水平均正相关。

目前,研发费用的滞后效应的研究存在争议。但在企业的技术创新活动中,研发投入对企业所产生的影响在绩效上的全面体现需要一定的时间。由于年报等公开信息的报告周期过短,研发投入的影响可能并没有体现出,这表明企业研发投入对企业绩效的影响具有滞后性。

专利数量对企业绩效的滞后效应研究同样存在争议。Scherer 和 Comanor (1969) 曾提到技术转化的周期性,即企业成功转化并适应一项新的专利需要一定的时间。所以,本文提出假设2。

假设2:研发投入、专利数量对企业绩效的影响均具有滞后性。

(二) 样本选择及数据来源

本文以创业板上市公司为研究对象。就选取时间范围来看,选用的数据为最新的 2014~2016 年的数据,以 2014 年之前上市的创业板公司为研究对象,并且剔除在 3 年期间任意一年出现的 ST 公司和 *ST 公司的全部数据,以保证所获取的数据为平衡面板数据。

研究所需数据的来源为国泰安数据库和部分企业年报。具体来说,本文选用的是国泰安数据库中的公司研究系列获取创业板公司相关数据。对于数据库中缺失的数据,本文则从企业年报中直接获取。

（三）研究变量设置

本文研究所涉及的变量分为三种，被解释变量、解释变量和控制变量。

1. 被解释变量

在研究技术创新水平与企业绩效之间的关系时，因变量即为企业绩效。企业绩效指标的可选项较多，本文参照邓飞飞（2015）研究专利数量与企业绩效关系时所选用的指标，将净资产收益率（ROE）作为代表企业绩效的被解释变量。净资产收益率是衡量公司盈利水平的重要指标之一，数值越高表明企业生产和投资活动所获得的收益越高。

2. 解释变量

为验证研究假设，本文的解释变量为代表企业技术创新数量水平的研发费用率、代表企业技术创新质量水平的专利授权数这两个解释变量。为了研究两者对企业绩效影响的滞后效应，本文同样将滞后一期和滞后两期的研发费用率和专利授权数作为解释变量。

研发费用率，是指企业研发投入与营业收入的比值，去除了企业规模的影响。在研究企业研发支出与公司绩效的关系的文献中，此变量也多次作为研发支出的代理变量。故本文以研发费用率这一指标来代表企业技术创新数量水平。

专利授权数，是企业技术创新成果得到相关机构认可的部分，表示企业在技术创新中所取得的重大成果。本期企业技术创新活动的重大突破，即企业技术创新的质量水平，区别于企业技术创新的资金投入情况，从另一方面直接影响了企业的绩效。

3. 控制变量

参照周煊（2012）和王晓（2015）控制变量的指标选取，本文所选用的控制变量为总资产和现金实力这两个控制变量。

总资产反映了公司规模的大小，本文选用总资产这一指标来反映公司的规模大小，并参照以往数据处理经验，选用总资产的自然对数作为控制变量的具体取值。

现金实力，企业净现金流量与资产总额的比值，客观地反映出企业当前的财务状况和运营效率。充沛的现金可以促使企业正常、持续地进行生产和投资活动。

综合上述的研究变量，可得出本文的变量表，见表1。

表1　　　　　　　　　　　　　　　变量表

类型	变量名	代表符号
被解释变量	净资产收益率	ROE
解释变量	研发费用率	RDC
	滞后一期的研发费用率	RDC_{i-1}
	滞后两期的研发费用率	RDC_{i-2}
	专利授权数	Patent
	滞后一期的专利授权数	$Patent_{i-1}$
	滞后两期的专利授权数	$Patent_{i-2}$
控制变量	总资产	Asset
	现金实力	Cash

（四）模型构建

本文的实证研究模型旨在分析创新技术数量水平、质量水平与创业板公司绩效的相关性以及其影响是否存在滞后性，均通过建立多元线性回归模型来验证。下面所用模型中的 α 为回归系数，ε 为随机误差项。

1. 技术创新水平与企业绩效相关性模型

模型1：

$$ROE = \alpha_0 + \alpha_1 RDC + \alpha_2 Parent + \alpha_3 Asset + \alpha_4 Cash + \varepsilon$$

该模型的解释变量从技术创新数量水平、质量水平来全面反映企业目前的技术创新水平，从而探究企业技术创新水平与企业绩效之间的关系，用以验证假设1。本文选用2016年创业板上市公司的数据来对此进行回归分析。

2. 滞后效应检验模型

模型2：

$$ROE = \alpha_0 + \alpha_1 RDC_{i-q} + \alpha_2 Parent + \alpha_3 Asset + \alpha_4 Cash + \varepsilon \quad (q = 1, 2)$$

模型3：

$$ROE = \alpha_0 + \alpha_1 Parent_{i-q} + \alpha_2 RDC + \alpha_3 Asset + \alpha_4 Cash + \varepsilon \quad (q = 1, 2)$$

滞后效应没有统一的研究结论。本文滞后效应验证模型参照了王晓（2015）的研究模型，选取2014~2015年企业数据研究滞后一期和滞后两期的研发投入、专利数量对2016年企业绩效的影响，以便丰富该领域的研究。

四、实证分析

（一）描述性分析

1. 企业绩效变量描述性分析

本文对代表企业绩效的净资产收益率这一被解释变量进行描述行统计分析，结果见表2的被解释变量部分。

表2 净资产收益率描述性分析结果

被解释变量	年度	平均值	中位数	最大值	最小值	标准差
净资产收益率（ROE）	2014~2016年数据	0.08	0.08	0.58	-0.96	0.09
解释变量	年度	平均值	中位数	最大值	最小值	标准差
研发费用率（RDC）	2014~2016年数据	7.15%	5.12%	72.75%	0.02%	6.73%
专利授权数（Patent）	2014~2016年数据	19	8	67	0	32

从表2可见，创业板上市公司2014~2016年的净资产收益率在-0.96~0.58之间波动。从平均值和中位数来看，企业的净资产收益率的分布比较规律；从平均值和标准差来看，创业板企业个体之间的差异比较大。

2. 企业技术创新相关变量描述性分析

研发费用率和专利授权数这两个解释变量进行描述行统计分析的结果见表2的解释变量部分。研发费用率这一变量在创业板企业个体之间的差异比较大。专利授权数这一指标相较于研发费用率个体间差异较小，但从标准差系数计算结果来看，个体间差异同样较大，说明创业板企业在这两个指标的数值中存在明显差异，即企业的技术创新水平间差异较大。

3. 控制变量描述性统计

总资产和现金实力这两个控制变量进行描述行统计分析的结果见表3。

从表3可看出，总资产这一指标的企业个体差异较小，而资产负债率和现金实力这两个指标的企业个体差异较大。这说明，创业板企业的规模差异不大，有利于提高结果的可信度。而现金实力指标进一步计算得出的标准差系数都较大，说明企业个体在这方面的差异较大，可能由创业板企业所处行业的不同所致。虽然总资产这一指标的标准差系数较低，但其公司规模对于公司绩效的影响是较为显著的，所以本文依然选取其作为控制变量。

表3　　　　　　　　　　　控制变量描述性分析结果

控制变量	年度	平均值	中位数	最大值	最小值	标准差
总资产（Asset）	2014～2016年数据	21.33	21.26	24.20	19.57	0.74
现金实力（Cash）	2014～2016年数据	0.05	0.04	0.49	-0.22	0.06

（二）相关性分析

进行多元回归模型分析前，本文用变量之间的简单相关性来初步对被解释变量与控制变量、解释变量之间的关系进行初步分析。

1. 技术创新水平与企业绩效的相关性分析

表4　　　　　　　　　　企业技术创新水平与企业绩效的相关性分析统计表

变量		ROE	RDC	Patent	Asset	Cash
ROE	Pearson 相关性	1				
	显著性（双侧）					
RDC	Pearson 相关性	0.104*	1			
	显著性（双侧）	0.037				
Patent	Pearson 相关性	0.102*	-0.023	1		
	显著性（双侧）	0.041	0.652			
Asset	Pearson 相关性	0.271**	0.163**	0.370**	1	
	显著性（双侧）	0.000	0.001	0.000		
Cash	Pearson 相关性	0.238**	0.010	0.091	-0.139**	1
	显著性（双侧）	0.000	0.836	0.067	0.005	

由于相关性分析只是初步了解其关系，故本文使用2016年的数据来进行分析。从表4可看出，净资产收益率与研发费用率、专利授权数均在0.05水平上显著相关，初步验证

了假设1的正确性。

就控制变量而言，总资产和现金实力均通过了0.01水平的显著相关检验，数值为正，侧面说明本文所选取的控制变量是合理的。

同时，虽然所有变量间的相关系数均小于0.5，但部分解释变量和控制变量甚至通过了0.05水平上显著相关的检验，说明进行多元回归时依然可能存在多重共线性的问题，故需对多元回归的结果检验方差膨胀因子。

2. 研发投入、专利数量对企业绩效的滞后性影响分析

表5　　　　　研发投入、专利数量对企业绩效的滞后性相关分析统计表

变量		ROE	RDC_{i-1}	RDC_{i-2}	$Patent_{i-1}$	$Patent_{i-2}$
ROE	Pearson 相关性	1				
	显著性（双侧）					
RDC_{i-1}	Pearson 相关性	0.121*	1			
	显著性（双侧）	0.015				
RDC_{i-2}	Pearson 相关性	−0.017	0.807**	1		
	显著性（双侧）	0.735	0.000			
$Patent_{i-1}$	Pearson 相关性	0.083	−0.024	−0.049	1	
	显著性（双侧）	0.098	0.625	0.323		
$Patent_{i-2}$	Pearson 相关性	−0.001	−0.064	−0.042	0.502**	1
	显著性（双侧）	0.987	0.202	0.398	0.000	

在检验研发投入和专利数量是否存在滞后效应时，本文使用2016年企业绩效的数据来进行初步分析，探究其与滞后一期（2015年数据）、滞后两期（2014年数据）的研发投入以及专利数量的关系。从表4和表5中可以看出，研发费用率和滞后一期的研发费用率均通过了0.05水平的显著相关检验，滞后两期的研发费用率未通过相关性检验，这说明研发投入存在滞后效应，且滞后期为1。而只有当期的专利授权数通过了0.05水平的显著相关检验，滞后期的专利授权数未通过检验，说明假设2部分成立，即研发投入存在滞后效应而专利数量不存在滞后效应。同时，由于模型2、模型3与模型1的控制变量相同，故也有可能存在多重共线性问题，也需检验方差膨胀因子的大小。

（三）多元回归分析

1. 模型1实证分析结果

表6　　　　　　　　　　模型1数据实证分析结果

解释变量	系数	t值
RDC	0.122**	3.829
Patent	0.013**	3.552
Asset	0.027**	3.843

续表

解释变量	系数	t 值
Cash	0.440**	8.167
修正 R^2	0.387	
F 值	64.290**	

注：所有系数的 VIF 均小于 2。

表 6 中的 VIF 均小于 2 的结果表明模型不存在多重共线性问题。而通过 0.01 水平的显著性检验的 F 值说明模型 1 是整体是显著的，即模型 1 成立。模型的 R 方在 0.3~0.5 的范围，属于中度拟合，与以往相关文献中的大小相比差异不大，故其在正常范围内。模型的控制变量也通过 0.01 水平的显著性检验，这证明了本文所选取的控制变量的合理性。而研发费用率和专利授权数这两个解释变量在 2016 年的多元回归方程中均通过了 0.01 水平的显著性检验，且系数为正，即两者均与企业绩效有正相关关系，假设 1 成立，说明了企业技术创新的数量水平和质量水平均对企业绩效有正向影响。

我国创业板公司多属于高新技术行业或其他新兴行业，技术创新活动频繁，一旦企业的研发活动有所落后，市场份额会被对手迅速侵占而下降，所以企业的研发投入对其绩效的影响较大；专利数量代表着企业的技术创新产出水平，一定程度上反映了企业创新能力高低，在投入相同研发费用时，自然是研发能力高的企业更可能获得较多收益，并且由于创业板上市企业所属市场较多为蓝海市场，可能现有专利在有限期间内能垄断资源，推出独一无二的产品，从而使企业获得更多利益。

企业技术创新的数量水平和质量水平均对企业绩效有正向影响说明了对于创业板上市公司而言，重视研发投入的同时也要注重企业研发能力和研发效率的提升，增大创新产出。

2. 模型 2 和模型 3 实证分析结果

表 7　　　　　　　　　模型 2 数据实证分析结果

ROE					
解释变量	系数	t 值	解释变量	系数	t 值
RDC_{i-1}	0.036*	2.230	RDC_{i-2}	0.024	1.121
Parent	0.021**	6.347	Parent	0.035*	2.117
Asset	0.041**	7.354	Asset	0.032**	5.564
Cash	0.361**	5.358	Cash	0.375**	5.877
修正 R^2	0.346		修正 R^2	0.175	
F 值	54.037**		F 值	22.265**	

注：所有系数的 VIF 均小于 2。

如表 7，与模型 1 相同，模型 2 不存在多重共线性问题，且模型 2 整体是显著的。控制变量均通过 0.01 水平的显著相关检验，也证明了模型 2 中控制变量选择的合理性。

当解释变量为滞后一期的研发费用率，其通过了 0.01 水平的显著性检验，模型的拟

合优度 R^2 属于中度拟合，数值比较合理，相应的 F 统计量也通过了 0.01 的检验；当解释变量为滞后两期的研发费用率，没有通过 0.05 水平的显著性检验，即滞后两期的研发费用率对企业绩效没有显著影响。这一结果说明研发投入存在滞后期且滞后期为 1。研发投入对企业绩效的影响存在滞后性说明当期的企业绩效不一定能全部体现研发投入的积极作用，研发投入可能对创业板公司后一期的收益产生影响。毕竟企业的技术创新活动需要的时间较长，会跨越几个会计年度也是正常的。但创业板企业的滞后期仅为 1，也从侧面说明创业板市场技术创新活动效率不低。

表 8　　　　　　　　　　模型 3 数据实证分析结果

			ROE		
解释变量	系数	t 值	解释变量	系数	t 值
$Patent_{i-1}$	0.0023	1.324	$Patent_{i-2}$	0.0003	1.450
RDC	0.143**	3.694	RDC	0.157**	4.387
Asset	0.037**	6.478	Asset	0.028**	5.576
Cash	0.338**	5.870	Cash	0.473**	6.867
修正 R^2	0.168		修正 R^2	0.143	
F 值	21.243**		F 值	17.728**	

注：所有系数的 VIF 均小于 2。

如表 8，模型 3 同样不存在多重共线性问题，且整体是显著的。模型结果表明，无论解释变量为滞后一期的专利授权数还是滞后两期的专利授权数，均没有通过 0.05 水平的显著性检验。这一结果说明假设 2 只有部分成立，即研发投入存在滞后期，而专利数量对企业绩效的影响是不存在滞后效应的。

就笔者所搜集到的资料来看，在以往的研究中，当研究对象为高新技术行业时，研究结果也是专利授权数对企业绩效的影响不存在滞后效应。这说明对于创业板公司而言，理论分析中提及的周期性技术转化现象并不明显，创业板公司的专利在当期就较好地进行转化并为之所用。笔者认为这是创业板公司的本身性质所致。由于创业板公司所处于的高新技术行业或其他新兴行业产品更新换代频繁，若企业专利转化较慢，极易会被他人抢占先机。

五、研究结论

本文以在创业板上市公司为研究对象，在多元回归的基础上，通过运用描述性分析，相关性分析，多元线性回归实证探究企业技术创新水平与企业绩效的关系和其存在的滞后效应，得出以下结论：

1. 本文将从企业技术创新数量水平和质量水平来衡量企业技术创新水平，企业绩效与这两方面均存在正相关关系，即提高企业技术创新的数量水平或质量水平均会对企业的绩效产生积极的作用。这说明当企业研发投入较低而专利授权数高时，企业的绩效同样可以处于较高的水平；当企业研发投入高而专利授权数低时，企业的绩效也有可能处于较低的水平。

2. 研发费用率对企业绩效的影响存在滞后效应，并且滞后期为1。这说明当期的研发回报会在下一期的企业绩效中体现出来，企业在制定和评估研发活动时应将该因素考虑进去，以合理分配资源。

3. 专利授权数对企业绩效的影响不存在滞后效应，说明当期专利授权数不会对下一期的企业绩效产生影响。创业板公司的专利在当期就较好地进行转化并为之所用。这可能是创业板公司的本身性质所致，由于新兴行业产品更新换代频繁，专利转化较慢则容易会被他人抢占市场先机。

主要参考文献

[1] 周煊，程立茹，王皓："技术创新水平越高企业财务绩效越好吗？——基于16年中国制药上市公司专利申请数据的实证研究"[J]，《金融研究》，2012（8）：166－179．

[2] 杨娟："技术创新与企业绩效关系的实证研究"[D]，《西南财经大学硕博士论文》，2014年．

[3] 王烨，游春："R&D投入与绩效相关关系实证研究——基于中小企业板上市公司面板数据"[J]，《财会通讯》，2009（12）：14－16．

[4] 程宏伟，张永海，常勇："公司R&D投入与业绩相关性的实证研究"[J]，《科学管理研究》，2006（3）：110－113．

[5] 田利军，郭兰英，叶陈毅："高新技术企业研发投资绩效评价统计分析"[J]，《现代财经（天津财经大学学报）》，2010（8）：93－96．

[6] 朱乃平，朱丽，孔玉生等："技术创新投入、社会责任承担对财务绩效的协同影响研究"[J]，《会计研究》，2014（2）：57－63．

[7] 侯跃龙，罗小亮："上市医药企业专利与经营绩效的相关性研究"[J]，《中南药学》，2015（9）：993－998．

[8] 王晓："科技型中小企业研发投入与财务绩效的相关性研究"[D]，《西安工程大学硕博士论文》，2015年．

[9] 邓飞飞："医药上市公司专利指标与绩效指标的模型构建"[C]，中国药学会药事管理专业委员会年会暨"推进法制建设，依法管理药品"学术研讨会，2015年．

[10] 曹勇，赵莉，张阳等："高新技术企业专利管理与技术创新绩效关联的实证研究"[J]，《管理世界》，2012（6）：182－183．

[11] 张俭，张玲红："研发投入对企业绩效的影响——来自2009~2011年中国上市公司的实证证据"[J]，《科学决策》，2014（1）：54－72．

[12] 吴超鹏，唐菂："知识产权保护执法力度、技术创新与企业绩效——来自中国上市公司的证据"[J]，《经济研究》，2016（11）：125－139．

[13] 苑泽明，严鸿雁，吕素敏："中国高新技术企业专利权对未来经营绩效影响的实证研究"[J]，《科学学与科学技术管理》，2010（6）：166－170．

[14] 李璐，张婉婷："研发投入对我国制造类企业绩效影响研究"[J]，《科技进步

与对策》,2013(24): 80 - 85.

[15] 王美凤,陈昆玉:"专利与企业绩效关系研究"[J],《时代金融》,2011(11): 26 - 28.

[16] 朱建飞:"渔业类上市公司的研发费用与绩效关系的实证研究"[D],《上海海洋大学硕博士论文》,2016年.

[17] Hall B H, Griliches Z, Hausman J A. Patents and R & D——Is There a Lag? [J]. International Economic Review, 1984 (2): 265 - 283.

[18] Bosworth D, Rogers M. Market Value, R&D and Intellectual Property: An Empirical Analysis of Large Australian Firms [J]. Economic Record, 2010 (239): 323 - 337.

[19] Mansfield T A. Hormones as Regulators of Water Balance [M] // Plant Hormones and their Role in Plant Growth and Development. Springer Netherlands, 1987: 411 - 430.

[20] Sougiannis T. The Accounting Based Valuation of Corporate R&D [J]. Accounting Review, 1994 (1): 44 - 68.

[21] Lev B, Sougiannis T. The capitalization, amortization, and value - relevance of R&D [J]. Industrial Health, 2004 (6): 498 - 504.

[22] Bogner W C, Bansal P. Knowledge Management as the Basis of Sustained High Performance [J]. Journal of Management Studies, 2010 (1): 165 - 188.

[23] Ernst H. Patent applications and subsequent changes of performance: evidence from time - series cross - section analyses on the firm level [J]. Research Policy, 2001 (1): 143 - 157.

体育比赛赞助对于企业绩效影响分析

凌子曦

会计学院会计学专业会计 1502 班

摘　要：体育比赛赞助在现下的社会中已经成为重要的广告宣传行为之一。体育比赛以阳光，积极，正能量等特性饱受社会各界关注，因此极具广告宣传价值。1984年洛杉矶奥运会，时任奥委会主席彼得，尤伯罗斯开放了商业赞助奥运会的先河。这一举动得到了赞助商们的积极反馈，25 家赞助商对于洛杉矶奥运会进行了赞助，其中多为跨国大公司，包括可口可乐，麦当劳，联想和当时盛极一时的柯达等。此后，体育营销成为商业活动中一大重要的内容。本文主要探究体育比赛的赞助对于企业的绩效有何影响，和其他方式的宣传行为相比如何。对于体育赞助行为的企业的绩效进行系统性的分析总结。本文的创新之处在于从金融，汽车，体育用品这三个较为倚重体育赞助作为宣传手段的行业出发，对于体育赞助手段对各个行业的成长属性指标的影响进行分析。最终得到的结果是金融行业和汽车行业中体育赞助行为和其他宣传行为带来的效果并无显著差异，体育用品行业中体育赞助支出量与企业的盈利能力有一定的正相关关系，体育赞助支出量与企业的盈利能力影响大于其他宣传支出。

关键词：体育营销；业务宣传费；企业发展能力

一、以往关于体育赞助的理论

（一）体育比赛赞助存在的合理性

1. 体育比赛的影响力

最初，体育比赛的功能较为单一，即竞技体育，体育比赛以竞赛，以分出名次为目的，直到 20 世纪中期，随着商业思想蔓延至多个领域，人们开始发现体育比赛的娱乐性和功能性，体育比赛具有极高的观赏价值，而且体育比赛中蕴含的内涵极具宣传价值。阳光、健康、向上等体育元素可以成为多个企业和多个产品的宣传理念。近年来，随着人们的生活质量不断提高，对于娱乐和精神方面的消费也越来越高，娱乐产业日渐成熟，多元化，体育产业作为其中一员，其竞技性，观赏性都得到了社会公众的认可。当下影响力巨大的世界杯，欧冠，奥运会等知名体育赛事都有及其可观的关注度。其中世界杯的观众数量为 35 亿人次，奥运会的观众数量为 20 亿人次，欧冠的观众数量为 17 亿人次。除此之外，还有一些特别的体育赛事在某些特别的国家有特殊的影响力和关注度，比如中国的乒乓球比赛，英国的自行车比赛，美国、加拿大的冰球比赛等。这些赛事对于企业开辟特定国家的市场有着独特的商业价值。

2. 体育营销的形式

体育营销就是充分利用体育比赛的商业价值和观众流量，从而推广自己品牌，明确自身产品定位的一种商业活动。它有着多种形式：体育赞助，体育赛事营销，体育明星营销，体育文化营销等。其中体育赞助是最为普遍，常见的营销形式。企业通过对于体育项目，体育赛事提供资金的支持，换取知名度，从而达成推广品牌的目的。可以树立企业的正面形象，明确目标产品的定位，从而有利于企业的经营。体育赞助相比于体育营销的其他形式，操作较为简便，投入低于全资举办体育比赛的赛事营销等方式。而且也同样能够起到营销，推介方面的功效。是众多企业乐于选择的体育营销方式。通过体育赞助这种营销方式改善企业绩效的案例数不胜数，三星，可口可乐等公司都是通过对于奥运会的赞助成长为了巨擘品牌，其规模，知名度和业绩在体育赞助的过程中发生了质变。作为体育营销中可行性较高，符合成本效益原则的方式，体育赞助对于企业来说，是合理，可以选择的营销方案。

（二）体育赞助的决策过程

决定企业赞助的体育项目以及赞助方案，首先需要从企业自身的产品定位出发，企业需要合理的评估自身产品的特质，找到定位，分析目标市场和目标客户。选择与企业，产品希望树立的形象贴合的运动和项目。最后进行赞助决策。企业需要量力而行，根据自身的财务状况和现金流量决定赞助的力度。

企业赞助的根本目的在于提高绩效，因此企业在做赞助决策时需要对未来的市场以及赞助过后对于销量的影响进行评估，预测，再依据成本效益原则进行决策。根据目前的理论，企业在全球范围内提高每百分之一的认知度，需要花费两千万美元的业务宣传费。因此，企业需要量力而行，根据自身的规模，预期业绩，目标市场来决定自身是否进行体育赞助，赞助什么项目，以怎样的力度进行赞助。

二、体育比赛赞助的绩效影响

（一）金融行业体育赞助的绩效影响

金融行业对于体育活动的赞助热情在所有行业中排名中等。本文以金融行业中排名较为靠前[①]的工商银行，建设银行等 15 家上市金融企业作为样本，探究体育赞助对于企业绩

---

① 排名来自中国企业联合会，中国企业家协会 http://news.online.sh.cn/news/gb/content/2018-09/03/content_9030819.htm。

效增长的影响。在样本中的上市金融企业都有着广告赞助行为，但是其中建设银行，中国银行等8家企业体育赞助的占比较高①，本文以资产报酬率和总资产净利润率，净资产利润率三项指标作为具体衡量，对于两组企业2015～2017年的成长性进行对比。以总资产增长率和净资产收益率增长率作为指标，对于两组企业的发展状况进行对比，其中基本数据采用2015～2017年的平均数。我们分别对上述的五项指标进行单因素的方差分析，得到的结果如图1，图2，图3，图4，图5。

方差分析：单因素方差分析

SUMMARY

组	观测数	求和	平均	方差
列 1	6	0.044688619	0.007448	6.78E-07
列 2	8	0.10200363	0.01275	7.89E-05

方差分析

差异源	SS	df	MS	F	P-value	F crit
组间	9.6394E-05	1	9.64E-05	2.08125	0.174708	4.747225
组内	0.000555785	12	4.63E-05			
总计	0.000652179	13				

图1　资产报酬率方差分析（列一为其他方式宣传企业，列二为体育赞助企业，下同）

方差分析：单因素方差分析

SUMMARY

组	观测数	求和	平均	方差
列 1	7	0.049008834	0.007001	9.91E-07
列 2	8	0.094955984	0.011869	6.39E-05

方差分析

差异源	SS	df	MS	F	P-value	F crit
组间	8.8479E-05	1	8.85E-05	2.537242	0.135203	4.667193
组内	0.000453337	13	3.49E-05			
总计	0.000541816	14				

图2　总资产净利润率方差分析

方差分析：单因素方差分析

SUMMARY

组	观测数	求和	平均	方差
列 1	7	1.457563	0.208223	0.063686
列 2	8	0.764243	0.09553	0.000808

方差分析

差异源	SS	df	MS	F	P-value	F crit
组间	0.047412184	1	0.047412	1.589503	0.229556	4.667193
组内	0.387768113	13	0.029828			
总计	0.435180297	14				

图3　净资产利润率方差分析

---

① 体育赞助价值评估课题组 http：//www.sohu.com/a/212153996_99915717。

```
方差分析：单因素方差分析
SUMMARY
    组      观测数      求和       平均       方差
    列 1       7    0.825004055 0.117858 0.002236
    列 2       8    2.325251595 0.290656 0.097469

方差分析
   差异源      SS        df      MS        F     P-value   F crit
   组间     0.111475094   1   0.111475 2.083066 0.172603 4.667193
   组内     0.695693947  13   0.053515
   总计     0.807169041  14
```

图 4　总资产增长率方差分析

```
方差分析：单因素方差分析
SUMMARY
    组      观测数      求和       平均       方差
    列 1       7    -0.5045   -0.07207 0.001991
    列 2       8    -0.322486 -0.04031 0.007748

方差分析
   差异源      SS        df      MS        F     P-value   F crit
   组间     0.003765965   1   0.003766 0.739729 0.40533  4.667193
   组内     0.06618308   13   0.005091
   总计     0.069949045  14
```

图 5　净资产收益率增长率方差分析

从以上五个方差分析图看来，体育赞助的金融企业和其他宣传方式的金融企业的发展能力和盈利能力比较并无显著区别，从中我们可以得出结论，在金融企业中体育赞助相比于其他宣传方式来说并不是特别有效的宣传方式。尽管如太平洋，中国银行等企业在2015～2017年间的发展水平显著高于其他金融企业。但纵观多家体育赞助组的企业，其平均水平与其他方式组的金融企业并无显著差异。

（二）汽车行业体育赞助的绩效影响

汽车行业对于体育赞助的积极性极高，全球主流的汽车一线品牌几乎没有一家绕开了体育营销，韩国现代汽车借助2002年本土世界杯的体育营销一跃跻身一流品牌的营销案例在前。没有任何一家企业会放过这种大量提升知名度，迅速成长的机会。宝马在赞助索契冬奥会时，其营销副总坦言：体育活动声势浩大，而且不易转化为数字录像。体育赞助的传播效果极佳，对于竞争激烈的车企行业，是值得选择的营销方案。

本节以国内上市车企中排名较为靠前的十家企业作为样本，其中有7家主要依靠体育赞助进行营销，3家依靠其他方式进行营销。本文依旧通过分组，方差分析的研究方式探究其营销方式对于其成长性的影响。因样本选择为盈利能力排名靠前的企业，因而本节仅对其成长性指标进行探究，依旧选取总资产增长率和净资产收益率增长率进行分析。如图6，图7，列一是对照组，列二为待研究的体育赞助宣传体育组别。数据选取企业2015～2017年的财务指标平均数。如果对于两组企业，其总资产增长率与净资产收益率增长率存在显著差异，且实验组成长水平较高，那么，我们认为体育赞助对于汽车企业的营销效果比其他营销手段显著地有效。反之，体育赞助与其他营销手段相比，无明显突出的效果。

```
方差分析：单因素方差分析
SUMMARY
  组    观测数    求和        平均       方差
  列 1     3    2.486696   0.828899   1.290376
  列 2     7    1.23265    0.176093   0.002493

方差分析
  差异源    SS          df    MS         F          P-value    F crit
  组间      0.894926    1     0.894926   2.758173   0.135337   5.317655
  组内      2.595707    8     0.324463

  总计      3.490634    9
```

图6　总资产增长率方差分析

```
方差分析：单因素方差分析
SUMMARY
  组    观测数    求和         平均        方差
  列 1     3    -1.00764    -0.33588    0.675402
  列 2     7    0.528329    0.075476    0.31895

方差分析
  差异源    SS          df    MS         F          P-value    F crit
  组间      0.355346    1     0.355346   0.870812   0.378035   5.317655
  组内      3.264502    8     0.408063

  总计      3.619848    9
```

图7　净资产收益率增长率方差分析

从分析表中可以看出，在5%的显著性水平下，不以体育赞助为主要宣传手段的对照组成长指数与体育赞助营销企业的并无明显差异。其中总资产增长率中对照组的平均值甚至高于体育赞助组（受到众泰汽车极端值影响，众泰汽车因赞助娱乐节目而销售量大增）。从中我们可以看出，尽管汽车行业对于体育赞助的热情极高，但是事实上，对于顶级的汽车企业而言，频繁、大量的赞助体育比赛对于企业成长能力的帮助并不比其他营销方式更为明显。

（三）体育用品行业体育赞助的绩效影响

体育用品企业对于体育赞助的热情和反馈度极高。本身体育用品行业的客户就是爱好运动的人士，因此体育赞助被认为对于这一行业的最佳营销手段。因为绝大部分的体育用品企业都将体育赞助作为主要的营销宣传手段，因此我们不再分组进行对比分析。而是探究体育赞助的支出力度对于体育企业销量和盈利水平增长的影响。本文选取本国运动品牌中较为突出的五家上市品牌企业，李宁、安踏、361度、特步、贵人鸟2015~2017年三年的面板数据作为样本。以体育赞助方面的宣传开支和其他宣传支出为解释变量,分别营业收入,净利润为被解释变量,进行回归,从而探究近年来体育赞助宣传投入力度对于体育用品,运动用品企业绩效的影响。设体育企业的营业收入为 I,净利润为 Z,体育赞助支出为 X,其他宣传支出为 Y。

```
. regress z x y

      Source |       SS           df       MS      Number of obs  =      12
-------------+----------------------------------   F(2, 9)        =  199.22
       Model |  1.5912e+11         2   7.9561e+10  Prob > F       =  0.0000
    Residual |  3.5942e+09         9    399357613  R-squared      =  0.9779
-------------+----------------------------------   Adj R-squared  =  0.9730
       Total |  1.6272e+11        11   1.4792e+10  Root MSE       =   19984

------------------------------------------------------------------------------
           z |      Coef.   Std. Err.      t    P>|t|     [95% Conf. Interval]
-------------+----------------------------------------------------------------
           x |   1.024694   .0564044    18.17   0.000     .8970983    1.15229
           y |  -.3840366   .0680907    -5.64   0.000    -.5380684   -.2300047
       _cons |   11450.15   9804.982     1.17   0.273    -10730.26    33630.56
------------------------------------------------------------------------------
```

图 8　体育赞助支出,其他宣传支出与净利润的回归分析

从图 8 中我们可以看出,净利润与体育赞助支出呈现出一定水平的正相关关系,且回归系数的显著程度较高,在 0.05 的显著性水平下,有把握说明净利润受体育赞助支出数量的影响而变动。但净利润与其他宣传支出的关系呈现负相关且回归系数显著,与普遍的经济规律不符。

```
. te x=y

 ( 1)  x - y = 0

       F(  1,     9) =  294.44
            Prob > F =    0.0000
```

图 9　体育赞助支出,其他宣传支出系数检验

而如图 9 所示,变量 X－体育赞助支出和变量 Y－其他宣传支出也显著的不等。说明体育比赛的赞助支出与其他宣传费用对于净利润的影响显著的不相同。

```
. regress i x y

      Source |       SS           df       MS      Number of obs  =      12
-------------+----------------------------------   F(2, 9)        =  505.21
       Model |  1.9323e+12         2   9.6613e+11  Prob > F       =  0.0000
    Residual |  1.7211e+10         9   1.9124e+09  R-squared      =  0.9912
-------------+----------------------------------   Adj R-squared  =  0.9892
       Total |  1.9495e+12        11   1.7723e+11  Root MSE       =   43730

------------------------------------------------------------------------------
           i |      Coef.   Std. Err.      t    P>|t|     [95% Conf. Interval]
-------------+----------------------------------------------------------------
           x |   3.901589   .1234289    31.61   0.000     3.622373    4.180804
           y |   1.155004   .1490017     7.75   0.000     .8179385    1.492069
       _cons |   190980.9   21456.07     8.90   0.000     142443.9    239517.9
------------------------------------------------------------------------------
```

图 10　体育赞助支出,其他宣传支出与营业收入的回归分析

从图中可以看出，体育赞助支出和营业收入有一定的正相关关系，回归系数显著，其他宣传支出与营业收入也有显著的正相关关系。但是从回归系数的估计值来看，体育赞助支出的系数较之其他宣传支出的回归系数更高。

```
. te x=y

 ( 1)   x - y = 0

       F(  1,     9) =   233.73
            Prob > F =    0.0000
```

图 11　体育赞助支出与其他宣传支出的回归系数分析

如图所示，从回归系数中我们可以说明体育赞助支出对于运动品牌企业的盈利能力具有显著的影响，且这种影响大于其他宣传方式的企业。最终我们得出统计分析的结果，体育赞助的支出量对于运动品牌企业的盈利能力有足够显著的回归关系。

三、统计分析结果探究

（一）可能造成金融行业分析结果的原因

金融行业分析的结果并不出人意料，尽管金融行业是体育赞助的三大主力军之一，但是金融行业本身资金充沛，而且客户多样，目标市场大，因此顶尖的金融企业既有采用体育赞助作为主要宣传手段的，也有较多采用其他宣传方式的。而处于顶层的金融企业本身的发展水平和盈利水平基本已经稳定下来了，因此彼此之间并不存在显著的差异。因而主要通过体育赞助进行宣传的金融企业相比于其他宣传方式的企业并没有明显的绩优现象。

单独分析金融行业的增长性，近年来，我国的产业金融行业有了极快的发展。2016 年我国产业金融发展指数达到 149 分，比 2011 年累计增长近 50%[①]。产业金融的崛起，体现出金融行业更多地需要满足生产者，实业，当下热门产业的融资需求。因而相比之下，进行体育赞助方向的宣传并不能准确地找到当前增长量最大，潜力最大的市场。因而，尽管目前金融企业对于体育项目的赞助依旧较为积极，但在未来，也许体育赞助对于金融企业来说，并不是相对有效的宣传方式。

（二）可能造成汽车行业分析结果的原因

汽车行业的统计分析结果依旧并不显著，从数据分析中看，并不能说明车企所热衷的体育赞助行为能够给车企带来额外的绩效增长和品牌价值。汽车企业对于体育赞助方式的使用极为频繁，尤其是马拉松比赛，我国价值和盈利能力排名靠前的企业几乎都赞助了不止一项城市马拉松比赛，按照道理，随着近几年马拉松比赛等田径赛事的传播范围和知名度逐渐扩大，采用体育赞助方式进行宣传和其他宣传方式的企业相比，其成长性和盈利

---

① 《中国产业金融发展报告解读》https://www.sohu.com/a/205345909_276934。

能力应该会有一个显著的差异。但是单就样本来看，采用其他宣传方式为主的三家高盈利车企众泰汽车，江淮汽车和宇通客车也采用了其他诸如赞助娱乐节目的宣传方式（其中众泰汽车赞助"奔跑吧兄弟"，江淮汽车赞助"星动亚洲"，宇通客车推出校车文化普及等活动），其余并不以体育赞助为主的企业也通过了其他知名度不俗的方式利用了大量资源进行宣传，因此在统计分析中，对照组和实验组的各项盈利，发展指标未能有显著的差异。

（三）可能造成体育用品行业分析结果的原因

体育用品行业的样本分析得到的结果是体育赞助支出的数量与体育用品企业的营业收入，净利润存在显著的线性关系。但是其他宣传支出与净利润的线性关系为负相关，不符合通识的经济规律。同时对于营业收入与净利润两项指标，体育赞助支出的影响比其他宣传支出要大，即对于体育用品行业，体育赞助相比于其他宣传方式，对企业盈利能力的贡献更大。

运动品牌，尤其是排名较为靠前的运动品牌，竞争较为激烈，我国的运动品牌不同于国外的运动品牌，国外运动品牌主要依靠球星营销或团队营销，我国的运动品牌在体育赞助方面的动作则更为多元化，在体育比赛的赞助上也有更多的投入。如安踏、361度、李宁一类的企业，其经销费率较高，在体育事业的赞助投入上更是居高不下。体育品牌企业财务指标的特点为毛利率普遍偏高，但是净利率极低，主要因素就是体育赞助一方面大大提高了企业的知名度和销量，但是一方面营销的高费用挤占了利润，这也一定程度上解释了营业收入与赞助支出的回归结果要可靠于净利润与赞助支出的回归结果。

四、本文的限制探讨

（一）从样本的角度

受到数据收集范围的限制，本文采用统计分析的样本量普遍较少，而且样本均非随机选取，而是选择行业中排名较为靠前的企业，金融企业以市值作为排名依据，汽车企业以盈利能力作为排名依据，而体育用品企业以综合规模排名进行选取。这种非随机的抽样方式可能会使得变量之间存在内生性关系，从而使得回归模型的随机干扰项中存在可能影响被解释变量的因素。导致回归的结果偏差。

（二）从内在经济关系的角度

本文想要说明体育赞助行为对于企业绩效，盈利能力，发展水平的影响。但是企业的上述状况同样也可能影响企业的体育赞助力度，企业的赞助行为会量力而行，其财务状况，现金流量等因素会影响企业决策其是否进行体育赞助以及进行何等力度的体育赞助。从经济逻辑的角度看，企业绩效和体育赞助计划应该具有相互的关系。本文并未进行双向因果关系的研究和检验。此外，体育赞助可能和其他宣传方式一样，具有一定的滞后性，实施一段时间后，结果才能体现在财务数据中，本文并未对此进行讨论。

（三）从宏观经济社会的角度

本文得到的统计分析结果一定程度上较为消极，但这并不意味着体育赞助是不可接受的宣传方式，本文仅只是说明体育赞助在两大领域相比于其他宣传方式（如综艺赞助等），并不是显著有效的宣传方式，但就统计分析结果来看，在金融领域和汽车领域中，体育赞助所造成的效果，也并不比其他赞助方式显著的不足。体育赞助方式依旧是可以选择的方式。当前社会研究中认为，体育赛事，体育项目得到的关注度正逐渐提升，但是比起当下的热门综艺等其他宣传方式，或许知名度并没有显著的突出。本文并未对其他宣传方式进行分类，分组进行分析讨论。

主要参考文献

[1] 白莉莉，冯晓露："我国马拉松赛事赞助市场的现状、特征和问题"[J]，《中国体育科技》，2018（4）：3-11.

[2] 张永韬："国外体育赞助营销活动中品牌形象转移研究进展与启示"[J]，《成都体育学院学报》，2018（2）：49-56.

[3] 李庆新，齐飞："我国高校体育比赛商业赞助分析"[J]，《体育科技文献通报》，2017（1）：116-117.

[4] 董红卫："浅谈体育商业化理念与商务合作的效应"[J]，《佳木斯大学社会科学学报》，2011（6）：55-56.

[5] 何颖峰："体育商业赞助对企业形象的意义分析"[J]，《黑龙江科技信息》，2011（34）：120.

[6] 李培庆，陈静，方旭："体育赞助商业价值研究"[J]，《中国商贸》，2010（19）：247-248.

第二部分
中南财经政法大学会计学院2017年大学生创新训练项目成果介绍

共享经济下知识付费平台盈利模式探究及风险管控

——以喜马拉雅 FM 为例

汪文君　查谦睿　赵玉薇　赵子墨　燕蓓宁

会计学院会计学（CPA Canada）专业　财务管理专业　会计学（CGA）专业
国际会计专业　刑事司法学院边防管理专业　指导老师：张志宏　王清刚

> **摘　要**：关注知识付费风口下的风险，有助于知识付费平台弥补自身存在的资金链、财务、法律义务等方面的空白，针对供给侧和需求侧进行风险管控，降低亏损，提升行业竞争力；有利于推进知识付费平台商业模式优化，建立规范可靠、受众广泛、内容全面的知识共享平台，从而提高知识共享效率，助力共享经济融入民众生活，实现平台与用户的双赢。本次创新训练项目组共有五名同学和两位导师组成，通过文献研究、问卷调查、访谈调查、实证分析和模型研究五种方法，针对以喜马拉雅 FM 为代表的一系列知识付费平台进行了盈利模式及风险管控研究。首先，我们整理出了喜马拉雅 FM 盈利模式的相关资料，建立起盈利模式绩效评价模型，发掘出其中的关键控制点，包括明星营利点、潜力营利点和待开发营利点。与此同时，我们制作了针对供给双方的知识付费平台相关经历及意愿的调查问卷，并采访了平台大 V，进一步优化绩效评价模型和 AHP 层次分析的研究层次。最终，我们综合调研结果和科学建模，为喜马拉雅 FM 以及同类型的知识付费平台的风险管控和盈利模式优化提出建设性意见，推动平台未来的可持续发展。

通过收集相关资料，我们首先得出了喜马拉雅 FM 及相关知识付费平台的盈利模式雏形，包括硬件增值、版权分销及初版、粉丝经济、广告费以及订阅费，并在此基础上建立了盈利模式绩效评价模型。该模型主要由五个指标组成，分别是盈利源、盈利点、盈利杠杆、营利组织以及盈利屏障。每一个指标都设有相应的一级指标和二级指标，目的在于通过量化的方式根据各指标的权重计算盈利模式的总得分，从而分析喜马拉雅 FM 的营利模式。其次用过 AHP 层次分析法建立层次结构模型，目的在于通过定性与定量相结合的系统化方式进行风险管控的探究。由于该方法不涉及样本具体数据分析，因此有利于专家对于定性模糊指标进行判断分析。风险管控的关键控制点在于需求方风险、整体流量、产品定价和企业声誉。仅次于此的着力点还包括外部环境、产品满意度、产品质量、外部竞争者等。为此，我们进行了知识付费平台的供需双方的问卷调查，从两个角度较为全面地了解了知识付费平台的市场推广程度和各个平台的市场份额比例。小组成员进行了大量的样本收集和分析，并根据调查结果进一步完善了之前建立的盈利模式绩效评价模型和 AHP 研究层次。最后，基于收入和成本两个重要指标，我们划分了这两个维度的主要来源，提出了优化盈利模式的合理化建议。

大创项目编号：201710520104

PPP 模式应用于我国养老机构：现状、问题与对策

——以上海金山颐和苑养老院项目为例

李阳春　赵葆颖　陈林原　宋彬

会计学院会计学专业　统计与数学学院经济统计专业　财政税务学院财政学专业
指导老师：唐国平（会计学院）　李农（财政税务学院）

> **摘　要：** 随着我国人口老龄化程度日益严重，PPP 模式应用于我国养老机构成为解决我国养老问题的新突破口。本项目采用理论分析与实地调研相结合的方式，辅以排序选择模型，探究我国养老服务 PPP 模式的现状、问题和对策。从政府、投资者及需求方三方入手，探究 PPP 模式的风险与收益；研究 PPP 模式下非营利养老机构的模式构建，分析建设阶段和运营阶段的风险点，发现当前养老服务 PPP 模式存在的问题并提出针对性对策，为促进养老服务 PPP 模式的发展提供有益参考。

　　本文首先分析了养老机构 PPP 项目中的两大主体，即政府和社会资本方各自承担的责任、风险和获得的收益。对政府方而言，在养老机构 PPP 项目中政府应提供融资支持、优惠政策支持以及进行监管和绩效评价；与此同时，政府方也承担政府决策与审批风险、政治风险以及道德风险。PPP 模式应用于养老机构缓解了政府财政压力、有利于转变政府职能、提高养老服务的供给效率及专业化水平。对项目中社会资本方而言，社会资本方承担了项目的融资、建设、运营和移交，同时也承担了政府廉政和信用风险、项目合作方的风险以及需求风险。采用 PPP 模式有效降低了社会资本方的融资难度和项目风险，有利于整合优势资源。

　　其次，我们以上海金山颐和苑项目作为重点调研对象，从个例切入分析其现状，并结合当前我国 PPP 养老项目普遍存在问题，具体分析问题所在，做到重点突出，针对性强，从而有效地得出当前我国养老服务 PPP 项目存在的问题，提高针对性策略和建议的有效性和现实性。我们在对上海金山颐和苑养老服务中心项目实地调研过程中，通过对入住老人

进行问卷调查，运用排序选择模型对影响老人满意度的因素进行分析，得出养老院收费标准、文娱活动频率以及健康护理类型等因素对入住老人满意度有显著影响。在对上海金山区颐和苑养老项目 BOO 运作模式分析，我们认为该项目存在权责利不明晰、项目决策供需脱节、运作后期监管缺失及医养结合模式不完备四个风险点。

最后，文章依据我国养老服务 PPP 项目发展现状进行数据分析，指出现行项目中存在的四个问题：前期资金投入大，资源整合力度不足；概念界定模糊，缺乏统一法律法规；供需失调，高额成本回收困难；缺乏绩效评价标准，监管难度大。针对上述问题给出五点建议：一是注重创新，探索新型 PPP 养老模式；二是防范风险，完善相关法律法规体系；三是合理定价，引导不同属性的养老机构协调发展；四是加强监管，构建 PPP 养老项目的质量评估体系；五是信息共享，建立专门数据交互平台。

大创项目编号：201710520105

供给侧改革背景下轻养老模式的现状分析与前景探究

——以四川攀枝花市、西昌市为例

贺玉环　王沛哲　韦郅真　夏亦含　寇亮亮

会计学院会计学专业　CPAC专业　注会专业　指导老师：肖浩

> **摘　要**：随着老年人口不断增加，不可逆转的重度老龄化社会承受着巨大的养老压力，传统养老模式弊端凸显。同时，伴随着经济水平的不断提高，养老观念有了极大转变，老人渴望一种高品质的休闲养老方式。在此背景下，轻养老模式应运而生，目前在西南地区，已有部分城市老年人群定期跨省、市，集体迁徙到环境优美、适宜居住的乡村地区养老，在当地形成可持续的乡村生态发展区。

课题组在了解四川省部分城市老龄化背景的基础上，探究城市养老功能转移和整合农村闲置资源结合发展的轻养老模式。以四川省攀枝花市的轻养老产业发展为例，借助文献资料，了解国内外养老服务的发展情况，并在此基础上展开实证调研，在综合分析后认为，轻养老模式在国内大型城市具有很大的推广意义。

在实证调研阶段，课题组从供给端入手，从自然资源利用、医疗护理保障、基础设施提供、食物营养安排和文娱生活安排等五个方面了解乡村发展区轻养老服务提供的现状。与此同时从需求端展开分析，了解轻养老人群的基本情况及其对于医疗服务、生活照料、精神文化等方面的需求。通过对问卷和相关人员的访谈内容分析发现，乡村发展区依托于优质的自然资源吸引着周边地区有高质量养老需求的老年人，在政府的关注支持下，现有服务已逐渐走向规范化、优质化，但在服务的实际提供上不同规模、不同地域的乡村发展区仍有一定程度的差异。对于轻养老人群，在基本的医护、生活需求满足的情况下，对文娱活动与情感交流的需求也日益增强。在了解当地轻养老的基本情况后，我们发现如下问题：一是游客需求尚不能均衡满足，刚性配套设施没有形成规模；二是相关服务标准制定尚不完善，监督检查力度不够；三是旅游接待能力不足，产品聚集度低，吸引力不突出；四是旅游交通与环境不完善、人才培育、居民旅游参与度不足。

针对上述问题，我们提出如下建议：要因地制宜，塑造当地轻养老模式的核心竞争力；积极引入社会资本如 PPP 模式及财政专项基金等方式进行项目推进；对于农家乐，要从医疗护理保障、食物营养安排、文娱生活安排等方面丰富老人的生活，并对消费市场准确定位。

大创项目编号：201710520106

校园快递最后一公里营利模式探究及优化

——基于对武汉地区部分高校的调研

权鹤阳　何梦薇　佘雨欣　潘俊琨　罗梦瑶

会计学院财务管理专业　法学院法学专业　统数学院经济统计专业

指导老师：王华　陈正林

摘　要：近年来，我国的快递服务伴随着网购走入千家万户而蓬勃发展。快递"最后一公里"，也就是末端配送环节，在整个快递配送过程中成本占比高、耗费时间长。本课题以校园为背景，通过实地调研，探究不同模式下校园"最后一公里"盈利情况，得出结论并提出建议。

在实地调研部分，课题组对中南财经政法大学、北京交通大学、华中农业大学进行了调研。他们的快递最后一公里配送方式、营利情况各不相同。我们也结合调研访谈资料对三个学校"最后一公里"营利情况进行了测算，制作了收入和成本表格。中南财经政法大学环湖驿站采用了传统的报号—人工找件—确认信息—取件模式，辅以快递柜取件，派件在整个快递配送过程中成本极高，而客户付出的快递费被层层抽取，到这一环节已经所剩无几，所以单纯的派货很难盈利，甚至往往是亏损的。环湖菜鸟驿站的另一部分收入则来源于从客户手中收件、代寄。目前这里的盈利情况并不乐观。华中农业大学的做法是让顾客直接进入货架区找到自己的快递，然后到出口扫描快递上的二维码，核对个人信息。将找件这一流程分散到每个顾客身上，节省了大量人工成本，目前这里的盈利情况还不错。菜鸟驿站人流量大，也带动了周边商业的发展。调研发现快递站旁边的大型便利店和饮品店生意非常红火。在快递站附近开展便利店、饮品店等生意能够充分利用人流，挖掘市场潜力。北京交通大学除了申通等少量未合作快递外，其余快递均使用近邻宝快递柜进行派货。快递员投递包裹、顾客使用快递柜代收、投派广告都需要向近邻宝加盟商付费。这种模式最大程度做到了节约人力成本，营利情况也十分不错。项目组还通过发放问卷来调查高校学生对于现有校园快递体系的评价和改进建议以及对我们设想的优化建议的需求情况。

鉴于人力成本高昂，单纯派货利润空间有限，我们提出以下建议：一是降低人力成本，这是降低成本的关键点。技术自动化的应用与发展对于减少人力成本是一个好消息，比如智能快递柜等智能终端的铺设，无人机、机器人的发展，都可以让物流行业实现降本增效。二是借助快递站的人流开展其他业态以增加收入，比如开设便利店、超市等。三是构筑生态系统，加强数据挖掘与利用，实现精准投递，提供和满足各类生活场景，比如购票、洗衣、定时快递、书籍报刊以及其他的生活服务。

本项目紧密贴合时事，快递"最后一公里"正是当下热点，相关问题亟待解决。内容和视角上都有所创新，校园快递"最后一公里"发展变化快，对其最新体系的研究较少，并且从校园快递"最后一公里"的盈利模式切入，视角新颖。

大创项目编号：201710520107

我国电力行业低碳绩效审计评价指标体系的探究与构建

——基于 AHP—DRS 方法

夏时维　谢云丽　赵偲偲　张茗淏　郑珍妮

会计学院会计学（注册会计师方向）专业　CPAC 专业　ACCA 专业
财政与税务学院财政专业　指导老师：郭飞　陈波　龚翔

> **摘　要：** 低碳政策的执行过程要减少重大的缺陷以及偏颇性，就需要指标评价对其有效性、合理性进行主要审查。在整个问题寻找并进行反馈的过程中，被审计单位的低碳政策以及低碳活动能够依据现行的问题进行完善和健全，从而使得碳制度得以完善、碳排放得以减少、碳交易得以公平、碳审计的作用得以显示。低碳经济作为一种在全球气候急剧变化的基础上应对全球变化的经济发展新模式，其主要作用是将低碳经济的理论与实际生活中的实践结合起来，并进行经济相关活动。以低耗能、低污染、低排放和高效能、高效率、高效益作为基础，应用碳中和技术这一发展方法来进行节能减排。在我国，需要进行发展低碳经济、使用低碳能源、进行碳交易、发展碳市场的行业主要包括能源行业、建筑、化工和制造业等。而作为促进低碳经济、实现节能减排目标、以监督与鉴证为主要工作目的的审计，在低碳经济的快速发展以经济的迅猛转型中，起到了不可替代的重要作用。

前期的资料准备及专家咨询中，我组使用横纵对比法和优序对比法将传统审计与碳审计、国内外碳审计体系（包括美国、英国、印度、韩国、新西兰、德国和意大利等）使用 SWOT 模型进行对比分析，发现以现有的国内外碳审计研究基础和研究现状，我国的碳市场发展以及碳审计能力均处于一个初级阶段，在这个阶段中，研究领域尚未开发，评价体系尚未建立。因此，我组进行碳审计绩效的评价指标体系的建设，主要就是为了弥补碳审计在制度设计和整体框架标准的研究上的缺陷。

具体实施过程中，我组在对碳审计绩效评价指标体系的建设，充分考虑各方影响因素并以实证调研的形式进行权重划分,在碳审计的绩效考核与评审中,能够起到充分的作用,推动碳审计实践的进行,并且将重心放在了对低碳政策和活动的效果以及绩效审计之中。在低碳活动的主要审计过程中,审计的主要内容则是被审计单位温室气体的排放对环境整体效果的影响。通过审计内容对整体效应的反映,寻找出其中的问题,并以审计列报的形式将审计的结果和该低碳活动的效果进行反馈。经过不断的资料补充、专家咨询以及实地调研,我组通过参考国际标准确定碳审计定量指标,通过综合我国学术界评价体系构想确定性指标,使用 DRS 模型将具体指标进行初步分类;通过在具体实践调研后,对电力企业进行样本调查,运用层次分析法确定各指标权重,从而建立起一个完整有序、科学高效的碳审计绩效评价体系。

将国际碳审计研究结合我国的具体现状,运用 DRS 模型将整理得出的所有指标分为三大类(驱动因素 D、状态因素 S、响应因素 R)和九小分类(经济驱动力 D1,社会驱动力 D2,环境驱动力 D3;能源耗费状态 S1,低碳政策执行状态 S2,低碳经济绩效状态 S3;低碳治理响应 R1,能耗模式响应 R2,低碳化管理响应 R3);再通过层次分析法将确立的指标分为目标层(电力企业碳审计评价指标体系,用 A 表示),准则层(驱动因素 D,状态因素 S,响应因素 R)和方案层(D1, D2, …, Dn; S1, S2, …, Sn; R1, R2, …, Rn)三个层次。最为重要的权重划分,我组首先采用对准则层和方案层各指标的评价,根据萨蒂提出的九级标度法比较两两指标之间的重要性,确定指标权重,最终建立指标体系。其次,使用 AHP 层次分析法进一步确定指标权重,通过层次分析法将确立的指标分为目标层,准则层和方案层三个层次。最后,通过结合 AHP(层次分析法)和 DRS 模型,并用 SPSS 进行检验,我们更加全面、系统地构建碳审计评价指标体系。通过 DRS 模型,弥补了传统分类中对于企业低碳发展响应程度的反映,使企业更好地执行低碳政策,为国家碳审计构建提供有效建议。纵观整个项目,我组通过学习借鉴并综合多种审计评价指标,结合实地调研了解企业的现实情况,建立起一套完整的碳审计评价指标体系,具有较强的现实意义和实践意义。在实践过程中,我组成员合作分工,积极完成任务,并在过程中不断提升个人能力。希望最终研究成果其能够为实务中的审计人员提供参考,为我国碳制度的完善、碳排放的减少和碳交易的公平贡献微薄之力。

大创项目编号:201710520108

为何基金投资者亏损惨重，基金公司价值却节节攀升？

——基于"中邮基金"的案例研究

许梦航　汪瑞　雷思蕾　杨祺琛　蔡昕妤

会计学院财务管理专业　文澜学院经济管理实验班　指导老师：杨国超

摘　要：2015年11月24日，中邮基金作为登陆新三板的首家公募基金，从2007年1月1日至2015年6月30日，上证指数上涨61.9%，中邮基金持有人亏损1.7亿元。鉴于此，本项目研究基金公司和基金投资者之间的利益冲突问题。本项目通过判断基金投资者收益好坏与基金公司绩效增长之间相关性发现，基金公司和基金经理的目标函数并不一致，前者追求基金规模的最大化，从而最大化佣金收入，而后者追求自身投资收益的最大化。这导致基金公司有动机利用基金投资者非理性行为最大化基金规模，从而产生严重的代理成本。本项目基于公募基金的特殊性，对传统公司治理理论有拓展延伸的作用。

本项目首先检验了中邮基金内在价值和市场价值的背离现象；然后分析激励机制是否有效，包括管理费—业绩关系、基金流—业绩关系检验、营销与基金流关系检验三个部分，发现了中邮基金业绩对基金流的敏感性呈凹性，是倒U型结构；最后对基金公司的代理问题进行了分析，提出了价值分离现象的严重后果，集中表现为基金经理过度投资、风险集中等道德风险，并就这一问题提出了简单的建议。

本选题研究的目的及意义有以下四点：(1)对传统代理问题理论框架的扩展。由于多数公募基金管理公司并未上市，公司价值无从获知，现有数据难以研究基金公司价值与基金投资者收益之间的关系。中邮基金于2015年在新三板挂牌上市，使得本项目有机会以中邮基金为例探究基金公司价值与基金投资者收益之间的背离问题，进而深入研究基金公司代理问题。本项目借助中邮基金的案例，使得传统代理问题理论框架得到新的扩展。(2)从基金公司行为角度的反思。本项目通过对基金公司代理问题的研究，在找寻基金公司与投资人利益相背离原因的同时，对比公募基金和私募基金的行为差异并得出结论，拟对基金公司现有营利模式进行反思，特别是对基金收费问题提出相关改善机制，进而保护投资人权益。（3）从投资者行为角度的反思。投资人作为信息不对称的劣势方，难以对投资标的的真实价值有较好的把握，这是由资本市场信息不完全流通所客观决定的。但是基金产品的业绩指标有固定的参考系，本项目站在基金投资人角度研究投资人行为，拟对投资者行为进行反思，以便提出有效改善代理问题、控制投资人风险的投资决策方法论。（4）为监管层规范基金市场行为提供参考。基金是维持金融市场高效运作，减少市场价值与公司价值相背离情况发生的良好工具。基金相对于其他理财产品有着不可比拟的优势，有利于降低资本市场整体的不确定性。中国资本市场仍旧是一个以散户为主的市场，基金行业作为买方机构的佼佼者，有着巨大的发展空间。本项目综合国内外经验，寻找欧美基金市场类似情况的证据，探索基金市场规范运行的成功经验，为我国监管层规范基金市场行为提供参考依据。

大创项目编号：201710520109

中部地区基金小镇监管风险研究

——以咸宁市贺胜桥基金小镇为例

吴佳琪　李咏红　林芊芊　黄梓宸　张思睿

会计学院会计学专业（注册会计师方向）　会计学专业
财务管理专业　ACCA专业　指导老师：陈正林教授　白小滢副教授

摘　要：为顺应中部崛起战略和金融创新改革，湖北省咸宁市在贺胜桥镇成立了我国中部地区第一个基金小镇。相较于沿海发达城市，咸宁市建设和运营基金小镇的硬性条件不突出，政府监管问题尤为值得注意。本课题小组运用实地调研和专家访谈的方式对咸宁市基金小镇进行了调研，从建设中部基金小镇的新模式出发，分别从基金小镇层面的监管和基金层面的监管进行了研究，针对监督的考核机制、风控体系、地方政策和投融资的监管问题给出了建议，对中部城市建设和发展基金小镇有一定的参考意义。

在前期研究中，本项目以供给侧结构性改革下金融助力产业结构性改革为背景，结合国内基金小镇建设兴起的情况，通过国内外基金小镇和国内各地区基金小镇建设的横向对比，概括分析国内基金小镇建设存在的问题，总结出国内基金小镇建设的问题主要是政府对风险的监管问题。同时，结合中部崛起战略，我们以湖北省咸宁市贺胜桥基金小镇为例，通过对其建设背景的分析以及与其他国内建设较成功的基金小镇的对比分析，结合查阅的资料分析，我们发现咸宁市建设基金小镇的主要监管风险为资金投入风险和产业投资风险。通过进一步分析，我们对基金小镇层面和基金层面的政府监管进行研究，其中基金小镇层面的政府监管分为基金小镇监督考核机制和风险控制监督体系的分析，基金层面的政府监管分为对母基金的监管和地方政策导致的金融风险分析。在前期的分析中，我们主要通过查找政府官方网站和私募通网站的资料，分析了国内发展较快的基金小镇的问题，发现在基金小镇的建设中，监管环境、准入门槛、审核制度、金融监管、投融资风险、基金审核与实体经济对接等方面，都存在着不同程度的问题，进而导致一系列的金融风险，并且通过对咸宁市区位条件、人才基础、产业经济发展情况等要素的分析，总结出咸宁市建设基金小镇最突出的问题是政府监管问题。

我们的课题研究主要从对咸宁市的发展背景即区位条件、经济产业基础、金融基础等特征条件、咸宁市的建设规划和发展战略以及咸宁市特色基金小镇模式出发，从对基金小镇层面的监管和对基金层面的监管两方面进行研究，其中分为四个子课题，分别为基金小镇监督考核机制分析、风险控制监管体系分析、基金小镇母基金监管分析以及地方政策导致的金融风险分析。在这四个子课题基础上，又建立了一个新型的分析模式，将基金小镇的可行性及具体措施政策条款的内涵与经济、劳动力、产业发展的大背景联系起来，此分析模式有助于为国内外相关领域的调研分析提供新思路。如在对咸宁市基金小镇母基金的政府监管分析过程中，首先通过政府网站及媒体网站等查找并整理分析该香城产业基金的设立、规模和投融资是否与政府的财力、事权和财权相匹配，接着横向比较中部和东部地区的基金数量和基金规模，分析中部地区基金发展的特征，并设立对照组分析咸宁市建立基金小镇后与湖北省其他城市投资、消费、进出口规模及增速有无明显改善，最后分析国外水平监管水平优秀的以色列 YOZMA 创业投资基金与香城产业基金的管理模型对比，通过对比其组织架构、运行方式、投融资阶段以及投资后的监管机制，总结出相关问题并提出相应对策。

大创项目编号：201710520110

转型·发展·淘汰

——共享汽车冲击下传统租车行的生存策略探究

安奕然　李秋毓　黄秋怡　赵美玲　王子健

会计学院注会专业　经济学院经济学专业　指导老师：孙贤林　郭磊

> **摘　要**：自2010年以来，共享经济在我国迅速发展并初具规模。分时租赁共享汽车的出现给汽车租赁业注入新的生机，同时也给传统租车行的生存带来挑战。本项目试图通过一系列的调查研究，为传统租车行的生存发展提出参考性建议。

通过在武汉市与桂林市的调研以及对相关文献的研究，项目组发现：现阶段，由于"Go fun"分时租赁业务全部采用新能源纯电动汽车，而我国尚未大规模建设充电站，所以其使用在很大程度上受到余电续航里程的限制，主要适用于同城内的短途出行。而以神州租车为代表的传统租车行则主要使用燃油汽车，它的驾驶里程基本不受能源因素的限制，但是其以"天"为单位计价，几个小时的租赁成本过高，让租车时间在一天以内的用户望而却步。就目前的实际情况来看，"Go fun"并未也不可能对神州租车造成较大冲击，它只是吸引了少数传统租车行原来的客户，而更多的是从公共交通中吸引而来。传统租车行和共享汽车之间在租期的长短方面相互补充。

但是从长远的角度来看，新能源汽车的大规模推广是一种必然的发展趋势，"Go fun"的业务也就不会再受续航里程的限制。到那时，由于分时租赁模式更符合用户的使用习惯，在同城内较长距离的驾驶中，特别是在类似于桂林这种景区分散在多个县的城市中，"Go fun"可能会更受消费者欢迎。因此，未来共享汽车可能会对传统租车行造成一定冲击，租车行需要具备一定的危机意识。

现阶段，神州租车可以考虑与"Go fun"建立合作关系。旺季时自驾游租户占比较大，这类用户在城市间通行时车辆的利用率较高，但在城市内一辆车一天的有效利用时间只有两小时，绝大多数时间是闲置的。在租车旺季，车辆供不应求时租车行可以与"Go fun"搭建旅游线路网。客户可以租用租车行的车用于城市间的通行，在城市内驾驶共享汽车。由于神州租车的车辆本来就处于供不应求的状态，客户缩短单次租车的天数不会导致车辆处于非租出状态的时间增加，反而可以大大提升车辆的利用率，带来更大的业务量。同时采取市内通行用共享汽车的做法，可以大幅节省客户的成本。而租车行和共享汽车公司也可以适当调高原来的价格，但要使调整后的价格低于客户全程租用租车行车辆的费用。这样既可节省客户的出行租车成本，增加客户量，又可以提升租赁价格，进而增加收入。当然，租车行要免去这类客户的异地还车费用。租车行收取异地或异店还车费主要是用于弥补调车费用，不是为了赚取利润。而在上述情况下，租车者到达一座城市后只是暂时还车，结束在该城市的游玩后还会继续租车开离该城市，在完成整个自驾游后会将车还到借车门店，不会为租车行带来额外的调车费用。

未来分时租赁模式的共享汽车可能会对传统租车行造成一定程度的冲击，转变为竞争者。因此传统租车行要具备危机意识，做一些预防措施。可以逐步推出在同一城市内的分时租赁业务，实现转型。租车行可以先在类似于桂林这种景区分散在多个县的旅游城市以及小镇上推行燃油车的分时租赁，与以"天"计时的传统租车业务形成互补，并将其分时租赁业务纳入旅游产业链中。这样既可以提高车辆利用率，节省原来耗费在同城租赁业务中的人力成本，也迎合了租车者的使用习惯、节省了租车成本。同时，相较于现阶段的共享汽车公司，租车行使用燃油车能够消除租车者的部分顾虑。而且传统租车行有大量已上牌照的车辆，更具资源优势。当新能源汽车时代到来后，传统租车行已经从现阶段的分时租赁业务中获取了大量经验，可以推行较大规模新能源汽车的分时租赁业务。

大创项目编号：201710520111

"互联网+"背景下公益组织的商业模式探究

——以阿拉善 SEE 生态协会"蚂蚁森林"为例

黄宇清　杞朝贤　赵一航　何丹晨　孟汉铭

会计学院 ACCA 专业　　指导老师：杨帆　季小琴

摘　要：随着改革开放带来的经济发展，社会公众在满足自身生活需求后，对社会福利救济事业愈发关注，公益事业逐渐由专门机构负责转变为"人人关心，积少成多"的模式，全民公益时代的到来势在必行。当"互联网+"的热潮来临，各行业都试图与互联网结合，利用信息技术以及互联网平台，优化行业资源配置，带动自身经济生命力，提升创新力和生产力。"互联网+"与传统行业结合势必带来产业的升级，业务体系的更新，而对于公益事业，互联网即时性、互动性、跨地域性以及传播广的特点，将更好地推进全民公益事业的发展。

　　本课题是基于"互联网+"的背景下，选取阿拉善 SEE 生态协会作为研究对象，对其商业模式进行探究，主要是通过调查研究阿拉善 SEE 生态协会与支付宝合作的蚂蚁森林展开实证，借助多种研究方法全面分析，探索出阿拉善 SEE 生态协会的商业模式。此处的商业模式是指公益组织根据公益活动的形式来创造一种吸引资金和物质的运作方式。本大创项目的研究思路是首先从 PEST 分析、"互联网+"公益模式、背景综述三方面介绍选题背景，并全面探讨选题的研究意义；其次对阿拉善 SEE 生态协会的商业模式进行基本分析，主要分析了阿拉善 SEE 生态协会的定位、业务系统、关键资源能力、现金流结构、总体评价；再次从社会和经济两个角度对阿拉善 SEE 生态协会的活动进行效益分析，进而对该模式进行全面的数据实证分析，从企业、政府和社会三个角度入手对阿拉善 SEE 生态协会和阿拉善 SEE 基金会的年报进行数据分析，并有效分析了相关开支数据分析和相关财务数据分析；最后从风险防范和创新发展两方面提出优化建议。另外，我们的附件有针对阿拉善 SEE 工作人员访谈记录，是我们小组前往北京阿拉善 SEE 总部进行采访的资料成果以及"互联网+"背景下公益活动探究问卷调查结果，为我们的成果提供了一定的研究方向和意义。本课题主要成果是通过小组前往北京阿拉善 SEE 生态协会进行实地访谈、研究阿拉善 SEE 生态协会和阿拉善 SEE 基金会的年报、查看相关新闻、进行问卷调查、询问老师意见等方式，最终完成了调研任务并汇总成结项成果。

本次大创项目锻炼了我们的创新思维、创新实践和团队协作等能力，使我们对于"互联网＋"背景下公益组织的商业模式有了更加清晰地认识，是一个非常具有理论和现实意义的课题。我们也非常看好互联网与公益的结合，在公益组织、商企、政府及社会大众等多方推动下，公益事业一定会蓬勃发展。秉承"在实践中探索理论"的精神，本小组成员在项目论证阶段以踏实而严谨的态度，按照立项书的规划和承诺咨询学校教授、采访校外企业、问卷调查大众。我们竭尽所能，最终完成了结项报告。

大创项目编号：201710520112

绿色金融背景下我国绿色债券发行问题与对策分析

——基于国内外发行绿色债券的对比分析

王茂源　王奕闻　张诗雨　张亚　方子淳

会计学院 ACCA 专业　会计学专业　经济学院国际商务专业
指导老师：蒲文燕　毛洪安

> **摘　要**：绿色债券是指募集资金专门用于符合规定条件的现有或新建绿色项目的债券工具。绿色债券的概念衍生于绿色金融，而绿色金融又起源于欧洲和美国等地区和国家。2016 年，伴随着我国第一支绿色债券的发行，我国进入了绿色债券的元年。绿色债券募集资金用于保护环境，节约资源的项目，实则是一件利国利民的好事。然而，绿色债券在我国尚处于起步阶段，其发展还有待于政府、企业和社会公众的努力。在立项阶段，我们小组针对绿色债券的现状，并结合国内外的情况，提出了关于绿色债券的现存三个问题：一是绿色债券的定义尚不明确。绿色债券的定义从源头上界定了何种项目为绿色项目，可以遏止非绿色项目的"漂绿"行为，然而，不同国家和地区的国情不同，对于绿色债券的界定也不尽相同。确定合理的绿色债券标准对于规范绿色债券市场意义深远。二是绿色债券缺乏第三方认证机构，信息披露不够充分。对于绿色债券的信息披露可以投资者和监管者定期报告绿色债券的用途和收益，防止企业将绿色债券所募集的资金用于非绿色项目方面，而损害了投资者的利益。三是绿色债券风险高，收益低。相比与普通债券，绿色债券的风险较高，因为绿色债券募集的资金大多存在期限错配的问题。同时，绿色债券募集的资金很多都用于高风险行业，带来的收益较低。

本次研究的目的主要在于解决上述三个问题。为此，本组采用了三种调研方式展开研究。一是文献研究法。绿色债券本就起源于国外，因此小组成员运用独秀、Emerald 等数据库查阅了国外关于绿色债券的文献，主要梳理了绿色债券的发展，结合国内关于绿色债券的项目界定梳理了绿色债券的定义。同时，小组成员与指导老师开展了几次线下的交流会，对绿色债券收益较低的问题展开了讨论，最后给出了相应的建议。二是实地访谈。本小组与从事金融、投资课程的教授学者以及长江证券、招商银行等机构的相关负责人进行了实地访谈，主要就绿色债券的第三方监管问题和信息披露问题进行了交流，最后得出了一定的结论。三是问卷调查法。在老师的指导下，本小组设计并发放了针对不同调查对象的问卷，并对问卷结果进行了统计，整理了调查对象关于绿色债券平均收益的期望值以及关于绿色债券发展的各类建议。

历时一年的调研，小组形成了结项报告、学术交流报告和研究论文等多项成果，同时，每个人在调研过程中都所获颇丰，后附个人总结以供参阅。

大创项目编号：201710520113

电影产业促进法对网络大电影热度的影响研究

——基于断点回归设计（RDD）的分析

梁育玮　祝宁　邓思萌　李彤　陈姝锦

会计学院 CPAC 专业　统数学院统计学专业　指导老师：王征

摘　要："网络大电影"是指在互联网平台播出的低成本的电影（区别于传统院线电影）。《电影产业促进法》于 2016 年 11 月 7 日发布，自 2017 年 3 月 1 日起施行。此前，电影产业方面较为系统的法律规范主要是 2001 年起颁布的《电影管理条例》，如今《电影产业促进法》中诸多规定已不同于早期的行政法规，变化主要体现在对电影审查的具体标准和程序的制定，以及对融资方式、金融衍生品和保险产品多样化的引导，增强电影审查制度的公开性和透明度，完善电影行业投融资渠道，增加资金使用效率。

本文的研究着眼于两个方面。首先，我们分解了网络大电影产业链的构成，分析了《电影产业促进法》对产业链不同环节的政策实施效果。其中，《电影产业促进法》对制片环节有显著影响，间接影响到成片的放映效果，而爱奇艺首创"内容热度"用以综合评定放映效果，使我们能更好地观测政策实施作用。其次，我们利用 chrome 浏览器的插件 web scraper 加上 google sheet 中的 XML 的函数建立爬虫工具，收集爱奇艺网站上在《电影产业促进法》前后两年的网络大电影信息数据，对网络大电影的发展状况进行评估。本文所采用的断点回归方法是在没有随机性的情形下利用微观数据来识别政策效果的一个重要评估手段。本文的主要贡献为首次采用了采用断点回归模型对网络大电影进行研究。

通过断点回归，我们发现跳点发生在 2017 年 5 月至 8 月，可能是由于电影的上映存小周期问题，本文发现《电影产业促进法》的颁布对于电影大公司数量和集中播放量有显著作用。同时，本文还发现在略低的置信度水平下，其对上映率一定负向作用，即抑制了新电影的上映。通过分析本文认为可能是在法律草案的影响下，相关部门对电影业加强监督管理，以促进电影市场健康发展，致使一些"不良"电影未能如期上映而夭折。因此，相关部门应该把降低市场准入门槛，便利各类市场主体、社会资本进入电影产业；通过采取财政、税收、金融和用地等扶持措施，激励企业、个体工商户和个人从事电影活动的相关政策落实到位。

大创项目编号：201710520115

微信赞赏税务处理分析

项兆琪　李晓华　朱育庆　黄悦文

会计学院会计学专业　工商管理学院工商管理专业　财税学院财政学专业

指导老师：吴德军

摘　要："互联网+"背景下催生出许多互联网媒体盈利新模式，2015年微信推出的赞赏功能也是"互联网+打赏"概念的产物，其本质是一种新兴的、非强制性的付费鼓励模式。以国内第一社交工具——微信为依托，赞赏功能自上线以来就表现出极高的市场活力，不少已积累了较多订阅量或粉丝的公众号开通了赞赏功能并获取到高额的赞赏金。但微信赞赏功能在市场热度不断升温的同时也出现了不少争议。由于该功能在刚开始并未设定赞赏金额上限，引发多起利用该功能获得巨额带有欺诈性质的商业牟利事件发生，如"罗一笑"事件，诱发了公众对于公众号在无监管的环境下通过赞赏获得巨额收入是否合理的质疑。特别是国内目前针对微信赞赏所得仍未出台任何征收个人所得税的规定，存在着不小的个税"盲区"。随着我国第七次个税改革落地，本课题针对微信赞赏这种新型互联网盈利模式的税务处理进行探讨具有一定的创新性与时代性，有利于我国个人所得税实施细则的补充与完善，对推动我国税制的进一步发展具有重大现实意义。

本课题小组结合当下时事热点与重大政策，围绕《微信赞赏税务处理分析》进行了为时一年半的调研与分析，在吴德军教授的指导下最终顺利完成项目，不仅完成了项目的预期目标，而且课题小组成员在创新思维和创新实践方面收获斐然。本小组根据每位成员的长处分工，使得工作效率极大提高。课题小组长项兆琪同学，有较强的组织能力和沟通能力，善于思考，思维活跃。因此该同学主要负责对整理思路的把握，从思考如何开展研究、研究为了什么、期望得到什么开始，带领小组成员顺利完成调研。同时，该同学擅长文字的编辑和总结，用最简洁的文字不断对研究成果进行详细修改。朱育庆同学擅长资料搜集与总结归类，因此主要负责记录小组成员想法并分门别类进行讨论。并且，他利用自己在文献检索方面的知识，迅速为课题筛选出合适的参考文献。李晓华同学具有较强团队协作能力和执行能力，主要负责推进及监督项目进度，使项目能按照预定时间表流程合理有序完成。黄悦文同学，具有优秀的沟通能力和应急处理能力，主要负责对外交流和调解工作。这样合理的分工，不仅提高工作效率，同时培养了小组成员的默契和团结协作精神。

在课题选择上，如何在众多的时事热点和新兴政策中寻找到适合的切入点来开始我们的课题研究，这主要运用了发散思维。在课题研究开始前，经过一个月的发散性思维讨论，我们选择了互联网打赏行为的税务问题、金融熔断机制等数十个时事热点。但我们发现，2015年微信推出的赞赏功能作为"互联网+打赏"概念的产物，其本质就是一种新兴的、非强制性的付费鼓励模式，该模式极具新颖性，非常符合项目研究中创新这一要求。特别是随着"罗一笑，你给我站住"利用微信赞赏涉嫌骗捐事件的不断发酵，微信赞赏这一打赏模式更显示出前所未有的热度。同时结合吴德军教授的建议，使课题研究与小组成员专业紧密联系，我们在众多的研究方向中选择以税务处理作为切入点。无论在研究主题的选择上，还是课题研究的切入点的决定上，都体现了我们的发散性思维。

在众多互联网媒体营利模式中，如微博问答、直播平台打赏等，我们选取了最广为人知、最具代表性的打赏模式——微信打赏作为具体案例，更深入了解该打赏模式的开通条件、微信公众号的类型等等。但仅仅研究国内公司会显得课题报告较为单薄，因此我们广泛运用联想思维，了解国外类似的打赏行为的税务处理模式，以美国对"小费"征税的案例为参考，选取了部分值得借鉴的地方。运用联想思维，使本课题报告的内容更具有丰富性和多样性。

大创项目编号：201710520117

Airbnb 在中国的发展困境及出路

——基于市场调研和 PESTLE 模型的实证研究

周延栩婷　杨燕

会计学院国际会计学专业　指导老师：龚翔

> **摘　要**：Airbnb 作为目前较为流行的共享经济的领头羊，是民宿形式的一种体现，受到了来自全世界房主和游客的欢迎，并在全球业务量迅速扩张。随之而来是传统住宿业和政府官方机构的质疑，他们认为 Airbnb 存在资本、安全和模式上的不足。随着 Airbnb 进入中国市场和共享经济的热潮，对于 Airbnb 的研究增多，但目前学者们对我国大陆民宿的地区发展可行性分析还都只是限于表面的形式，集中于对概念的解读、特征与现状的分析，在建议和具体化策略的思考上还是局限的。我组成员针对这一现状引入了 PESTLE 分析模型并结合调查问卷、访谈、文献回顾等形式给出具体化的可行性意见，不再流于表面。我们本次项目的重点就在于，找出这其中的原因，并且给出一些具体的可行性建议。在接下来的研究中我们采取了文献回顾、房主访谈、调查问卷等方式，结合 pestle 分析模型得出最后结论。

在文献回顾方面，我们分别研究了国内外文献，对比国内外研究的差异，按照时间线找出前人学者研究的遗漏点。《国务院办公厅关于加快发展生活性服务业促进消费结构升级的指导意见》《福建省旅游条例》与《民宿管理办法》这三个法案是目前为止中国现有法案中所有对"民宿"有所提及的部分，至此我们已经能够感受到了相关法律方面的不足。

在房主访谈环节，我们采取滚雪球和随机抽查相结合的方式获得了几位房主的帮忙，了解了他们作为该平台的另一端使用者的体会，了解平台存在的问题。

针对用户，我们采用问卷调查的方式，问卷根据"住宿目的，服务质量和体验感受"三个方面设置。经过信度分析和效度分析，保证了数据质量。通过收集的数据，经过统计学分析，我们得到了三个现象，住客的现实体验和预期之间存在一定差距，居住过程当中存在能感知到的安全隐患，受众群体集中在中等收入人群中。

有了上述研究，我们按照 PESTLE 模型整理了之前所获信息。政治方面就体现在 Airbnb 不能很好地适应于开展业务地区的地方法律，一些短租房并没有遵守当地国家提供的住房法律法规，另外，部分地方要求双方必须缴纳旅馆或游客税。经济方面，这一平台既为房主提供了利润又在一定程度上拉动了地区的旅游业。社会方面则表现为这一平台对人们生活志趣品位的提高。旅客可以在网站平台上分享他们的旅途及住宿故事和体验，Airbnb 也在主营业务外为用户提供预定式的体验活动。法律方面则涉及它对中国传统酒店业的市场抢占的一些代价。Airbnb 动摇了现有的商业模式，也相应带来了一些法律上的麻烦。最后在环境方面可以说是所有共享经济都具备的优势，通过共享资源来达到消耗最小，Airbnb 帮助世界各地的居民轻松共享他们的家园，并充分利用现有资源达到更环保的旅行和度假的目的。家庭共享可以减少能源和水的使用，减少温室气体的排放，提高废物和游客的环保意识。

针对上述问题，我们建议，对于他的经济优势，可以着力拓展两类区域的市场，人均住房面积居高的城市，和城市近郊地区。在社会优势上，可以与现如今中国本土休闲应用平台合作，例如大众点评，美团等软件，将更广阔的高质量体验活动信息按照住房区域配套提供给住客。环境方面，我们建议平台对初期房源进行简单评估，做出环保贡献指数标注在房源信息近旁。针对法规的不完善性，由于这一点的耗费周期长、关系对象复杂，难以在短时间可以解决的。我们认为，首先 Airbnb 内部的法务部门要仔细研究中国大陆各地住房行政法规，并且严格遵守。其次根据中国大陆住房的相关法规，完善企业内部对房东、房客对要求规范文书。同时，可以将对现行法案的整改意见传达给国家或地区行政部门，作为日后出台法案的民众意见。

大创项目编号：201710520118

共享单车 PPP 模式下合作方式探究

——以武汉市为例

林子　罗文静　张子卓　蔡林蓉　李睿青

会计学院会计学（注册会计师方向）专业　财税学院财政学专业

指导老师：沈烈　陈丽红

> **摘　要**：作为"互联网+"下出现的新型产物，共享单车凭借其便利的使用方法、环保健康和有效地解决最后一公里等优点，被越来越多人所推崇。然而，热捧之后，共享单车却带来了众多诸如管理乱、停放乱、行车乱等亟须解决的一系列现实问题。在调研中我们发现，作为一个准公共品，共享单车应该是公共性与市场性的混合体，因此以 PPP 的方式加强政府企业之间的合作治理，不失为解决共享单车现行问题和发展瓶颈的可行方法。

　　本文以武汉市为例对共享单车 PPP 模式下的合作方式进行了探究。按照"交易合作三维框架"模型，将 PPP 模式三个交易特征（即所有权转移效益、政府经营权和"公"与"私"的合作程度）作为公共项目权责分配的重要参考变量。基于经营权控制程度和"公"与"私"的合作程度构成的交易合作三维框架，按照所有权转移效益和经营权控制程度相近和同一大类的 PPP 模式尽量分在一条路径的原则，总结出三条路径。再根据实地调研得出共享单车项目的三个交易特征，即所有权转移效益为 0；共享单车项目政府控制权程度需求相对较低；共享单车的经营建设阶段"公"与"私"的合作程度较高，但总体来看共享单车"公"与"私"的合作程度较低。最终得出武汉市共享单车项目适用于 PPP 模式基本路径中的"路径三"，即部分私有、全部私有型。

　　我们在调研过程中还发现，PPP 模式能够解决共享单车带来的一系列问题，通过此模型也确能寻求出一个合同化的最佳合作模式。但由于相关条件的约束与产品本身的特殊性，在人口众多的大城市往往无法制定相关合同化的约束条件。这时，对政府和企业进行责任的划分，从广义上运用 PPP 模式，反而能更好地解决问题。而在我们的调研过程中也发现，武汉市政府正有从广义上运用 PPP 模式来解决共享单车出现的问题的趋势。因此，本小组还通过对武汉市政府出台的相关政策的执行情况进行实地调研分析，了解目前武汉市政府与共享单车在"共治"方面所做出的相关决策，对相关政策进行归纳总结，结合具体实施情况提出改进意见。并且，本小组针对武汉市现有的有关共享单车责任划分的相关政策和本小组调研所得相关结果，我们对武汉市共享单车PPP合作方式在责任划分的角度给出进一步的更加完善的建议。即政府需要在约束、管理和规划方面更加完善，企业则需要在建设、投放、运营方面尽到责任。

最后共享单车企业现在也面临着一项严峻的问题，那便是缺乏稳定的、可靠的营利模式，如果企业没有营利模式，那么高效地服务于社会便是天方夜谭。针对共享单车营利该如何实现，本小组在调研过后也给出了相应的建议，供广大共享单车企业参考。具体建议为：增强共享单车使用率、进行其他定制化服务、数据利用、寻求多方合作、广告收入等。

大创项目编号：201710520119

大数据下农村智慧物流助力精准扶贫的策略研究

——以康华智慧物流园为例

邱梦莹　熊子钰　毛璐　杜人舟　刘天航

会计学院会计学专业　会计学院财务管理专业　金融学院金融学专业
金融学院投资学专业　工商管理学院人力资源专业　指导老师：李璐

> **摘　要**：在大数据迅猛发展的背景下，智慧物流作为一种创新服务模式，将新一代信息技术应用于物流产业链中，实现物流自动化、可视化、可控化、智能化、网络化，从而提高资源利用率和生产力水平。与此同时，我国相当部分地区由于受到物流、地形等因素影响，发展缓慢，传统扶贫开发工作进展缓慢，并由此表现出地区性贫困的现象。因此，本项目将智慧物流模式与精准扶贫政策结合起来，探讨通过智慧物流园区的建设，打通传统物流体系的最后一公里困难，实现农村物流、资金流、信息流畅通的可行性。本项目以湖北赤壁康华物流园为研究对象，构建模糊层次分析法与价值链模型两个模型，分别就农村智慧物流体系的地区适用性与扶贫精准度进行深入研究。

通过分析相关统计年鉴的数据，本文主要从政府、农村状况和相关企业三个层面选取指标，采用FAHP—模糊综合评价法，从"量"的角度对农村智慧物流体系的地区适用性进行评价。计算结果显示，当前康华智慧物流园区发展的综合得分为44.8375分，对比可知该得分处于 [25，50) 的范围内，即大数据下智慧物流园区发展处于中等水平，需要完善相关农村物流体系，提高农村智慧物流综合发展水平。

同时，本研究还利用价值链模型，从"质"的角度分析智慧物流园区对精准扶贫的助力大小，以智慧物流三级体系为主要研究对象，对其如何提高精准扶贫的深度与广度进行探究，这对于提升智慧物流的普适性具有较大的指导意义。

根据在大数据视角下对康华物流园的发展现状及其对精准扶贫的影响进行的综合评

价，本项目提取出了智慧物流园发展的关键困难（因素、项目、指标），即系统先进性无法保证、系统统一协调性不足、物流园区硬件设施建设困难。对此，本项目结合国内外优秀案例，提出了针对性的对策。第一，要建立物流园区产品物流信息资源库，抓好农产品物流信息资源体系，培育电商扶贫"直通车"。第二，要建立并完善物流信息化标准制度，使物流通过信息化交流与大数据分析实现各个供应链上多环节智慧化升级。第三，要建立并完善物流信息化标准制度，吸引中小物流公司入驻，实现规模化和产业集聚，加强市场经济在其中的决定性作用。

本项目研究丰富了"大数据"内涵，深化了对智慧物流的认识，并拓展了农村扶贫新思路，有助于通过对大数据的运用，发展农村智慧物流体系，使新时期新要求下"精准扶贫"政策得以落实。

大创项目编号：201710520120

知识零售变现模式的现状和发展前景研究

——以分答为例

京容萱　薛梦云　鲍格非　张垚　李鑫雨

会计学院会计学（ACCA方向）专业　指导老师：李璐　陈敏

摘　要：知识零售变现模式是相应平台以互联网付费手段为技术基础将个性化信息、专家经验经历等作为商品销售给消费者，满足消费者达到认知提升、情感满足等目的的消费行为模式。作为零售产品的知识不同于出版、教育和培训等领域产生的书、学历和技能资质等知识产品。作为近年来在国内新兴的商业模式，市场上迅速涌现出了以"分答""值乎""得到"等为首的一系列基于该模式的产品，并受到了广泛的欢迎。近年来，国内外学者对知识零售变现模式进行了深入研究，然而本小组通过查阅相关文献发现，大多数研究仅限于分析该商业模式的现状，并未基于用户需求对其未来发展前景做出分析。

因此在此次调研中，本小组选取了"分答"作为研究对象，其为最早进入知识付费行业的产品之一，曾经取得了巨大的成功，其经历了较为完整的生命周期，有利于研究的全面开展。从2017年5月至2018年9月，本小组展开了以知识零售变现模式现状与其发展前景为主题的研究。通过走访平台使用者，以发放调查问卷的形式收集原始数据，并结合相关文献对所研究问题进行分析。截至2018年6月，本小组一共收集到了300余份调查问卷，并从中筛选出181份有效问卷进行系统分析。本小组认为，此次所选择的样本容量足够并且具有代表性，为研究结论的得出提供了可靠依据。在研究成果方面，本小组撰写了一篇题为《知识零售变现模式的现状和发展前景——以分答为例》的论文，结合管理学中的PEST、TOWS等模型以及经济学、法学等学科知识多方位地研究知识零售变现模式的发展历程，发展现状以及发展前景。

本小组认为知识零售行业目前表现形式新颖，满足消费者需求；覆盖群体广，知识普及速度快；能提供个性化商品，使用体验较好。但也存在以下问题，例如知识商品内容难以管控、知识提供者素质水平难以标准化、网红效应带来的热度难以持久等。针对上述情况，本小组分别从平台角度和消费者角度提出了相关建议。除此之外，本小组还通过将"分答"平台付费问答的知识零售变现模式与其他知识零售变现平台的运营模式进行对比，分析了不同知识零售变现模式的共性与个性，找出它们发展的普遍性规律以及潜在缺陷，希望能为相关平台发展提供参考范本。

总的来说，作为新兴的网络付费平台，分答希望通过开放性的格局让更多的人从它的运营模式中获得知识。处在发展中的付费平台目前还未形成统一的运营规范。根据我们前部分所分析的行业现状和存在问题，从我们得到的基本结论出发，我们以分答为例就知识零售变现模式的现状和发展前景研究提我们的建议。

通过本次实践调研，各小组成员都在不同方面有巨大的收获，例如收集资料、数据分析等能力进步显著，可以说这次调研让每个人都受益匪浅，对大家都是一次难得的宝贵体验。

大创项目编号：XDC2017104

农业供给侧改革背景下"蚂蚁金服"发展农产品供应链金融新模式的前景研究

蔡敏　徐竹珺　刘梦瑶　邢璐　张寅

会计学院会计学（注册会计师方向）专业　会计学专业　CPAC专业　指导老师：王征

摘　要：目前，我国供应链金融的发展主要只集中在银行和企业之间，很少涉及电商与农产品交易市场。基于此，我们对"蚂蚁金服"供应链金融发展的风险问题进行探究。同时运用SWOT分析"蚂蚁金服"三种模式，着重探讨"金融+电商+农业生产"的闭环农产品供应链布局模式，正式展开研究。

首先，通过前期准备确定了河北清河、湖南平江和内蒙古这类已经实行蚂蚁金服业务的当地农户，供应链金融研究领域的相关专家以及"蚂蚁金服"相关负责人员为代表的调研对象。设计问卷和访谈，并在数据分析中引用回归分析，在调研内容上侧重于蚂蚁金服农产品供应金融新模式的参与度、认可度、创新性和不足性，同时辅助农产品供应链金融发展现状的研究，以确定在全国推行"蚂蚁金服"农产品供应链模式的可行性和障碍因素，最后，在实际调研数据支持下，结合专家意见和所学的相关知识，定性定量分析，得出可信的"蚂蚁金服"新模式的发展前景结论。通过多种研究方法探究新模式的推广程度和实施新模式后农产品销售量净增长之间关联程度，反映"蚂蚁金服"农产品供应链金融新模式是否具有可推广性。

通过调研分析得知，不论是从相关政策、市场状况、平台实力还是新模式本身的可行性，"蚂蚁金服"提出的农产品供应链金融的新模式都是很符合我国农产品领域的现状的。这一新模式在政策上有国家的支持，在市场上有消费者的追捧，运行过程中有平台的实力进行保驾护航，而新模式本身也可行，综合各个条件来看，明显可以发现，对于该新模式的前景而言，我们完全可以给出一个积极乐观的结论：农产品供应链金融的新模式毫无疑问具有广阔的市场前景。

就推广建议而言，应尽快形成农产品供应链金融支持政策，积极按照中央农村工作会议的要求，形成并完善以企业为主体、市场为导向的鲜活农产品流通创新体系，成功探索并制定出一系列具有全国示范意义和推广价值的机制及农产品供应链金融政策。同时，重点培育一批创新示范企业，鼓励鲜活农产品流通企业跨地区兼并重组和投资合作，提高产业集中度，加快发展鲜活农产品现代流通。同时积极支持发展冷链物流金融业务。为减少农产品供应链因技术原因而造成的损失，改变我国农产品物流主要是以常温物流或自然物流形式为主的现状，主要应依靠积极发展冷链物流业务系统。由于冷链物流业务系统要求更高、更复杂，建设投资也要大很多，所以，需要商业银行提供此类供应链金融服务，以降低农产品供应链技术风险和质量安全风险。另外应加大对供应链各环节的金融支持，农产品供应链金融，意味着在供应链上环环相扣的每一个企业与流程需要紧密合作、互相依赖，更意味着商业银行必须参与到整个农产品生产、物流、交易、资金流转与运作的过程中去。这就要求商业银行供应链金融产品研发与管理团队，应深入企业内部，发掘潜在需求，为构建农产品生产、冷藏、保鲜链提供金融支持。

大创项目编号：XDC2017105

ASP 模式下财务与会计外包服务的市场分析及其行业优化

蓝毅娟　曾文弈　李雨帆　王沛哲　夏凡

会计学院会计学专业　财政税收学院财政专业　指导老师：操巍

摘　要：由于当今社会网络的发展，使系统的使用和软件和系统的维护工作完全分开，为 ASP 模式的产生提供了技术保证。ASP 模式利用集中管理的设施，通过 Internet、VPN 等虚拟网络，以在线方式或租赁的方式为多用户提供应用服务，按用户使用的服务收取租金或定金。作为一种新型的业务处理模式，ASP 将应用系统的所有权向使用权转移，客户不需要担心系统的建立、维护与升级。随着 ASP 服务的不断发展，迎合企业个性需求的服务逐渐代替了全网标准服务模式，使企业运行效率不断提升。

中小企业不断涌现，整个社会对企业的会计信息需求量增大，由此带动了 ASP 模式下财务与会计外包服务行业的兴起，同时 ASP 模式由于其特性被财务与会计外包服务公司接受并普及使用。

但是 ASP 模式下的财务与会计外包服务并没有被广大企业所接受。目前，我国财务与会计外包市场还很不成熟，无论是作为供给方的外包服务提供商还是作为需求方的企业，都对财务与会计外包服务没有深入的了解，外包服务提供商可能由于专业能力不足或成本太高无法满足企业的需求，企业也可能由于了解不足或缺乏信任而在财务与会计外包实施过程中产生差错，这些都会造成企业的财务风险。与大型企业相比中小企业资金薄弱、抗风险能力差的弱点又尤其突出。在这种情况下，我国的财务与会计外包模式亟须优化以适应中小企业的需求，才能获得长足的发展。

因此本项目打算对财务与会计外包市场的供给和需求两方面进行研究分析，来对市场进行分析，然后用调查问卷、访谈等方式来获取调研数据，以验证我们提出的关于 ASP 模式下该服务企业接受度的影响因素，进而提出 ASP 模式下财务与会计外包服务的优化结论。

通过调查问卷和访谈，当前中小企业关于财务工作的需求和会计代理记账公司的服务还是比较吻合的。但仍然存在服务质量无差异，行业利润急剧压缩等问题。同时，较为突出的一个疑惑就是中小企业对采用网络外包服务的安全性，即对是否存在信息泄露问题并不关心，说明中小企业还没有意识到会计信息的重要性和独特性。根据会计信息，我们能够知道该企业在这一段的业绩效果是否良好，再者就是行业策略是否有效等问题，都能够从会计信息中得到提升。这也是会计代理记账公司服务质量不高、人员专业水平不好的根源之一。

此外，中小企业对财务机器人处于观望状态，而会计代理记账公司对财务机器人的出现也不以为然，没有受到威胁的感觉。这是因为，很多中小企业对人工的依赖，中小企业没有设置财务部门也没有财务人员，且很多中小企业主对财务处理并不明白。因此，他们需要人工的服务能够与他们进行交流，解答他们的疑问，仅是财务机器人来服务的话似乎还没办法达到这样的效果。同时财务机器人虽然能够精准地计算和得出财务信息，但是成本对于中小企业来说较为昂贵，使用财务机器人并不符合中小企业的成本效益原则。这就说明，与财务机器人利益相关的是公司的人员，并非威胁到会计代理记账公司的存在。

这也验证了调研数据当中许多会计代理记账公司对提高自身专业程度的不关心。他们认为，仅仅是简单的服务，行业里的服务都是同质的，而且因为中小企业并不需要更高标准的服务，所以提升自身专业程度也就显得没有那么重要。这是因为，会计代理记账公司把自己的客户群体锁定在中小企业，并没有期望着往更大的客户群体发展。

两者之间的需求和服务的同质性，使得会计代理记账公司能够持续存在而不被当前智能化时代所淘汰。但是同时它并不是时代的产物，整个行业也就无法产生超额利润。服务同质化，入行门槛低等，都是阻碍超额利润产生的原因，因此如何使得我国的会计代理记账能够持续有效快速的发展，而不仅仅处于简单的业务的处理阶段，是当前整个会计代理记账行业所需要关注的问题之一。

大创项目编号：XDC2017107

后会计从业资格时代的会计从业人员素质保障体系研究

陈维维　李坤　黄园月　林凯杰　卢茜

会计学院会计学专业　统计与数学学院应用统计学专业
金融学院工程造价专业　指导老师：王昌锐

摘　要： 会计从业人员管理体制的发展和变革是时代的产物。1990年3月财政部在总结各地实行会计证管理经验的基础上，首次建立了会计人员从业管理制度。财政部于1996年、2000年、2005年分别修订和增补了1990年颁布实施的《会计证管理办法（试行）》。从其历史沿革来看，会计从业资格考试确有着重要的历史作用，不仅改变了过去会计从业门槛较低、管理混乱、专业技能普遍低下的情况，一定程度上保证了会计从业人员的基本专业水平，同时有效保障了会计从业人员后续教育。但2017年11月会从正式取消，从法律层面上宣告会计从业资格证书不再是行业准入门槛。在此简政放权、放管结合、优化服务和会计从业资格考试取消的背景下，在会计从业资格考试取消后与国家出台相关政策之前，会计市场很可能陷入混乱，设立一个非营利性的自我教育、自我约束、自我管理、自我发展的行业自律组织——会计人员协会是十分重要的，也具有实际意义。

至于如何设立会计人员协会，至少要对会计从业人员任免权限、管理办法、任职资格、业务水平核定、工作职权的规范、考核奖惩、后续教育等一系列问题设计一套完整的准则规章，以提高对取得会计从业水平证书人员的行为、道德和业务能力的要求，此外，还需要广大会计人员的有效意见才能不断完善会计协会的制度规章。会计人员协会将建立会计人员从业水平管理制度，以维护会计行业的发展环境。一是完善会计行业水平考试，由会计人员协会组织举办的会计行业水平考试，其以会计人员的能力框架为指导，对原有会计行业资格考试的考试内容和考察方式进行了调整，并改进了会计人才的选才评价标准；二是建立会计人员继续教育和长期考评机制，会计人员协会主要负责对会员进行专业水平证书年检和继续教育工作，通过将会员的长期考评记录制度与继续教育管理相挂钩，以确保会计人员继续教育取得实效。会计人员协会需要对会计从业人员进行适度的监管，加强会计人员诚信建设，增强会计人员诚信意识，提高会计工作水平，为经济发展营造良好的信用环境。此外，会计人员协会还应当在完善行业自律机制的基础上，与政府相关部门联手，强化政府对会计职业的监管力度，由国家强制力的保障会计人员监管体系的运行；加强多部门联动机制，形成税务、财政、审计与监察等多部门联合执法、协调管理的长效机制，按年度对会计从业人员的职业道德水平进行评价，对不称职会计人员施行退出机制。本团队通过文献研究、对比分析、问卷调查等方式，拟建立会计人员协会，搭建会计人员协会框架，设计会计人员素质保障体系，并进一步研究其可行性与接受度，由其主办行业水平测试、开展继续教育，化行政管理为自律组织，提高会计人员素质与能力并提高会计信息质量，为国家解决会计从业人员素质保障问题提供建议。

大创项目编号：XDC2017109

养老金并轨下高校教师养老保险的帕累托改进研究

——以华中地区高校为例

廖梓雄　吴澳　曹捷　雄亚辉　赵洁

会计学院会计学专业　　指导老师：毛洪安　王年咏

> **摘　要：** 高校教师养老金制度并轨改革作为机关事业单位养老金并轨改革的组成部分，其改革效果对于整个养老金并轨改革具有重要的借鉴与参考作用。随着2015年全国再一次出台文件推进事业单位改革试点，机关事业单位养老金问题再一次引发社会强烈关注，其中高校教师退休待遇是否改变也成为讨论的焦点。在此背景下，我们成立本次大创项目。我们计划从高校教师的角度，结合帕累托改进的相关理论，以调查问卷、实地访谈等多种形式，对高校的养老金制度改革做分析性研究。

本次大创项目过程中，我们首先查询了相关资料文献，了解了我国机关事业单位养老金改革的发展沿革历程，了解国外高校养老金制度的发展经验，同时对高校教师养老金制度在整个机关事业单位养老金制度中的地位有了正确认识。随后，我们小组成员分成四个小队，分别前往黄冈、合肥、武汉和重庆四地，针对当地不同年龄段的青年教师、中年教师和退休教师发放自制调研问卷和进行现场访谈；同时，为了跟进当前机关事业单位养老金改革的最新情况，我们采访了湖北某地社保部门的相关负责人，询问相关政策问题并获得近年改革文件汇编材料。在理论研究和实地调研的基础上，我们最终对所获得信息进行整合，并对养老金改革中的"中人"问题和帕累托可行性分析进行了专题研究，最终得出优化结论并形成完成调研报告和论文。

通过本次调研我们认为，当前的高校养老金制度在管理模式、职业年金制度创制和养老保险关系转移交接三个方面实现了帕累托优化。管理模式上，机关事业单位人员养老保险的管理从过去财政部门单独管理向财政、社保部门共同管理、相互制约的模式进行转变。社保部门负责养老保险缴费的征收与使用发放，财政部门负责对社保基金的日常管理和运行监督，财政部门在省级设立机关事业单位基本养老保险基金专项账户负责管理与企业职工养老保险基金分别管理使用。多部门共同管理的模式可以强化养老保险基金的管理责任，减少因改革变动带来的不确定风险，实现了帕累托优化。年金制度上，职业年金计划是除基本养老保险制度以外机关事业单位工作人员退休待遇的重要组成部分。这部分资金由各单位设立个人账户记录管理，其中个人缴费实行实账积累，通过职业年金基金进行管理，实现市场化运营。职业年金制度在不降低高校教师退休待遇的前提下，提高了高校教师未来退休时的预期收益，该方案实现了帕累托改进。养老保险关系转移交接上，改革后的制度个人缴费部分将完全随个人的养老保险关系转移而移动，不存在个人缴费资金因养老保险关系转移而滞留，导致退休时的退休待遇降低。同时，曾经不同养老体系之间的人员流动灵活性得到有效提高，实现了帕累托改进。

  根据此次研究，我们得出结论：此次高校教师养老金改革实现了养老金管理模式的统一化，使人员流动性增加，同时通过新增职业年金制度保障了高校教师基本养老待遇的不下降，实现了帕累托改进。在此基础上，我们也从政府、高校单位和教师个人三个方面为不同的改革参与主体提出了意见建议。

大创项目编号：XDC2017110

国企混改背景下股权结构调整对股权代理成本影响分析

——以联通混改为例

谢智慧　阮士亮　郭梦莹　张亚　曾栖桐

会计学院 ACCA　会计学专业；法学院法学专业　指导老师：蒲文燕　季小琴

> **摘　要**：2017 年 8 月 16 日，联通宣布引入 14 个投资方的 780 亿元投资。联通混改方案被业界称为"史上最大"混改方案，改革全面深入电信核心业务领域，标志着民营资本在垄断行业的成功突破。本项目进行股权结构调整对国企混改背景下股权代理成本的影响分析，提出完善案例相应建议。

现代企业理论的一个重要组成部分就是契约理论，它认为企业是一系列契约的组合，即企业是由供应商、债权人、股东等相关主体之间缔结的契约关系的结合。但是由于信息不对称或者契约不完全，代理人可能背离委托人的利益做出不利于股东的逆向选择，导致代理问题。这次联通混改最引人注目的爆点在于，百度、阿里、腾讯、京东 4 家互联网巨头齐齐上阵。联通的混改是涉及深层次创新性的变革，公告中称，在公司理结构设计上，希望通过本次混改形成多元化董事会和经理层，其混改措施主要分为三大类：一是大规模释放股权；二是建立股票激励计划；三是精简臃肿机构、管理人员精简化。

通过整合数据，我们发现，由于中国移动长期处于市场垄断地位，其用户基数庞大，联通在用户数量上暂时无法赶超，但是联通与腾讯合作的大王卡已经有了一定的用户忠诚度，不满意的点主要在一人仅能开一张王卡，销户和转套餐不方便。现在最重要的是如何进一步扩大青年消费群体，相关建议一是留住人才，二是提升终端销售，三是将腾讯王卡、阿里宝卡升级。

通过考虑反应代理成本的指标发现，混改极大提高了员工工作的积极性，大大提升了企业净利润。但联通公司人头管理的工资总额仍有较多缺陷。我们认为从人头管理的角度看，工资总额管理约束了企业瘦身健体、减员增效的积极性，一旦减员，工资总额就会相应减少，企业内部分配的腾挪空间就会缩小。联通混改一年中，高管员工离职潮的出现，也在暗示混改后的员工福利不尽如人意。

大创项目编号：XDC2017111

共享经济模式下押金池运作模式风险分析及收益探究

——以摩拜单车为例

付菁菁　叶小心　廖伟　柴钰琦　陈梦涵

会计学院财务管理专业　会计（注册会计师方向）专业
法学院法学专业　工商管理学院国际贸易专业　指导老师：孙贤林　肖金林

> **摘　要**：自2015年来，"共享"便成为现象级的概念，各类共享产品发展迅速。共享单车便是其中的佼佼者，但随着共享单车的进一步发展，由千万消费者缴纳押金构成的庞大资金池的安全性与可靠性成为人们不得不关注的问题。本文试用博弈论模型与AHP层次分析法，从押金运营与监管两方面对押金良性发展的状况进行分析，并从中提取可行的操作方法，以此提升大众支付押金的信心，提高共享单车公司的用户忠诚度，并对押金的可持续发展提供建议。

首先，小组将博弈模型、AHP层次分析、实际数据相结合，将押金运营模式的理论与实际风险进行对比分析，并对其建立起一个合理有效的评价机制。其次，本项目结合宏观视角、微观视角、立法角度和行业形势深入分析，涉及统筹学、管理学、统计学、法学等多种学科，最大程度利用小组成员的专业优势。与此同时，从多角度对风险与收益进行深入研究，针对相关问题所提出的解决方案兼具理论与现实意义。此外，本项目立足于时下热点，以押金投资风险和收益为切入点，具有较强的现实意义且不失深度。最后，将调研过程中收集到的数据代入评价机制中进行验证，以期得到调研结论。回首这一年多的经历，我们深感过程的艰辛和收获的不易。从开始的小组讨论，拟定项目选题，邀请指导老师指导课题，到立项后将问卷数据汇总并运用模型对调研数据进行定量定性分析，再到最后历经万难得出的结论，每一个过程都有不为人所知的困难。在调研过程中，经常会出现计划之外的状况：小组成员的意见相冲突、课业繁重无法协调调研时间、实地调研中的访谈对象所在公司人去楼空、发放调查问卷工作量大、市民不愿配合问卷等等。即使遇到了这些令人措手不及的情况，在两位老师的指导、鼓励与支持下，小组成员多次讨论，共同寻找解决方案，达成共识，最终圆满完成任务。这次调研活动难以称得上完美，但我们在实践过程中所建立起来的团队意识是一般活动无法比拟的。同时，不光对团队有所裨益，在锻炼成员个人独立思考与解决问题方面也提供了很大帮助。总之，在这次创新性实验当中，我们学会了理论联系实际，既加深了对自己专业知识的理解，也学会了在实践当中运用自己的专业知识解决遇到的问题，同时培养了迎接挑战的创新精神和坚持不懈的务实态度以及小组成员团队协作的工作方法。通过实践进一步使组员们认识到自己的不足之处，明白了自己今后的努力方向。本次大创活动也为我们成长过程中的积累了宝贵经验和财富。参加这次活动，不仅是综合能力的提升，也增长了组员们的社会经验。尽管过程不易，但也感谢大创评委组给予我们这次机会，能够磨炼我们的意志，也提高同学们的学术素质，相信这便是此次项目最大的意义。通过这次调研经历，让小组众人明白了，今后要严格要求自己，从各个方面加以努力，加强自身的知识储备，提升自身的综合素质，发扬博文明理、厚德济世的校训精神，将成为一名优秀的当代大学生的愿景付诸实践。

大创项目编号：XDC2017112

在萨德入韩背景下,大学生消费心理的转变及国产化妆品市场的开发

——以武汉地区为例

李紫涵　顾同予　周喆　刘宇轩

会计学院财务管理专业　注会专业　法学院法制专业　会计学院财务管理

指导老师:施先旺

摘　要: 本项目名称为在萨德入韩背景下,大学生消费心理的转变及国产化妆品市场的开发——以武汉地区为例。在中国日益在全球经济中占有重要席位的今天,国产的品牌仍然难以打开国际市场。例如上海家化等大型日用品企业在国际上却敌不过日韩等品牌。本项目选择的是萨德入韩的时期进行研究,并非只是为了追赶新闻潮流而是借国人爱国心理高涨的阶段进行更好的调研并发现问题,以期能真正地为国产化妆品市场贡献一分力量。项目报告和论文中研究的内容对于企业和大学生会有重要的学习和借鉴作用。

我们的项目旨在加大国产品牌的宣传力度,拓展国产品牌的消费渠道,重塑国产优质品牌在大学生乃至国人心中的形象。我们从化妆品这一个领域出发,以大学生群体为主要的实验对象,利用武汉地区大学生数量的优势,从而达到对生产者和消费者双赢的目的。在当前中国市场,国货所占比例并不突出,甚至是较低。我们将研究国产品牌存在的问题,如调查问卷中的质量无保障、知名度低、消费习惯等问题,并通过多方途径找出解决方法,以提高国产品牌的知名度和社会认可度。所以我们利用韩国部署"萨德"的时机,在国人对韩货的热情下降的背景下,面临时代给予的市场机遇,我们想从大学生这个群体出发,再次开拓国货市场,从而为国货消费品提供更多机会,满足国人的消费国货心理。抓住机遇开展本次项目。并且在项目进行期间中美贸易战也是带给了中国市场更加直观的压力。因此我们认为研究很有实际价值和意义。首先我们分析了国产化妆品市场的现状:(1)国产化妆品市场占有率上升,(2)国产化妆品品牌大多集中在中低档市场,(3)国

产化妆品品牌不断被收购。因此我们进行了进一步的调研。

本项目通过文献和数据研究，以调研具体市场地点和问卷调查为手段，研究国产化妆品为什么始终被韩国化妆品压制。得出了三点结论：（1）缺乏品牌传播意识。大部分国产化妆品品牌的实力不强，宣传范围不大，宣传手段单一，没有充分利用现代传播手段，缺乏创新性思维，通过降低价格来拓展市场是大部分中国本土企业在面对国外品牌竞争时的选择，但这样的竞争策略恰恰使国货化妆品品牌形象受损，陷入既得不到更大市场份额又得不到消费者肯定的两难境地。（2）产品定位模糊，品质有待提高。大多数品牌倾向于把品牌定位在中低档次。这些企业生产规模小，技术落后，往往进行仿冒或者跟风，导致企业之间的低价竞争恶性加剧，破坏了市场环境。此外，"重销售轻研发"，产品种类单一。企业资金及技术实力的限制，导致产品技术含量较低，只能在中低端市场进行竞争，价格难以得到提高，微薄的利润制约了企业的发展。（3）缺乏个性，辨识度低。如果缺乏个性，消费者会认为这些同档次的化妆品都一样，所以必须让消费者能够在众多产品中去选择自己的产品，那么就需要国产化妆品在产品上、策略上、形象上形成自己特有的个性，在消费者心中保留自己的位置。

小组成员对化妆品成分的研究也获得了华中科技大学同济医学院的博士生及其导师的肯定。神经酰胺是由神经鞘氨醇长链碱基与脂肪酸组成的一种神经鞘氨脂质，是一类物质的总称。我们研究的国产化妆品上水和肌的屏障修复系列主要添加的是神经酰胺－3，其作用是帮助皮肤天然保护层的更新，增强皮肤屏障，重建细胞，对皮肤浅表性损伤的愈合有明显的辅助作用。

在综合上述结论后，我们选择了建立公众号，希望通过新媒体的方式，向大学生传播更多国产化妆品的优势。同时参与了玛丽黛佳的线下活动，与施先旺教授进行了学习，对我们项目进程提供了指导。结合时代背景，完成了相关的学术论文《从萨德入韩到中美贸易战引发的现实思考》，同时有效完成了大创的各项结项任务，如结项书等。

大创项目编号：xdc2017114

有关PPP项目资产证券化的定价问题探究

——以江苏省南京溧水产业新城项目为例

涂瑾雯　霍世瑜　国慧志　许霞萱　吴明芹

会计学院财务管理专业　会计拔尖创新实验班　刑事司法学院侦查专业

指导老师：谭艳艳

摘　要：自2016年来，PPP项目引起了社会的广泛关注。然而，根据现有政府对PPP项目的披露信息，不难发现投资方大多还是央企和地方国企，民间资本投入量太少，积极性并不高。原因包括：项目前期投入太大、资金回报周期过长、流动性较差，退出机制不够完善，降低了对社会资本的吸引力。PPP项目资产证券化正是解决社会资本吸引难、退出难这一困境的重要方式。证券化能够加速流通，并以结构化方式增级信用，使得有价证券的发行更有保证；同时，PPP项目中政府与社会资本合作的本质也在很大程度上保障了投资的收益稳定性。PPP项目资产证券化能加强资本流动性、降低融资成本、拓宽融资路径、完善资金退出机制、盘活社会资本、助力经济结构调整、提高公共服务质量、实现政府与社会资本双赢。

　　证券化过程中，如何进行合理定价将成为推行这一构想的核心环节。合理的定价能够保证市场的稳定性和交易的流动性。本文比较分析了三种现有定价模型：静态现金折现法（Static Cash Flow Yield, SCFY法）、静态利差法（Static Spread, SS法）、期权调整利差法（Option Adjusted Spread, OAS法）。经过比较三种方法的优劣，选择期权调整利差法作为基础模型。期权调整利差法中的关键在于对于OAS的计算，OAS即期权调整利差是指相对于无风险利率的差价，一般以国债即利率曲线为基准，在此基准水平上浮动一定利差，综合考利率变松，将期权调整后的现金流进行贴现，得到含权债券的理论价格，最终使理论价格等于市场价格的利差水平就是OAS。即以下两个步骤：第一，模拟利率变动的路径，算出不同路径利率下的现金流现值；第二，求其平均值。利率波动对借款人赎回产生的影响，相当于借款人获得一个赎回期权。因此，将上述所求平均值减去期权的价格，得到较为合理的定价。其具体计算公式如下：

PPP 项目资产证券化产品价格 = 预计的未来现金流折现价值 - 发起人提前还款的期权价值

由以上公式不难看出，定价的难点也是重点在于对利率路径的构建。利率构建方法有三：二叉树定价模型利率路径、有限差分利率路径和蒙特卡洛模型利率路径。本文以二叉树利率模型为例进行资产证券化定价计算。理清思路后，本组选择江苏省南京市溧水产业新城项目为例，最终得出该 PPP 项目的理论合理定价。最后对 PPP 项目资产证券化进程中的相关问题提出明确建议与思考。

该研究为 PPP 项目资产证券化提供了可借鉴的定价模式，有助于推进该类项目的实施，对于降低政府融资成本、盘活社会资本具有重要意义。通过分析现有资产证券化定价模型的优劣，模拟利率变动的预计路径，可以有效帮助各方判断价格的合理性，满足各方需求，尤其能使民间资本投入到物有所值的证券产品，稳定收益减少投资风险，对于改善民间资本投入量低有一定价值。

大创项目编号：XDC2017115

消费者视角下消费型农业众筹模式的风险研究

——基于 AHP – FCE 综合评价模型

陈天章　王旭佳　杨朵朵　巨少军

会计学院会计学专业　法学院法学专业　指导老师：施先旺　张文兰

摘　要：2016 年中央一号文件提出"促进农村产业一体化，促进农民收入持续快速增长"的主题下进一步强调"加强农产品流通设施和市场建设，完善统一开放、布局合理、竞争有序的现代农产品市场体系"，在这样的政策鼓励背景下众筹模式首次与农业领域相结合，这二者的联姻吸引了大批投资者，消费型农业虽然能够实现农业生产的有序化，降低农业经营风险，但作为一种新生事物，在发展中也面临着一系列的瓶颈，其中消费者面临的风险不容忽视。消费者、项目发起人和平台之间存在显著的信息不对称，项目发起人和众包平台往往会损害消费者的利益。此外，由于"绿色"和"有机"的概念在参与实物公共融资的农产品中普遍被宣传，消费者很难亲自检查农产品的生产和种植过程，难以实现个性化的需求；同时也使得项目发起人降低生产标准，损害投资者利益的可能性不能排除。消费者仅仅依靠自己的能力很难应对他们在交易过程中可能面临的风险和情况。本文旨在识别消费者在农业众筹中遇到的主要风险，并且针对这些风险提出建设性的风险把控意见。

我们通过问卷和访谈的形式了解农业众筹中消费者面临的主要风险，运用层次分析和模糊数学的综合模型进行分析数据分析，在选定的十六个风险因素中确定主要的影响因素，并且以中国最大的农业众筹平台——淘宝农业众筹平台为例，通过已确定的权重评分获得其风险管理水平，确定其风险等级，最后我们根据重要的风险因素和淘宝农业众筹平台面临的主要风险结合我们访谈的内容提出建设性建议。

我们得到的农业众筹中消费者面临的主要风险有"平台对风险欠披露降低消费者对项目风险的识别能力""众筹资金使用情况以及生产运营流程透明度低""平台对项目的审查不合格并且资金追溯力普遍较差"以及"冷链物流技术 亟待发展完善"这几点。我们的解决方案是：首先，建立平台内部风险防范系统，优化农业众筹项目，通过按照质量、物流、是否易损、价格梯度、基地是否经过考察、信用评级的标准等诸多标准对每个项目的风险进行评定并且在每个项目的网页的显眼处附上；其次，完善平台内部信息透明化机制，及时披露项目动态进度，在平台上建立项目动态系统的同时明确平台的第三方责任；最后，建立信用评级机制，加强冷链物流的大力发展，通过信用评级可以减少项目审查的工作量，让平台可以实现将更多的审查精力专注在重点需要审查的项目上面，而且通过信用评级可以筛退项目经营不善的项目，严重的情况下筛去项目发起人；加强配置冷链物流设施条件，做到保质保量。

大创项目编号：XDC2017116

B2C 背景下共享单车押金池管理研究

武天淇 杨岚雪 刘影 杨蒙 侯震

会计学院会计学专业 国会专业 ACCA 专业 注会专业 法学院民商专业
指导老师：王清刚 孙贤林

> **摘　要**：随着世界的快速发展，"低碳出行"已成为人们出行的新趋势，紧随其后的是"共享自行车"市场应运而生。中国的自行车市场自 2007 以来已初具规模，由于中国从未有过这样的经历，在探索阶段不得不摸着石头过河，引进国外兴起的共享单车模式，由政府主导，分城市统一管理，此时多为有桩自行车。到 2010 年，专营单车的私人企业出现，以承包的模式与政府共同协作，单车仍然以有桩自行车为主。随着互联网的快速发展，从 2014 年开始，OFO 率先结合互联网思维，开创了无桩共享自行车出行模式，并迅速占领市场，在短短两三年内，争先成立了 70 多家共享单车企业。

从 2014 年至今，共享单车行业从初始兴起时各方探索，到爆发阶段时抢占市场，再到去年行业洗牌，已经从"颜色不够用"的上半场，走到了相继倒闭的下半场。就连 ofo 和摩拜这样的行业巨头也避免不了资金告急、挪用用户押金的嫌疑。由古至今，任何一个行业的发展必须经得起时间的考验，才能稳步又健康地发展下去，否则只会乱象横出，问题频繁，就如国内的共享单车行业，在几年的时间里，其发展就如过山车一样，产生了"三个迅速"——迅速发展、迅速出问题、迅速下落。

在传统租赁服务的押金收取或退还中，当用户不再租赁房屋或退订房间、自行车，押金就直接退还。而在共享单车的押金退还问题上，用户被告知必须提交支付宝、身份证等个人信息后才能手动退款，让人质疑商家是否存在故意设置退款障碍以达到让消费者主动放弃退款的目的。这样一来，大量押金就留在了共享单车企业手中。2018 年年初，国家消费者投诉平台表示，近来愈来愈多的共享单车用户在申请退款时遭到了单车平台以各种理由延缓退还或无法退款的对待。这让用户对共享单车"押金池"的安全和去向及自己的押金能否安全退回等问题都产生了质疑。

本项目从管理学、经济学和法学的视角出发，旨在通过文献分析、实地调研等方法探究 B2C 背景下共享单车押金池管理模式的现存问题及其规制路径。项目通过大量的文献新闻资料以及实际地多次多角度调研，首先阐释押金池规范管理的含义及现阶段具体应用状况，再通过实证调研和相关资料的搜集，用 PEST 分析模型从多角度分析考证实行押金管理制度并对该制度进行优化的必要原因。在实地调研中，向有共享单车使用经验的群体、各大平台工作人员、相关专家学者等展开访谈和询问，然后汇总并整合调研所得数据。运用 ARIMA 模型对整合好的数据进行分析和预测，从而解释现有押金管理制度存在哪些不足并如何对该制度进行优化。通过对调查问卷中，普通消费者对押金收取金额、收取方法、能否及时退回、押金管理办法的认知和看法以及共享单车从业人员对其所在企业相关押金管理政策的说明的分析，并结合相关政府部门、专家学者的建议，整合出本团队的研究成果，为我国共享单车的押金池管理提供优化方式、B2C 租赁服务业押金管理模式提供优化路径。

综上，在王清刚老师、孙贤林老师的指导下，我们开展了为期一年有余的研究。最终，我们得出本次调研的结论——B2C 租赁服务业押金池管理模式现存问题的解决方法及优化路径有：第一，断源截流：从信保方式入手；第二，实施保护措施，由政府和第三方履行监管职责；第三，提高用户个人的风险控制意识：从人才培养及用户个人多个方面出发。除此之外，我们也发现互联网行业与金融行业的交错连接关系使得新金融行业和传统金融行业对合规、尽调、风控、法务相关人才的需求增加，金融公司在互联网革命的浪潮中应该关注相关领域的同步发展，以确保公司自身及客户公司能够有效承担起其自身对于社会公众资金安全的责任和相关的企业社会责任。

大创项目编号：XDC2017118

PPP 模式下大学生公益创业融资模式的优化路径研究

——以武汉市小动物保护协会为例

陈晨　王纪茜　何佳星　刘玉琦　刘洋

会计学院会计学（ACCA 方向）专业　会计学（注册会计师方向）专业
统计与数学学院统计学专业　外国语学院商务英语专业　指导老师：张琦　季小琴

> **摘　要**：本项目选取大学生公益创业项目与 PPP 模式这两个都热点话题进行研究，采取文献分析与实际调研以及专家学者访谈相结合的主要研究方法，对 PPP 模式与公益创业项目尤其是大学生公益创业项目相结合的新型融资模型的融资路径进行探究与分析。同时对新模式下相应保障措施的构建，现存的问题及预期风险的进行探究，并结合公益创业资金融入问题的共性，提出具体的改进方法与建议。本项目在研究过程中系统的整理了大量国内外资料在提出建议的同时将一些主要学术论文、重要新闻和实际调研数据通过文献综述、学术论文与形式来提供资料参考。

在调研的形式和内容方面，本次结项的内容主要针对 PPP 模式下大学生公益创业模式这一新型融资模式进行分析与研究，小组成员综合考虑之后选取了比较典型的以武汉市流浪小动物保护协会为代表的大学生公益创业项目进行实地调研，考察了相关的融资模式的现状及效益，调查创业项目方面对新模式的满意度和期望，同时致力于研究 PPP 模式下公益创业的转型以及其商业模式的创新，并通过采取实际措施，为 PPP 模式下大学生公益创业项目如何更快更好的发展和应对面临的问题提供几点思考。

当然，项目在进行的过程当中，也有相应的难点和未解决点。包括文献资料收集不足，实践缺乏理论支持，"PPP"和"公益创业"这一概念模糊，公益创业在国内外研究实践还不成熟，PPP 模式也从未与公益创业相结合，相关高质量学术论文较少，参考借鉴价值有限；调研工作针对性不强，调研数据获取有限，在实际操作中时常认为不适合，需要临时更改问题；项目战线过长，成员间缺乏交流；项目调研中发现的未解决点包括：

PPP 模式中政府的管理问题。

PPP 模式将政府与社会企业相联系，势必会出现冲突与矛盾，此时政府的角色就显得尤为重要。一是 PPP 模式中创业者的经营问题。政府使用 PPP 模式时，给予大学生公益创业特许经营权，也许会产生垄断、资源浪费（大学生创业经验不足）的问题，违背了将两者结合的初衷；二是 PPP 模式中的金融风险隐患。PPP 项目投资规模大，仅仅依靠财政资金和私人部门自有资金难以满足需求，必然要求通过银行贷款、发行债券、私募基金等方式筹集建设资金，这就存在一定的金融风险隐患。为此，我们针对每一项都进行了详细的剖析。

综上，我们分析了存在的问题并提出了解决办法。存在的问题包括，检索技巧不到位，搜集到的资料很大程度上具有片面性；由于公益创业属于大学生创业中较为小众的一支，创业团队良莠不齐，项目进度难以切实掌握；项目实施战线过长，容易出现疲乏情况。相关的解决办法是，在第一个问题上，由于"大学生公益创业"概念太新太窄，相关高质量学术论文较少，我们直接将检索重点转化到"大学生创业"和"公益创业"这些概念，进而从更大范围内寻找突破口；另外，我们扩大搜索的范围，包括参考一些外国的文献增加本团队对于本课题的深入了解与知识储备。这些措施都对于今后项目的实施产生了较为重要的作用；对于资金的限制使团队无法将 PPP 项目创业团队全部或者大部分落实调研这一问题，我们团队从中寻找最为典型的案例。此外，团队制定了较为详细的资金使用计划，一切从俭，比如对于相关书籍与文献，能借就借，能租就租，能从网上浏览的就不打印。实践证明这些措施都行之有效，帮助解除了项目开展过程中经济上的后顾之忧。对于第三个问题，我们采用了提前项目准备时间，缩短项目实施周期，让学生自主安排时间，让大家全程精力满满、全身心投入，尽团队成员全部力量实现资源最优配置。

大创项目编号：XDC2017119